जनजातीय योद्धा

स्वाभिमान और स्वाधीनता का संघर्ष

जनजातीय योद्धा

स्वाभिमान और स्वाधीनता का संघर्ष

रंजना चितले

प्रभात
प्रकाशन

प्रकाशक

प्रभात प्रकाशन प्रा. लि.

4/19 आसफ अली रोड, नई दिल्ली–110002

फोन : 011–23289777 • हेल्पलाइन नं. : 7827007777

इ–मेल : prabhatbooks@gmail.com ❖ वेब ठिकाना : www.prabhatbooks.com

संस्करण

2026

पेपरबैक मूल्य

पाँच सौ रुपए

मुद्रक

आर–टेक ऑफसेट प्रिंटर्स, दिल्ली

★

JANJATEEYA YODDHA
by Smt. Ranjana Chitale

Published by **PRABHAT PRAKASHAN PVT. LTD.**
4/19 Asaf Ali Road, New Delhi-110002

ISBN 978-93-95386-46-3

₹ 500.00

अपनी बात

संस्कृति, स्वाभिमान, परंपरा और स्वायत्तता की रक्षा के लिए जितना बलिदान, जितना संघर्ष भारत में जनजातियों का रहा है, वैसा उदाहरण विश्व में कहीं और नहीं मिलता। भारत में प्रत्येक विदेशी आक्रमण के विरुद्ध जनजातियों ने सबसे पहले सामना किया और शस्त्र उठाए हैं। यह संघर्ष दोनों प्रकार का हुआ—राज्य सत्ताओं की कमान में सैन्य शक्ति के रूप में तथा स्वतंत्र संघर्ष और बलिदान के रूप में, यदि विदेशी आक्रांताओं के छल-बल से देशी सत्ताएँ पराभूत हुईं तो जनजातियों ने इन राजपरिवारों के सदस्यों को वन में छिपाकर अपने प्राणों की आहुतियाँ दीं। इसके उदाहरण हर कालखंड में मिलते हैं—सल्तनत काल में और अंग्रेजी काल में भी। वन में छिपे राजनायिकों और क्रांतिकारियों की खोज में आक्रांताओं ने गाँव-के-गाँव जलाए, सामूहिक नरसंहार किए, पर किसी वनवासी ने कोई विश्वासघात नहीं किया और स्वदेशी संघर्ष करनेवालों को पूर्ण संरक्षण देने का कार्य किया।

भारत की इन जनजातियों ने पूरे देश में स्वत्व और स्वाभिमान की रक्षा के लिए मजरों, टोलों को जाग्रत् किया और अपनी समझ-शक्ति और शैली में पूर्ण संघर्ष किया। उन्होंने तीर-कमान उठाए और हर युग में मोर्चा थामा। सल्तनत काल से अंग्रेजी काल तक जनजातियों के संघर्ष का पूरा विवरण उपलब्ध है, लेकिन उसे व्यवस्थित करने की आवश्यकता है। लगभग प्रत्येक आक्रमणकारी जनजातीय चेतना के सत्य को समझ गया था, इसलिए उन्होंने वनवासियों के दमन का अभियान चलाया।

अंग्रेजों ने जनजातियों का दमन करने के लिए दो काम किए। पहला, उन्होंने जनजातीय समाज को नगरीय और ग्राम-समाज से तोड़कर स्वयं से जोड़ने का तथा दूसरा दमन करने का। जनजातीय समाज को शेष भारतीय समाज से तोड़ने के लिए मिशनरियाँ वनों में सक्रिय हुईं, उन्हें शिक्षा और विकास से जोड़ने के बहाने,

भारतीय संस्कृति और परंपरा से तोड़ना आरंभ किया और दूसरा कुछ जनजाति समूहों को अपराधी घोषित करके दमन आरंभ किया। अंग्रेजी राज में दमन-शोषण का सिलसिला बहुत लंबा चला।

यदि हम केवल भारत के पहले मुक्ति संग्राम 1857 की बात करें तो इस संग्राम में लगभग 7 लाख क्रांतिकारियों ने वनों में ही शरण ली थी। इनकी तलाश में अंग्रेजी सेना ने दमन का जो तांडव किया, उसे पढ़कर रोंगटे खड़े हो होते हैं। परंतु किसी जनजातीय बंधु ने किसी क्रांतिकारी का कोई सुराग नहीं दिया और ना ही किसी जनजाति बंधु ने समर्पण किया।

सन् 1857 की क्रांति से लगभग ढाई सौ वर्ष पूर्व संत रामदास द्वारा शिवाजी महाराज को दिया मंत्र देश में गूँज उठा—

"धर्मासाठी मरावे, मरोनी अवध्यांस मारावे।
मारिता मारिता घ्यावे, राज्य आपुले॥"

अर्थात् अपने धर्म के लिए मरो। मरते-मरते शत्रु का विनाश करो। इसी तरह लड़ते रहो, मरते रहो और अपना राज्य वापस ले लो। जब शिवाजी महाराज ने इस मंत्र को अपने जीवन में उतारा तो उनके हिंदवी स्वराज स्थापना के संकल्प में सबसे बड़ा बलिदान जनजातीय समाज का ही रहा है। इस बात को अंग्रेज जानते थे, इसलिए उन्होंने दमन आरंभ किया, भ्रम फैलाए, वन संपदा से जनजातीय समाज के अधिकार छीने और सामाजिक रीति-रिवाजों तथा धार्मिक परंपराओं में गंभीर हस्तक्षेप आरंभ किया। अपने षड्यंत्र में कहीं-कहीं अंग्रेजों को सफलता भी मिली पर अधिकांश स्वाभिमानी और स्वत्वप्रिय जनजातियों ने तो आरंभ से ही विदेशी सत्ता को नकार दिया और संघर्ष का उद्घोष कर दिया था। संघर्ष के लिए जनजातीय क्रांतिकारियों की शृंखलाबद्ध व्यवस्था अद्भुत थी। एक नायक के बलिदान होते ही दूसरा नायक मोर्चा थाम लेता था, ताकि युद्ध अनवरत चलता रहे। जननायकों में बिरसा मुंडा, भगवान् बिरसा धरती आबा कहलाए तो जनयोद्धा टंटया भील अपने शौर्य और पराक्रम से अलौकिक किंवदंती बन गए। ऐसे एक नहीं, असंख्य योद्धा सामने आए, जिन्होंने अंग्रेजों के शोषण से मुक्ति के लिए अपने प्राणों का बलिदान दिया।

स्वाधीनता आंदोलन के दूसरे चरण में जब स्वाधीनता संघर्ष के लिए अहिंसक अभियान आरंभ हुए, असहयोग आंदोलन चला, तब भी जनजातियों ने अपने-अपने क्षेत्र में अंग्रेजों के प्रति असहयोग आरंभ किया। नमक सत्याग्रह और 'जंगल सत्याग्रह' में सबसे महत्त्वपूर्ण भूमिका जनजातीय समाज की ही रही है। संघर्ष का

यह स्वरूप भले ही अहिंसक रहा, पर इस आंदोलन के दमन में अंग्रेजों ने कोई कसर नहीं रखी। अनगिनत वनवासी बलिदान हुए, कइयों को काला पानी की सजा हुई और कई फाँसी पर लटका दिए गए। फाँसी, मौतें और सजाओं का लंबा सिलसिला चला। इसके बाद भी जनजाति अंचल में स्वातंत्र्य की अलख और संघर्ष जारी रहा, जो भारत की आजादी के बाद ही थमा।

आज हमें अपनी स्वतंत्रता की पृष्ठभूमि में जनजातीय चेतना और युद्ध में अमर वीर जनजातियों के बलिदान के लंबे सिलसिले को नमन करने की आवश्यकता है। हम जानें, समझें और महसूस करें कि हमारे वनांचल के वनवासी बंधुओं के स्वाधीनता के संकल्प, स्वाभिमान और बलिदान की परंपरा से ही हम आज स्वतंत्र भारत की खुली हवा में साँस ले रहे हैं।

यह हमारी ऐतिहासिक भूल रही है कि वनवासियों जनजातियों की पीढ़ियों के बलिदान के बावजूद इतिहास के पन्नों में उनका उल्लेख पर्याप्त नहीं है। अनगिनत वनवासी योद्धा आज भी अनचिह्ने हैं, उनका कहीं कोई उल्लेख नहीं है।

देश भर के वनवासी वीरों के महाबलिदान की गाथाओं को तलाशते हुए एक विचार बना कि आजादी के अमृत महोत्सव वर्ष में 75 वनवासी वीरों के शौर्य, पराक्रम और बलिदान पर केंद्रित एक संग्रह तैयार किया जाए। यह प्रयास इसी दिशा में है। एक लघु प्रयास। यद्यपि जनजातियों के बलिदान की गाथा अनंत है, पर इस संग्रह में प्रतीक के रूप में मात्र 75 ही लिये गए हैं।

इस पुस्तक को लिखने के लिए प्रेरित करनेवाले विद्वज्जनों और गुरुजनों को हृदय से नमन।

वनांचलों से स्वाधीनता संघर्ष की अलख जगानेवाले अमर बलिदानियों को कोटिशः नमन।

—रंजना चितले
ranjanachitale16@gmail.com

अनुक्रम

अल्लूरी सीताराम राजू

भारत में वनवासियों को सभ्यता के साथ बेदखल करके शोषित करने का सिलसिला कई हजार वर्षों से चला आ रहा है। जिसकी मूल वजह राजनीतिक संक्रमण और लगातार आक्रमणों का होना है। आक्रांत शासकों ने अपनी सहूलियत के लिए वनवासियों को पहले समाज से बेदखल किया, अपराधी करार दिया और फिर शोषण का चक्र चलाया। बावजूद इसके वनवासियों ने हार नहीं मानी, उन्होंने जंगलों से ही आक्रामकों तथा दमनकारियों के विरुद्ध संघर्ष किया। यह संघर्ष देश स्वतंत्र होने तक चलता रहा।

अंग्रेजों के विरुद्ध स्वाधीनता संघर्ष छेड़नेवाले वीरों को अपराधी घोषित किया गया। विद्रोही बताकर दमन किया गया। ऐसे ही वीर हुए हैं अल्लूरी सीताराम राजू, जिन्होंने आंध्र प्रदेश की नल्लई-मल्लई पहाड़ियों के पार सघन वनों से मोर्चा थामा था। गरीब, साधनहीन, गिरिजनों, वनवासियों का साथी सहारा तथा अंग्रेजों के छक्के छुड़ा देनेवाला, यही परिचय था किंवदंती बनें क्रांतिकारी राजू का। लोकहित व स्वतंत्रता के लिए समर्पण के भाव का इससे बड़ा उदाहरण और क्या होगा कि आज भी उस क्षेत्र के वनवासी उन्हें अपने उद्धारक और देवता के रूप में याद करते हैं।

अल्लूरी सीताराम राजू का जन्म 4 जुलाई, 1897 को विशाखापट्टनम के पांड्रिक गाँव में हुआ। पिता अल्लूरी वेंकट रामराजू का गोदावरी के मोगलु ग्राम में निवास था। उन्होंने बालवय में ही सीताराम राजू को यह बताकर क्रांतिकारी संस्कार

दिए कि अंग्रेज ही तो हमें गुलाम बनाए हुए हैं, देश को लूट रहे हैं। इस सीख के साथ ही पिता का साथ तो छूट गया, लेकिन विप्लव पथ के बीज लग चुके थे। राजू का पालन-पोषण उसके चाचा अल्लूरी रामकृष्ण के परिवार में हुआ।

राजू ने स्कूली शिक्षा के साथ वैद्यिक तथा ज्योतिष का अध्ययन भी कर लिया था। उन्होंने युवावस्था में वनवासियों को अंग्रेजों के शोषण के विरुद्ध संगठित करना शुरू किया। जिसका आरंभ वनवासियों का उपचार व भविष्य की जानकारी देने से होता था। यही नहीं, इस महान् क्रांतिकारी ने महर्षि की तरह दो वर्ष तक सीतामाई नामक पहाड़ी गुफा में अध्यात्म साधना व योग क्रियाओं से चिंतन तथा ताप विकसित किया। यही वह समय था जब राजू ने वनवासियों और गिरिजनों की पीड़ा को करीब से जाना। उन्हें उठ खड़ा होने के लिए प्रेरित किया। आंध्र क्षेत्र का यह पहला विप्लव था। जिसका ऐतिहासिक प्रमाण 1928 और 1929 को आंध्र में तेलुगू में प्रकाशित साप्ताहिक समाचार पत्र 'कांग्रेस' में है। पत्र के संपादक मदूरि अन्नपूर्णय्या ने लिखा है कि आंध्र के नौजवानों ने अगर किसी व्यक्ति के निर्देशन में अंग्रेजों से लड़ाई जारी रखी तो वह सीताराम राजू ही था और आंध्र के इतिहास में वह प्रथम संग्राम था।

विप्लव पथ का पथिक बनकर क्रांतिकारी राजू ने अपना संगठन खड़ा करने के साथ उत्तराखंड के क्रांतिकारियों से संपर्क किया। यही नहीं गदर पार्टी के नेता बाबा पृथ्वीसिंह को दक्षिण भारत की राजामुंदरी जेल से छुड़ाने का भरसक प्रयास भी किया।

क्रांतिकारी राजू ने 1922 से अंग्रेजों से सीधी लड़ाई शुरू की। वे गुरिल्ला पद्धति से युद्ध करते और नल्लई-मल्लई पहाड़ियों में अंतर्धान हो जाते। गोदावरी नदी के पास फैली वे पहाड़ियाँ राजू और उनके साथियों की आश्रयदात्री व प्रशिक्षण केंद्र दोनों थीं। यहीं वे युद्ध के गुर सीखते, अभ्यास करते और आक्रमण की रणनीति बनाते। इस जगह को 'रम्पा' कहा जाता था। राजू द्वारा आक्रमण कर पहाड़ियों में विलुप्त हो जाने की वजह से अंग्रेज उन्हें 'रम्पा फितूरी' कहते थे।

साहसी, स्वाभिमानी, निर्भीक राजू पहले सूचना देते फिर आक्रमण करते थे। उनके प्रमुख क्रांतिकारी साथी थे बीरैयादौरा, मल्लूदौरा तथा गंटनदौरा। अंग्रेज उनके नाम से थर्राते थे। आतंक इतना जबरदस्त था कि सूचना मिलते ही पुलिस किसी बहाने से गाँव छोड़ चल देती थी। अंग्रेजी राज को इससे बड़ी चुनौती और क्या हो सकती है। गांधीजी ने अल्लूरी सीताराम राजू के लिए कहा था कि उस वीरात्मा का त्याग बलिदान, मुसीबतों भरा जीवन, सच्चाई, सेवा-भावना, लगन, निष्ठा और

अदम्य हिम्मत हमारे लिए प्रेरणाप्रद है।

राजू के आतंक से भयभीत होकर उन्हें पकड़वाने के लिए दस हजार रुपए के इनाम की घोषणा की गई। इतनी बड़ी राशि के प्रलोभन पर भी वनवासियों ने अपनी जुबान नहीं खोली। तमाम यातनाएँ सहीं, लात-घूँसे खाए पर, राजू का सुराग न दिया। यह राजू के कृतित्व और लोकजन की श्रद्धा का प्रमाण था।

बहरहाल 1922 से 1924 तक संपूर्ण रम्पा क्षेत्र राजू और उनके साथियों की क्रांतिकारी गतिविधियों का केंद्र था। चौरी-चौरा कांड से व्यथित राजू और उनका दल क्रांति के लिए संगठित हो उठ खड़ा हुआ था। उनके दल ने कई थानों पर हमले किए। राजू ने अंग्रेजों को आंध्र में खुली चुनौती दी। अपने साथी बीरैया को छुड़ाने के लिए पहले सूचना दी कि मैं बीरैया को रिहा करवाकर रहूँगा, दम हो तो रोक लेना। अपनी घोषणानुसार राजू बीरैया को अदालत ले जाते समय अंग्रेजों की नाक के नीचे गोलियों पर चलकर पुलिस के कब्जे से छुड़ा ले गया।

बीरैया की रिहाई के साथ गतिविधियाँ और तेज हुईं। क्रांतिकारी मल्लूदौरा, गंटनदौरा, बीरैया और राजू चारों ने मिलकर पंक्तिपद्ध छापामार हमले किए। अंग्रेज तिलमिला उठे और केरल से मालाबार पुलिस दस्ते को राजू को पकड़ने के लिए बुलाया गया। 22 अक्तूबर, 1922 को पहाड़ियों की घाटियों में मिशन ने छानबीन शुरू की। मालाबार पुलिस फोर्स से राजू की कई झड़पें हुईं। हर बार पुलिस फोर्स की हार हुई।

दिसंबर 1922 को सोते हुए 60-70 जवानों ने हमला किया। आहट होते ही राजू उठ खड़े हुए। घाटी में घमासान युद्ध हुआ। दोनों अंग्रेज लेफ्टिनेंट हताहत हुए। अनेक पुलिस सिपाही मारे गए। राजू के दल को भी नुकसान हुआ, पर राजू बच निकले। इस घटना से क्रोधित अंग्रेज सरकार ने केरल की पराजित पुलिस को पुनः मालाबार भेज दिया।

अब राजू ने राजामुंदरी जेल में गदर पार्टी के क्रांतिकारी बाबा पृथ्वीसिंह को जेल से छुड़ाने की योजना बनाई व घोषणा भी कर दी। अंग्रेज सरकार घबरा गई। इस संपूर्ण घटनाक्रम पर स्वयं बाबा पृथ्वीसिंह ने कहा है कि विप्लवी राजू ने मुझे छुड़ाने की पेशकश की थी। उस समय मैं राजामुंदरी जेल में कैद था। आंध्र के कई जिलों में रम्पा की क्रांति, रम्पा फितूरी की बड़ी हलचल थी। सीताराम राजू ने ऐलान किया था अंग्रेज दासता को उखाड़ फेंकने के लिए युद्ध करने का। तीन वर्ष तक राजू ने संग्राम चलाया, वे जंगलों, पहाड़ों पर छापे मारते। सरकार को पहले खबरदार करके धावा बोलते।

उसकी गुप्तचर व्यवस्था और संगठन अंग्रेजों की पुलिस व खुफिया पुलिस से कहीं ज्यादा सक्षम थी। उसको किसी ने मेरे बारे में बताया होगा, तब उसने मुझे जेल से बाहर करने का इरादा किया। उन दिनों बड़ी गरम खबर थी कि राजू राजामुंदरी जेल पर आक्रमण करनेवाला है। जेल अफसर बहुत डरे हुए थे, अत: उनकी सुरक्षा के लिए सरकार ने रिजर्व पुलिस दल जेल में तैनात कर दिए। इस पर राजू ने एक दिन निकटवर्ती स्टेशन पर छापा मारा और पुलिसवाले देखते रह गए। इस हालत में राजू के भय से सरकार ने तय किया कि उन्हें नागपुर सेंट्रल जेल स्थानांतरित कर दिया जाए।

गूदमगिरि की दुर्गम पहाड़ियों में अपने दल-बल के साथ रहनेवाले राजू ने आंदोलन के अलावा गाँव-गाँव में पंचायतें बनाई थीं, जिनकी अपनी ग्राम व्यवस्था, अपनी न्याय प्रक्रिया थी, अर्थात् सीताराम राजू ने वर्तमान पंचायती राज व्यवस्था व ग्राम स्वराज का ताना-बाना तब बुन लिया था, जब इसकी कल्पना करना भी जघन्य अपराध माना जाता था। दरअसल राजू का उद्देश्य स्वतंत्रता के साथ समग्र विकास करना था। उन्होंने शोषकों के विरुद्ध अध्यात्म-चिंतन, खोज और क्रांति से ऐसी अग्नि जलाई कि उसमें समूचा आंध्र प्रज्वलित हो उठा। उन्होंने अंग्रेज और उनके इशारे पर प्रताड़ित करनेवालों को दंडित किया और जनचेतना के महायज्ञ में अपनी आहुति दी।

6 मई, 1924 को राजू के दल का मुकाबला असम राइफल्स से हुआ, जिसमें अनेक साथी बलिदान हो गए, पर राजू बच गए। अब ईस्ट कोस्ट स्पेशल पुलिस उन्हें पहाड़ियों के चप्पे-चप्पे पर खोज रही थी। 7 मई, 1924 को गोदावरी में स्नान करते समय गोरली नामक अंग्रेज अफसर ने धोखे से उन्हें गिरफ्तार कर लिया, गिरफ्तारी के साथ ही यातनाएँ शुरू हुईं। अंतत: उस महान् क्रांतिकारी को नदी किनारे ही एक वृक्ष से बाँधकर भून दिया गया। अल्लूरी सीताराम राजू के इस बलिदान की साक्षी थी गोदावरी नदी और नल्लई-मल्लई की पहाड़ियाँ। जहाँ आज भी अल्लूरी सीताराम राजू जिंदा हैं, वनवासियों की आत्मा में देवतास्वरूप। लोकगीतों में लोकनायक के रूप में।

इस महान् क्रांतिकारी के लिए नेताजी सुभाषचंद्र बोस ने कहा था—

देशवासी उस अप्रतिम योद्धा के सम्मान में विनत हों। उनकी समर्पण भावना, देशानुराग, असीम धीरज और पराक्रम गौरव गरिमामंडित है। धरतीपुत्र आंध्र श्री अल्लूरी सीताराम राजू के लिए नेताजी की यही आत्मीय श्रद्धांजलि थी।

□

आवारी गुरुजी

आवारी गुरुजी, समाज उत्थान में लगा एक ऐसा समर्पित व्यक्तित्व है, जिसने समाज निर्माण के लिए आजीवन यात्राएँ कीं। कोकण जनजाति के आवारी गुरुजी ने यह साबित किया कि जनजातियों में हिंदू संस्कृति, हिंदू परंपरा का आदि स्वरूप है, जो बाद में विकसित और विस्तारित होता गया। उन्होंने महाराष्ट्र सरकार द्वारा जनजाति बंधुओं के लिए निकाले गए उस दस्तावेज को सिरे से नकार दिया, जिसमें लिखा था कि अपनी जनजाति का उल्लेख करते समय हिंदू लिखना आवश्यक नहीं। शासन के इस परिपत्र का उन्होंने विरोध किया और यह साबित कर दिया कि हिंदू परंपरा जनजाति बंधुओं के जीवन का अंग है। इसलिए हिंदू लिखना उनका अधिकार है।

स्वाधीनता चेतना, जनजातियों के संरक्षण, जनजातीय शब्दों, साहित्य निर्माण आदि कई पक्षों पर कार्य करते हुए आवारी गुरुजी ने अपना जीवन लगा दिया। गंगाराम जानु आवारी, जिन्हें सब आवारी गुरुजी के नाम से भी जानते हैं, उनका जन्म 5 जुलाई, 1919 को महाराष्ट्र के नासिक जिले के पेठ तहसील के बोरवट गाँव में हुआ था। 1936 से 1942 तक महाराष्ट्र के विविध स्थानों पर प्राथमिक शिक्षक के रूप में कार्य किया। 1942 में महाराष्ट्र के पेठ और गुजरात के अमरपुर तहसील में जब भीषण अकाल पड़ा तब अकाल पीड़ितों की सहायता करने गुरुजी वहाँ पहुँच गए। नौकरी छोड़ दी और डांग सेवा मंडल के साथ काम किया। देश के स्वतंत्रता आंदोलन में सक्रिय रहे। सर्वोदय योजना, जंगल कामगार सोसायटी जैसी संस्थाओं में भी कार्य किया। उनके मन में एक ही विचार था, मेरे वनवासी बंधुओं के लिए मुझे कुछ करना चाहिए, इसके लिए गुरुजी सतत सक्रिय रहे। उन्होंने 1942 से 1947 तक स्वाधीनता आंदोलन का नेतृत्व किया।

आवारी गुरुजी सादगी की प्रतिमूर्ति थे। एक सफेद कुरता, धोती, पाँव में चप्पल और सिर पर महाराष्ट्र की परिचित सफेद टोपी पहनते थे। सतत अध्ययन,

शोध और परिष्कृत करना उनके कार्य-व्यवहार में शामिल था। वे जहाँ कहीं भी जाते थे, उनके साथ कॉपी रहती थी, जो भी नया जानने को मिलता, उसे उसमें लिख लेते थे। ग्रामीण क्षेत्र में प्रवास करने के लिए सदा तत्पर रहते थे। आवारी गुरुजी एक ऐसा व्यक्तित्व है, जिसने युवकों में सामाजिक कार्य करने की प्रेरणा जगाई। समाज कार्य के लिए स्वयं चले और दूसरों के लिए पगडंडी बने। पूर्ण समर्पण के साथ वनवासी कल्याण आश्रम से जुड़े और वनवासी बंधुओं की सेवा में जुट गए।

आवारी गुरुजी को वनस्पतियों का गहरा ज्ञान था, उन्हें 650 से अधिक वनौषधि की जानकारी थी। वे वनस्पति से उपचार भी जानते थे। जब भी वे कार्यकर्ताओं के साथ जंगल के रास्ते से चलकर जाते, तो साथ में आसपास की वन संपदा के बारे में जानकारी देते रहते। किसी वनस्पति के पत्ते, तो किसी के मूल का क्या उपयोग है, यह बताते। वनस्पतियों और जड़ी-बूटियों से उनके उपचार ज्ञान का ग्रामीणों को लाभ मिलता। पक्षाघात और पेट की बीमारियों के उपचार के लिए उनके पास बड़ी संख्या में लोग आते थे। गुरुजी ने जनजातियों का जीवन तथा वन संपदा के प्राकृतिक उपयोग के साथ जनजातियों के साहित्य को भी समृद्ध किया। शब्दों की रचना कर शब्दकोश में वृद्धि की। उन्होंने वारली, कोकणा, महादेव कोली जनजातियों में प्रचलित तीन हजार ग्रामीण शब्दों के शब्दकोश की रचना की।

अंग्रेजी राज के समय जब देश में अंग्रेजों का आतंक था, लोगों को डरा-धमकाकर, प्रलोभन देकर धर्मांतरण चल रहा था, तब उन्होंने साहस के साथ कहा कि यह जो धर्मांतरण चल रहा है, गलत है। हमारा जनजातीय समाज हिंदू है और अन्य धर्म को अस्वीकार करता है।

आवारी गुरुजी वनवासी कल्याण आश्रम महाराष्ट्र प्रांत के उपाध्यक्ष और उसके पश्चात् प्रांत अध्यक्ष रहे। जनजाति समाज के इस प्रभावी व्यक्तित्व को समय-समय पर सम्मानित भी किया गया। 1974 में दलित मित्र, 1984 में जनजाति सेवक पुरस्कार से भी उन्हें सम्मानित किया गया। 8 जुलाई, 2003 की दोपहर 1.42 बजे उन्होंने नासिक में देहत्याग दिया।

एक प्रखर स्वतंत्रता सेनानी, सामाजिक कार्यकर्ता, भाषा-शास्त्र के ज्ञाता, वनौषधि के अध्येता ऐसे अनेक रूपों में आवारी गुरुजी ने अपने कार्य की एक अलग पहचान बनाई। एक ऋषि के रूप में उन्होंने समाज का मार्गदर्शन किया और आजीवन वनवासी कल्याण और स्वाधीनता के लिए संघर्ष किया।

□

उ तिरोत सिंह

मेघालय के खड़सॉफ्रा सियोमेशिप के राजा उ तिरोत सिंह ने अपनी प्रजा की रक्षा के लिए अंग्रेजों से रणभूमि में मोर्चा लिया। गुवाहाटी के पास नोंगख्लो क्षेत्र में चार वर्षों तक भीषण संग्राम हुआ। एक गद्दार के साथ साजिश रचकर अंग्रेजों ने जनवरी 1833 को राजा उ तिरोत सिंह को कैद कर लिया।

मेघालय के मायरंग में वर्ष 1802 में जनमे उ तिरोत सिंह का जन्म खासी जनजाति परिवार में हुआ था। वे मेघालय में खड़सॉफ्रा सियोमशिप के राजा थे। खासी असम के सभ्य एवं शूरवीर जनजाति के लोग हैं। अंग्रेजी राज से पहले खासी पहाड़ियों में तीस खासी राज्य थे। हर राज्य पर अलग-अलग मुखियाओं का शासन था। इस प्रकार समूचे राज्य में अनेक गणतंत्र हैं। इन गणतंत्रों में आपसी सामंजस्य रहा है। महत्त्वपूर्ण निर्णय वे आपसी परामर्श करके ही लेते थे।

खासी पहाड़ी जनजाति स्वतंत्रता-प्रिय जनजाति है। इस क्षेत्र में किसी भी विदेशी की पहुँच नहीं थी। अंग्रेजों ने जब निचले असम पर अधिकार कर लिया तो उत्तर-पूर्वी सीमा प्रांत के गवर्नर जनरल के एजेंट डेविड ने निचले क्षेत्र तथा सिल्हट के बीच सीधा मार्ग निर्मित करने की योजना बनाई। गुवाहाटी से सेल्स हेड तक बड़े रास्ते के निर्माण की योजना बनाई गई यह दूरी 230 किलोमीटर थी।

यह प्रस्ताव प्रथम दृष्टया राजा उ तिरोत सिंह को प्रजा हित में लगा। उन्होंने स्वीकृति भी दे दी। सड़क बनाने का काम शुरू हो गया। सड़क निर्माण के साथ

अंग्रेजों ने नोंगख्लो में बँगले बना लिये। उ तिरोत सिंह को जब इस बात का पता चला तो उन्हें अंग्रेजों के विश्वासघाती होने का आभास हो गया। उन्होंने खासी पहाड़ियों से अंग्रेजों को भगाने का संकल्प लिया।

अप्रैल, 1829 में अंग्रेजों पर हमला किया। नोंगख्लो के तहसीलदार महीधर बरुआ सहित कई कर्मचारियों को कैद कर लिया और वहाँ निवासरत अंग्रेजों को उपस्थित होने का आदेश दिया। कैप्टन वोडिंग फील्ड तथा बर्लटन को जनजाति वीरों ने मौत के घाट उतार दिया। सरकारी बँगलों में आग लगा दी और सभी कैदियों को मुक्त कर दिया गया।

अंग्रेजों से होनेवाले संघर्ष की सूचना मिलते ही खासी पहाड़ियों में फैली सैकड़ों जनजातियाँ जनक्रांति में शामिल हो गईं। अंग्रेजों ने मुखियाओं को चेतावनी दी और आम जनता को डराना-धमकाना शुरू किया। जोर-जबरदस्ती की, सड़कों पर अनेक प्रकार से रुकावटें खड़ी की गईं। इस पर भी क्रांतिकारियों का मनोबल नहीं टूटा, वे अपने नायक के साथ खड़े थे। अंग्रेजी एजेंट टी.सी. रॉबर्टसन ने दमन नीति अपनाई और कैप्टन अतिरिक्त फौजों के साथ नुंगक्ला में पहुँच गए।

क्रांति को दबाने के लिए कैप्टन लिस्टर के नेतृत्व में एक टुकड़ी सिल्हट भेजी गई। एक तरफ अंग्रेजों की बड़ी सेना थी। उनके पास संख्या बल भी अधिक था और वे हथियार से भी समृद्ध थे। दूसरी तरफ उ तिरोत सिंह की सेना के पास पारंपरिक अस्त्र तीर-कमान, भाला, तलवार आदि थे। यह संग्राम इतना भयंकर था कि चार वर्ष तक चला। स्थिति-परिस्थिति को देखकर उ तिरोत सिंह ने पलायन करना उचित समझा। वे पहाड़ियों में जाकर रहने लगे और पुनः युद्ध की तैयारी में लग गए।

अंग्रेजों ने सीधा मुकाबला करने के स्थान पर एक गद्दार के द्वारा संधि प्रस्ताव भेजा। उ तिरोत सिंह ने प्रजा की रक्षा के लिए इस पर विचार किया। 9 जून को उ तिरोत सिंह ने अपने मित्र जीत राय के द्वारा लेफ्टिनेंट को सूचना दी कि वह मिलने के लिए तैयार है। लेफ्टिनेंट ने शपथ लेकर वादा किया कि उनके जीवन को कोई हानि नहीं होगी। उ तिरोत सिंह भरोसा करके सामने आ गए। अंग्रेजों ने उनके साथ छल किया और उन्हें कैद कर लिया गया। 26 जनवरी, 1833 को उन्हें गुवाहाटी भेज दिया गया। फौजदारी न्यायालय में मुकदमा चलाया। न्याय नाटक में विप्लव का दोषी घोषित किया। बाद में उन्हें ढाका जेल भेज दिया गया। जहाँ उन्होंने निर्वासित जीवन जीया और 17 जुलाई, 1835 में अंतिम श्वास तक स्वाधीनता का स्वप्न लिये इस संसार से विदा ले ली।

□

उचित नारायण सिंह

यह नियति की विडंबना है कि जशपुर के राजा जितने धर्मनिष्ठ और देशाभिमानी थे, उतनी ही तीव्रता से उनकी रियासत में ईसाइयत का प्रचार हुआ। जशपुर में पहाड़ी कोरबा जाति के वनवासी बहुलता में निवास करते हैं। उन्हीं के एक सरदार उचित नारायण सिंह से संबंधित एक घटना है, जिसे जशपुर के कुमार अनिल सिंह जूदेव ने स्वयं सुनाई है।

जशपुर में एक विशाल ईसाई प्रचार केंद्र की स्थापना के सिलसिले में भूमि खरीदने के लिए ईसाई पादरी आया। संयोग से वह कुमार अनिल सिंह जूदेव के भी मित्र थे। वह चाहते थे कि जशपुर राजा अपनी कुछ भूमि, जो उनके अनुकूल स्थान पर थी, चर्च को बेच दें। राजा साहब के उत्तर देने से पूर्व ही कुमार साहब ने दो टूक जवाब दे दिया, "मित्रता का यह अर्थ नहीं कि हम कुछ पैसों के लिए स्वधर्म की जड़ें खुदवाने में सहयोग दें।" पादरी मित्र निराश होकर लौट गए।

इसी दौरान कुमार साहब को याद आया कि उनके पिता के दीवान कोरबा सरदार उचित नारायण सिंह बहुत विपन्न अवस्था में हैं। दो जून भोजन तक जुटा पाना उनके लिए कठिन हो रहा है। यह वही सरदार थे, जिनकी सेवाओं से प्रसन्न होकर जशपुर राजा ने उन्हें तीन हजार एकड़ भूमि पुरस्कार में प्रदान की थी और उस भूमि पर एक बड़ी हवेली भी बनवाई थी। वह हवेली बहुत मजबूत आधारशिला पर बड़े-बड़े चौकोर पत्थरों से निर्मित की जा रही थी कि बीच में ही उसका निर्माण कार्य बंद कर दिया गया, क्योंकि इंजीनियरों ने राय दी कि जो मसाला चिनाई में इस्तेमाल किया गया है, वह दोषपूर्ण है, जो अधिक दिन नहीं चलेगा। भूमि खरीदने के इच्छुक पादरी की निगाह उस हवेली की ओर भी गई और उन्हें यह भी पता चला कि उसके स्वामी उचित नारायण राजा साहब के भूतपूर्व दीवान हैं। आजकल वे अत्यंत गरीबी में दिन गुजार रहे हैं। वह आशान्वित होकर पुनः कुमार अनिल सिंह जूदेव के पास गए और कहा कि "भले ही आप अपनी भूमि हमें न दें, लेकिन अपने

दीवान को इस बात के लिए राजी कर दें कि वह उस खँडहर को हमें बेच दें।"

दीवान उचित नारायण वृद्ध हो गए थे। कुमार उनका पितृवत् आदर करते थे। उन्होंने सोचा, हवेली तो खँडहर अवस्था में है। यदि इसका सौदा हो जाए तो उचित नारायण के पास कुछ पैसा आ जाएगा और सहारा मिलेगा। यह सोच वे पादरी को लेकर उचित नारायण के यहाँ पहुँचे। कुमार साहब को देखकर उचित नारायण सिंह आनंद और विषाद दोनों के अतिरेक में डूब गए। आनंद इसलिए कि आज वे उनकी कुटिया में पधारे और विषाद इसलिए कि घर में फूटी कौड़ी भी नहीं, जिससे प्रतीक रूप में ही सही ,पर अतिथि का स्वागत कर सकें।

कुमार स्थिति ताड़ गए। झट से जेब से दस रुपए का नोट निकाला और चुपके से उनके बेटे को थमाकर नाश्ता मँगवाया। पादरी के सामने अपने आत्मीय का असम्मान भला कैसे सहन करते। पर अपने आने का असली प्रयोजन बताते हुए उन्हें संकोच हो रहा था। मन का कोई कोना उन्हें धिक्कार भी रहा था। पादरी को देख आने के बहाने भेजकर उन्होंने उचित नारायण से अपनी बात बहुत साहस जुटाकर और परिस्थिति की लंबी-चौड़ी भूमिका बाँधकर कह ही डाली।

फिर जो हुआ, वह कुमार के आशंकित मन की कल्पना में भी नहीं था। वृद्ध सरदार की नसें खिंच गईं, क्रोध और सम्मुख बैठे अतिथि के सम्मान का ध्यान, इन दोनों विपरीत भावों ने उन्हें दयनीय बना दिया। बोले, "आपकी हिम्मत कैसे हुई ऐसा प्रस्ताव देने की ? क्या अब उचित नारायण की जिंदगी पैसों से तुलेगी ? अच्छा होता, आप मेरे लिए जहर लाते और कहते—ले, सम्मान से प्राण त्याग! पर…"

इस धक्के से कुमार सँभले और फिर कहा, "चाचा, यह तुम्हें 75 हजार रुपए तक दे सकते हैं। कहीं-न-कहीं तो इन्हें भूमि मिल ही जाएगी। मैंने तो सिर्फ आपकी स्थिति देखकर ही…"

"बस कीजिए कुमार साहब! मैंने आपका नमक खाया है।" वृद्ध सिंह तड़प उठे, "वरना आपको इस बात का सही जवाब देता। आप तुरंत मेरे यहाँ से चले जाइए।"

अश्रुपूरित नेत्रों से कुमार बार-बार क्षमा-याचना करके वापस लौटे। यह आख्यान हमें हमारे पूर्वजों के सिद्धांत, मातृभूमि के प्रति प्रेम, स्वत्व को बचाने की चेष्टा की प्रेरणा देता है। अपनी धरती को बचाने का यही वो भाव था, यही वह तेवर थे, जिसने हमें स्वतंत्रता दिलाई। सरदार उचित नारायण सिंह, जिन्हें दो जून की रोटी तक नसीब नहीं थी, उन्होंने भूखा रहना स्वीकार किया, लेकिन अपनी मिट्टी का सौदा नहीं किया।

□

रानी कमलापति

इतिहास के पन्नों को पलटने से ज्ञात होता है कि 13वीं शताब्दी, नवाब काल से पूर्व तक गिन्नौरगढ़ किले पर गोंड राजाओं का आधिपत्य रहा तथा भोपाल पर भी उन्हीं का शासन था। रानी कमलापति गोंड राजवंश की रानी और गोंड राजा निजाम शाह की पत्नी थीं। रानी की इच्छा अनुसार राजा ने भोपाल के तालाब तट पर एक महल का निर्माण करवाया, जो सन् 1702 में पूर्ण हुआ, जिसे आज भी 'रानी कमलापति महल' के नाम से जाना जाता है। इसके अवशेष छोटे और बड़े तालाब के पार्क में देखे जा सकते हैं। सन् 1989 से भारतीय पुरातत्त्व विभाग ने इस महल को अपने संरक्षण में ले लिया है, इसमें एक छोटी चित्र प्रदर्शनी भी है।

गोंड समुदाय का राजवंश गिन्नौरगढ़ से बाड़ी तक फैला हुआ था। उनका साम्राज्य गढ़ा कटंगा (मंडला) 52 गढ़ के आधिपत्य में रहा है। रायसेन में 1362 से 1419 तक राजा रायसिंह का 57 वर्ष तक कार्यकाल रहा। रायसेन किला इन्हीं के द्वारा बनवाया गया था। लगभग 14वीं ईसवी में जगदीशपुर (वर्तमान इस्लाम नगर) में गोंड राजाओं का आधिपत्य रहा। इस महल को भी गोंड राजाओं के द्वारा बनवाया गया था। सन् 1715 में अंतिम गोंड राजा नरसिंह देवड़ा रहे। भोपाल में 476 से 533 ईसवी तक लगभग 60 वर्षों तक इनका शासन रहा। गोंड समाज के प्रथम धर्मगुरु पारी कुमार लिंगो बाबा ने पाँच देव के लिए बैरागढ़ का स्थान निश्चित किया। तभी से गोंड समाज के लोग बैरागढ़ से हजारों किलोमीटर की दूरी पर निवास करने के बावजूद बैरागढ़ में बड़ा देव की पूजा-अर्चना करने आते हैं। यह गोंड समाज का सबसे बड़ा देवस्थल है।

जिला रायसेन-बाड़ी के अंतिम शासक चैन सिंह 16वीं ईसवीं में रहे। इस सदी में सलकनपुर सीहोर रियासत के राजा कृपाल सिंह सरौतिया थे। उनके शासनकाल में वहाँ की प्रजा बहुत खुशहाल और संपन्न थी। उनके यहाँ एक सुंदर कन्या का जन्म हुआ। वह बचपन से ही कमल की तरह सुकोमल थी। उसकी सुंदरता को

देखते हुए उसका नाम 'कमलापति' रखा गया। बचपन से ही वह बुद्धिमान और साहसी थी। शिक्षा, घुड़सवारी, मल्लयुद्ध, तीर-कमान चलाने में दक्ष थी। वह अनेक कलाओं में पारंगत हुईं और कुशल सेनापति बनी।

वह अपने पिता के सैन्यबल के साथ और अपने महिला साथी दल के साथ युद्ध में शत्रुओं से मोर्चा लेती थी। पड़ोसी राज्य अकसर खेत-खलिहान, धन-संपत्ति लूटने के लिए आक्रमण किया करते थे। सलकनपुर राज्य की देख-रेख करने की पूरी जिम्मेदारी राजा कृपाल सिंह सरौतिया और उनकी बेटी राजकुमारी कमलापति की थी। वे आक्रमणकारियों से युद्ध कर अपने राज्य की रक्षा करती रहीं।

सोलहवीं सदी में भोपाल से 35 किलोमीटर दूर 705 गाँवों को मिलाकर गिन्नौरगढ़ राज्य बनाया गया, जो देहलावाड़ी के पास आता है। इसके राजा सुराज सिंह शाह थे। इनके पुत्र निजामशाह थे। जो शूरवीर तथा रणकौशल में निपुण थे। उन्हीं से रानी कमलापति का विवाह हुआ।

राजा निजाम शाह ने रानी कमलापति के लिए ईसवी 1700 में भोपाल में सात मंजिला महल का निर्माण करवाया, जो लखौरी ईंट और मिट्टी से बनवाया गया था। यह सात मंजिला महल अपनी भव्यता और सुंदरता के लिए प्रसिद्ध था। रानी कमलापति अपना वैवाहिक जीवन राजा निजामशाह के साथ आनंद में व्यतीत कर रही थीं। उन्हें एक पुत्र की प्राप्ति हुई, जिसका नाम नवल शाह रखा। कुल मिलाकर रानी का आरंभिक जीवन खुशहाल था।

यह वह समय था, जब दिल्ली पर तुर्क मुसलमानों को सत्ता हासिल किए हुए लगभग 600 वर्ष हो गए थे, लेकिन दूर अंचलों में सैकड़ों राजपूत और जनजातीय समूह अपने वंश के राज्यों के या तो स्वामी थे अथवा सामंत थे। रानी कमलापति ऐसे ही हिंदू गोंड वंश की रानी थीं।

वर्ष 1720 में रानी कमलापति के पति गिन्नौरगढ़ के शासक निजामशाह की षड्यंत्र रचकर हत्या कर दी गई। तब रानी ने अपने पुत्र नवलशाह को गद्दी पर बैठाया और राजकाज देखने लगीं। यह वह कालखंड था, जब अफगान सरदार दोस्त मोहम्मद खाँ इस क्षेत्र में अपनी जड़ें जमाने की योजना बना रहा था। दोस्त मोहम्मद खाँ मुगलों की सेना में मराठों के दमन के लिए मालवा आया था, लेकिन वह मालवा से लौटकर दिल्ली नहीं गया, उसने सीतामऊ में नौकरी की। दोस्त मोहम्मद खाँ कूटनीतिक और क्रूर स्वभाव का व्यक्ति था। सीतामऊ के राजा को उसकी चालाकी का पता चला तो उन्होंने उसे नौकरी से निकाल दिया फिर वह मंगलगढ़ गया। मंगलगढ़ में उसने राजा का विश्वास जीता और रानी उसे अपना पुत्र मानने लगीं।

इसी बीच संदिग्ध परिस्थिति में मंगलगढ़ के राजा श्री आनंद सिंह सोलंकी और रानी दोनों की रहस्यमय परिस्थिति में मृत्यु हो गई। दोस्त मोहम्मद खाँ ने रियासत की सारी संपत्ति हस्तगत कर ली और उनकी बेटी कुँवर सरदार बाई का नाम बदलकर फतह बीबी रख दिया। यह घटना 1708 ई. के आसपास की है।

1710 ई. में दोस्त मोहम्मद खाँ ने जगदीशपुर के देवड़ा ठाकुरों से दोस्ती की, उन्हें दावत पर बुलाया और उनकी परिवार सहित हत्या कर दी। जिस स्थान पर हत्या हुई, वहाँ अब भोपाल का हलाली डेम बना है। जगदीशपुर का नाम बदलकर इस्लामनगर रख दिया गया। इस विजय के बाद दोस्त मोहम्मद खाँ बड़ी भेंट लेकर मुगल दरबार पहुँचा और वहाँ उनसे बैरसिया को पट्टे पर ले लिया। उसके बाद उसने धोखे से मुगलों के विदिशा के किलेदार और रायसेन के किलेदार की हत्या की। फिर वह नजराना लेकर दिल्ली पहुँचा और बादशाह को यह समझाया कि वे दोनों किलेदार बगावत कर रहे थे।

इस घटना के बाद मुगलों ने दोस्त मोहम्मद खाँ को अपना प्रतिनिधि बनाया और उसे गोंडवाना तथा आसपास के क्षेत्र में राजस्व वसूली का अधिकार दे दिया। दोस्त मोहम्मद यही चाहता था, उसकी नजर भोपाल पर थी। उसने पहले बाड़ी पर हमला किया, वहाँ के राजा की हत्या कर दी। राजा के परिवार के अन्य सदस्यों को इस्लाम स्वीकार करने की शर्त पर ही जीवित छोड़ा। बाड़ी के बाद दोस्त मोहम्मद खाँ ने सलकनपुर पर हमला किया, सलकनपुर मंदिर को तोड़ा और गिन्नौरगढ़ पर घेरा डाला। यह घेरा लगभग सात दिन तक रहा।

जब दोस्त मोहम्मद खाँ ने बाड़ी पर हमला किया, तब इसकी सूचना रानी कमलापति को मिल गई थी। रानी को यह आशंका थी कि बाड़ी के बाद गिन्नौरगढ़ पर हमला हो सकता है, इसीलिए वह भोपाल आ गईं। गिन्नौरगढ़ हमले के बाद दोस्त मोहम्मद खाँ भोपाल आया। उसने एक प्रकार से रानी को किले में नजरबंद कर दिया। इससे रानी का गिन्नौरगढ़ से संपर्क टूट गया। किले में रोजमर्रा की आवश्यक वस्तुओं की आपूर्ति के लिए आने-जाने वाले सभी लोग दोस्त मोहम्मद खाँ के विश्वसनीय जन ही थे।

स्रोतों के अनुसार वर्ष 1723 में दोस्त मोहम्मद खाँ ने रानी से मिलने के लिए महल में प्रवेश किया। रानी ने संकट को भाँप लिया और धोखेबाज के हरम का हिस्सा बनने के स्थान पर भोपाल के छोटे तालाब में जलसमाधि लेने का विकल्प चुना। इसी क्षण ने रानी को भोपाल की स्मृतियों में अंकित कर दिया। रानी कमलापति ने विषम परिस्थिति को देखते हुए बड़े तालाब के बाँध का सँकरा रास्ता

खुलवाया, जिससे बड़े तालाब का पानी रिसकर दूसरी तरफ आने लगा, जिसे आज 'छोटा तालाब' के रूप में जाना जाता है। इसमें रानी कमलापति ने महल की समस्त धन, दौलत, जेवरात, आभूषण आदि डालकर स्वयं इसमें जलसमाधि ले ली।

रानी के बलिदान के साथ सबकुछ खत्म हो गया था। दोस्त मोहम्मद खाँ को न रानी कमलापति मिली और न ही धन-दौलत। रानी ने अपने जीवित रहने तक भोपाल पर परधर्मी को नहीं बैठने दिया। रानी की मृत्यु उपरांत किले में मारकाट हुई। दोस्त मोहम्मद खाँ ने बुर्ज पर जाकर नमाज पढ़ी और स्वयं को विजयी घोषित किया। दोस्त मोहम्मद खाँ के साथ ही नवाबों का दौर शुरू हुआ और भोपाल में नवाबी शासन शुरू हुआ।

नारी अस्मिता और अपनी संस्कृति की रक्षा के लिए रानी कमलापति ने जल समाधि लेकर इतिहास में अमिट स्थान बनाया है। उनका यह कदम उसी जौहर परंपरा का पालन था, जिसमें भारतीय नारी शक्ति ने अदम्य साहस के साथ अपनी अस्मिता, धर्म और संस्कृति को बचाया है। उसी परंपरा का निर्वाह करते हुए रानी कमलापति ने भी अपनी अस्मिता को विधर्मियों से बचा लिया।

गोंड रानी कमलापति आज भी प्रासंगिक हैं। भोपाल का हर हिस्सा उनकी कहानी सुनाता है। यहाँ के तालाबों के पानी में उनके बलिदान की गूँज सुनी जा सकती है। ऐसा लगता है, मानो वह स्वयं यहाँ की कलकल धारा हैं। गोंड रानी अब पानी बनकर भोपाल की रवानी में अविरल बहती हैं।

□

कालीबाई

जनजातीय समाज सहज, सरल, समर्पित समाज है। स्वत्व, स्वाभिमान, शौर्य और पराक्रम उनकी विशेषता है। यही वजह है कि अंग्रेजों और साम्राज्यवादी ताकतों ने कभी नहीं चाहा कि यह समाज शिक्षित हो। यदि वे शिक्षित हो गए तो अपने नैसर्गिक विशेष गुणों के साथ वे प्रगति शिखर पर पहुँच सकते हैं। इसीलिए पराधीन काल में जनजातीय क्षेत्रों में पाठशालाएँ नहीं थीं, यदि किसी ने उन्हें शिक्षित करने का प्रयास भी किया तो उसे दंडित किया जाता था।

परतंत्रता के उस समय की एक ऐसी ही घटना है, जो रोंगटे खड़े कर देती है। इसमें शिक्षक नाना भाई और वीर बाला काली बाई की वीरता की अनूठी गाथा है।

राजस्थान के डूँगरपुर जिले में वनवासियों के मध्य शिक्षा के प्रसार का काम भी ऐसा था, जो डूँगरपुर राज्य की आँखों में खटक गया। उन्हें इस भय ने सताया कि अगर वनवासी पढ़-लिख गए तो वे अपने अधिकारों की माँग करेंगे। भयभीत राजा ने अपने राज्य के वनवासी अंचल में सभी विद्यालय बंद करने का आदेश दिया। इन वनवासी क्षेत्रों में नानाभाई शिक्षा के प्रसार कार्य में जुटे हुए थे। वे गाँव-गाँव जाकर पाठशालाएँ खोलते और वनवासियों को शिक्षा का महत्त्व समझाते। डूँगरपुर के महाराज लक्ष्मण सिंह ने उस क्षेत्र में 25 वर्ष पुराने एक छात्रावास को बंद करवाने के बाद नानाभाई को अंग्रेजों के अनुसार सूचना भेजी कि वे पाठशालाएँ बंद करें। समस्त वनवासी क्षेत्र में पुलिस सहित डूँगरपुर के मजिस्ट्रेट और फौज के सिपाही वनवासियों को आतंकित

करने लगे, लेकिन नानाभाई नहीं माने। मजिस्ट्रेट 19 जून, 1947 के दिन रास्तापाल की पाठशाला पहुँचे, जहाँ नानाभाई का घर भी था। उस समय नानाभाई एक अन्य अध्यापक सेंगाभाई से बातचीत कर रहे थे। मजिस्ट्रेट ने उन्हें बुलाया और धमकाते हुए आदेश दिया कि "पाठशाला बंद करें और चाबी हमें थमा दी जाए।"

नानाभाई ने यह बात मानने से मना कर दिया। अंग्रेज पुलिस ने नानाभाई और उनके सभी साथी अध्यापकों को बेरहमी से पीटा और पीटते हुए अपने शिविर तक ले जाने लगे। रास्ते में बंदूक का कुंदा नानाभाई के मर्मस्थल पर लगने से उनकी तत्काल मृत्यु हो गई। सेंगाभाई भी अत्याचार सह न सके और बेहोश हो गए। सेंगाभाई की कमर में रस्सी बाँधी और चलते ट्रक के पीछे घसीटने लगे। बंदूक से हवाई फायर करके वनवासियों को आतंकित किया गया, ताकि कोई प्रतिरोध न करे।

एक नन्ही बालिका, जो उसी समय घास काटकर लाई थी, चिल्लाते हुए ट्रक के पीछे दौड़ी, "अरे, तुम मेरे मास्टरजी को क्यों ले जा रहे हो! छोड़ दो, छोड़ दो।" हाथ में हँसिया, पाँव में बिजली और मुख से कातर पुकार करती वह बच्ची न बंदूकों से घबराई, न पुलिस की डरावनी धमकियों से। यह देख वनवासी भी उत्साहित हो उठे और उसके पीछे दौड़े। यह देखकर पुलिस अधिकारी ने बंदूक तानकर कहा, "ऐ लड़की, वापस जा, नहीं तो गोली मार दूँगा।" पर उसने अनसुना कर दिया। ट्रक के पीछे दौड़ते हुए उसने अपने हँसिए से रस्सी काट दी, जिससे सेंगाभाई को घसीटा जा रहा था। निर्दयी पुलिस ने दस वर्षीय बच्ची पर गोली चला दी। कालीबाई का शरीर निर्जीव होकर लुढ़क गया।

कालीबाई के बलिदान होते ही वनवासियों ने मारू बाजा बजाना शुरू कर दिया और पुलिस की बंदूकों की परवाह न करते हुए उन्हें मारने के लिए दौड़े। गोलियों से कई भील महिलाएँ भी घायल हुईं। वनवासियों की टोली को देख पुलिस के सिपाही और मजिस्ट्रेट जीप में सवार होकर भाग गए।

मारू की आवाज सुनते ही हजारों मीणा-भील एकत्र हो गए और कालीबाई और नानाभाई को इस आशा से तीस मील दूर अस्पताल में ले गए कि शायद डॉक्टर उन्हें बचा लें, पर व्यर्थ। कालीबाई के साथ घायल हुई अन्य भील महिलाएँ नवलीबाई, मोगीबाई, होमलीबाई, लालीबाई तथा सेंगाबाई बच गईं, पर डॉक्टर कालीबाई और नानाभाई को बचा न सके। डूँगरपुर में नानाभाई खाट और कालीबाई की स्मृति में उद्यान बनाया गया और उनकी मूर्तियाँ भी स्थापित की गई हैं। शिक्षित कर समाज को जागृत करनेवाले नाना भाई और वीर बाला कालीबाई को नमन!

□

किशोर सिंह

हिंडोरिया मध्य प्रदेश के दमोह शहर से 16 किलोमीटर दूर उत्तर-पूर्व की ओर बांदकपुर रेलवे स्टेशन से करीब 5 किलोमीटर की दूरी पर है। मेरठ-दिल्ली की क्रांति, झाँसी का युद्ध, शाहगढ़ के राजा बखतबली के क्रांतिकारी प्रयासों की सूचना मिलते ही 42वीं देशी पैदल सेना के सैनिकों ने 1 जुलाई को सागर में क्रांति की, तब उस क्रांति का प्रभाव दमोह में भी हुआ।

उस समय दमोह में अजीजुद्दीन डिप्टी मजिस्ट्रेट था। 4 जुलाई की सुबह क्रांतिकारी सागर से दमोह पहुँचे। दमोह में 31वीं, 42वीं तथा 52वीं देशी पलटन की कई कंपनियाँ तैनात थीं। इनमें 42वीं पलटन की दोनों कंपनियों के सभी सैनिकों ने क्रांति का शंख फूँका। अंग्रेज सरकार को यह भी आशंका थी कि यदि 52वीं पलटन की दोनों कंपनियाँ 42वीं पलटन की कंपनियों में मिल जाती हैं तो दमोह को बचाना मुश्किल होगा, इसलिए निर्णय लिया गया कि 42वीं पलटन के सिपाहियों को निःशस्त्र कर दिया जाए, साथ ही 52वीं पलटन की कंपनियों के साथ सहानुभूतिपूर्ण व्यवहार किया जाए। इसी कूटनीति के अंतर्गत दमोह को तथा खजाने को बचाया जा सकता है।

उस समय हिंडोरिया का जागीरदार उमराव सिंह लोधी अवयस्क था। किशोर सिंह लोधी उसके संरक्षक थे। उन्होंने दमोह जिले में क्रांति का मोर्चा थामा। दमोह में क्रांति का प्रभाव देख अंग्रेज अधिकारी सपरिवार 8 जुलाई को नरसिंहपुर आ गए।

दमोह खजाने को पाने में किशोर सिंह लोधी की प्रमुख भूमिका रही है। किशोर सिंह की क्रांति चेतना के आगे पलटनों को लेकर अंग्रेजों की कूटनीति असफल रही। क्रांति के समय किशोर सिंह के साथ 52वीं देशी पलटन के क्रांतिकारी सिपाही भी आ मिले। अब किशोरसिंह को और ताकत मिल गई। राजा शाहगढ़ तथा इन क्रांतिकारियों के सहयोग से किशोरसिंह 10 जुलाई को दमोह की ओर क्रांतिकारियों के साथ आगे बढ़े। नगर में पन्ना के राजा की सेना थी। इस सेना से क्रांतिकारियों का युद्ध हुआ। किशोरसिंह के दल ने पहले तो पन्ना राजा की सैनिक टुकड़ी को हराया,

फिर वे जेल की ओर गए, क्रांतिकारियों ने जेल के कैदियों को मुक्त कर दिया, फिर वे दमोह शहर की ओर बढ़े। उन्होंने अंग्रेजों की सरकारी इमारतों में आग लगा दी, डिप्टी कमिश्नर के ऑफिस को भी नष्ट कर दिया। किशोर सिंह ने दमोह में शाहगढ़ के राजा बखतबली के नाम पर थाना स्थापित किया तथा दमोह में तैनात अंग्रेजी सेना के भारतीय सिपाहियों को क्रांति से जुड़ने का अनुरोध किया।

अंग्रेज शाहगढ़ के राजा बखतबली, किशोरसिंह और उनके क्रांतिकारी सहयोगियों से आतंकित थे। 20 जुलाई, 1857 के पत्र में कमिश्नर ने भारत सरकार को लिखा कि "किशोर सिंह को पकड़कर उसे तुरंत दंड देना जरूरी है तथा शाहगढ़ के राजा बखतबली को पकड़े जाने के बाद फाँसी पर लटका देना चाहिए और उसके राज्य को जब्त कर लेना चाहिए।"

अंग्रेजी सैनिक टुकड़ी ने 21 जुलाई को हिंडोरिया के लिए प्रस्थान किया। किशोर सिंह के गाँव पर धावा बोला तथा गाँव को नष्ट कर दिया। तोपों से किशोर सिंह का महल पूरी तरह नष्ट कर दिया गया। 28 जुलाई को सुबह शाहगढ़ के क्रांतिकारियों के तीन दस्तों ने, जिसमें एक हजार क्रांतिकारी थे, दमोह पर हमला बोल दिया। ब्रिटिश सेना ने क्रांतिकारियों से कड़ा मुकाबला किया। क्रांतिकारियों को पीछे हटना पड़ा और काफी क्षति उठानी पड़ी। किशोर सिंह को जीवित या मृत गिरफ्तार करने के लिए ब्रिटिश शासन ने 1,000 रुपए का पुरस्कार घोषित किया।

किशोर सिंह से प्रेरित होकर दमोह के मालगुजार देवकरण ने भी क्रांति कर दी। उन्होंने दमोह के थानों पर कब्जा जमा लिया। स्थिति की विकटता को देखकर अंग्रेज अधिकारियों ने जबलपुर से सहायता माँगी। 24 अगस्त को नागपुर की सैनिक टुकड़ी दमोह पहुँची। शीघ्र ही अंग्रेजों ने बालकोट पर अधिकार कर लिया। एक छोटा किला नष्ट कर दिया गया। उसके बाद ठाकुर किशोर सिंह के हिंडोरिया स्थित किलाबंद मकान पर आक्रमण किया गया। सैकड़ों क्रांतिकारी अंग्रेजों द्वारा पकड़कर मौत के घाट उतार दिए गए। पन्ना राजा के अधिकारी ने श्यामलेजू से अनुरोध किया कि वह दमोह जिले का प्रभार लें। श्यामलेजू ने 2 तोपों और सैनिकों को साथ लेकर दमोह में प्रवेश किया।

10 अगस्त, 1858 तक सागर-नर्मदा क्षेत्र के कमिश्नर मेजर एर्जकाइन ने दमोह जिले में शांति की घोषणा की। किशोर सिंह भावी क्रांति के लिए अज्ञातवास में चले गए।

□

केसरी चंद

देश को स्वतंत्र कराने के लिए नेताजी सुभाषचंद्र बोस ने भारत में स्वाधीनता आंदोलन चलाने के साथ-साथ देश के बाहर जाकर भी फौज का निर्माण किया और स्वाधीनता युद्ध शुरू किया। जब नेताजी सुभाषचंद्र बोस द्वारा 'आजाद हिंद सेना' की स्थापना की गई तो उत्तराखंड के रणबाँकुरों ने इस सेना की सदस्यता लेकर देश रक्षा करने का संकल्प लिया। उत्तराखंड के जौनसार बावर के वीर सपूत बलिदानी केसरी चंद भी इसमें शामिल थे। उन्होंने स्वतंत्रता संग्राम में अपने प्राणों की आहुति देकर अपने साथ-साथ जौनसार और उत्तराखंड का नाम राष्ट्रीय स्वाधीनता आंदोलन के इतिहास में स्वर्णिम अक्षरों में अंकित किया। 29 अक्तूबर, 1941 में केसरी चंद को मलाया युद्ध के मोर्चे पर तैनात किया गया।

अमर बलिदानी वीर केसरी चंद का जन्म 1 नवंबर, 1920 को जौनसार बावर के क्याबा गाँव में हुआ था। इनकी प्रारंभिक शिक्षा विकास नगर में हुई। 1938 में डी.ए.वी. कॉलेज, देहरादून से हाईस्कूल की परीक्षा उत्तीर्ण कर इसी कॉलेज में इंटरमीडिएट की भी पढ़ाई की। केसरी चंद बचपन से ही निर्भीक और साहसी थे। खेलकूद में भी इनकी विशेष रुचि थी। स्वतंत्रता आंदोलन की शुरुआत हुई, तब केसरी चंद पढ़ाई के साथ-साथ स्वाधीनता आंदोलन की सभाओं और कार्यक्रमों में

भाग लेने लगे। तभी से उनके मन में भारत को स्वतंत्र कराने का संकल्प था। इंटर की परीक्षा पूर्ण किए बिना ही केसरी चंद 10 अप्रैल, 1941 को रायफल इंडियन आर्मी सर्विस कौर में नायब सूबेदार के पद पर भर्ती हो गए। उस समय दूसरा विश्वयुद्ध चल रहा था। भारतीय सिपाहियों को अनावश्यक ही अंग्रेजों ने युद्ध में झोंक दिया। केसरी चंद को 29 अक्तूबर, 1941 को मलाया युद्ध के मोर्चे पर तैनात किया गया। जहाँ पर जापानी सेना द्वारा उन्हें बंदी बना लिया गया। वहाँ नेताजी सुभाषचंद्र बोस स्वाधीनता संग्राम की तैयारी कर रहे थे। जापानी सेना में जो भारतीय युद्धबंदी थे, उन्हें नेताजी ने प्रेरित किया, उन्हें समझाया कि दुश्मन के लिए लड़ने से अच्छा है, देश के लिए लड़ो, अपनी स्वाधीनता के लिए लड़ो। सुभाषचंद्र बोस के स्वराज्य प्राप्ति का यह प्रयास केसरी चंद को उचित लगा। उन्हें यह बात समझ में आई कि नेताजी द्वारा देश में स्थिति समुचित न होने पर देश के बाहर से अंग्रेजों को देश निकाला करने का प्रयास किया जा रहा है। नेताजी सुभाषचंद्र बोस के इस प्रयास से उन्हें स्वतंत्रता के स्वप्न को पूरा होने की उम्मीद जागी।

नेताजी सुभाषचंद्र बोस के नारे 'तुम मुझे खून दो, मैं तुम्हें आजादी दूँगा…' से प्रेरित होकर वे आजाद हिंद फौज में सम्मिलित हो गए। केसरी चंद में अदम्य साहस, अद्भुत पराक्रम, संकट की स्थिति में आत्मविश्वास, दृढ़ संकल्प-शक्ति देखकर उन्हें आजाद हिंद फौज में कठिनतम दायित्व दिए गए, जिन्हें उन्होंने पूरी कुशलता के साथ सँभाला। उन्होंने अपनी जिम्मेदारी को पूरी शिद्दत से पूर्ण किया।

इंफाल के एक मोर्चे पर अंग्रेजी फौज ने इन्हें पकड़ लिया और बंदी बनाकर दिल्ली की जिला जेल में रखा गया। वहाँ पर ब्रिटिश राज और सम्राट् के विरुद्ध षड्यंत्र के अपराध में इन पर अभियोग चलाया गया और मृत्युदंड दिया गया। मात्र 24 वर्ष 6 माह की आयु में अमर बलिदानी केसरी चंद 3 मई, 1945 को हँसते-हँसते भारत माता की जय का उद्घोष करते हुए फाँसी के फंदे पर झूल गए।

□

कैप्टन क्लीफोर्ड कीसिंग नांग्रुम

मातृभूमि की रक्षा के लिए अपने प्राण न्योछावर करनेवाले मेघालय के कैप्टन क्लीफोर्ड कीसिंग नांग्रुम पाकिस्तान के साथ हुए कारगिल युद्ध में 1 जुलाई, 1999 को वीरगति को प्राप्त हुए। उनके अदम्य साहस, रणनीति और युद्ध कौशल से बटालिक के पॉइंट 4812 पर भारत ने विजय प्राप्त की। कारगिल युद्ध के इस महान् वीर योद्धा को 'महावीर चक्र' से सम्मानित किया गया।

कारगिल युद्ध में अपने शौर्य और पराक्रम से विजय अभियान को सफल बनानेवाले खासी जनजाति के कैप्टन क्लीफोर्ड कीसिंग नांग्रुम का जन्म 7 मार्च, 1975 को शिलांग, मेघालय में हुआ। इनके पिता पीटर कीसिंग नागा तथा माता सेली नांग्रुम शिलांग निवासी एक खासी महिला थीं।

पिता भारतीय स्टेट बैंक शिलांग में नौकरी करते थे तथा माता एक गृहिणी थीं। ये नागा जनजाति तथा खासी जनजाति के थे। मातृ सत्तात्मक खासी परंपरा के अनुसार उनके नाम के साथ नांग्रुम रखा, पिता से कीसिंग शब्द लिया। इस प्रकार इनका नाम क्लीफोर्ड कीसिंग नांग्रुम रखा गया।

इनके घर से 50 मीटर दूर एक टीला था। ये उस टीले पर चढ़ जाते थे। वहाँ से एक किलोमीटर दूर टैपी वैली मैदान में ड्रिल व परेड करते हुए जवानों को कई घंटे तक ध्यान से देखते थे। उस परेड को देखकर उनके मन में अजीब सी हलचल होती थी। जो आहट थी उनके भविष्य की। ...बचपन में मन में जागृत आकांक्षा ने

आकार लिया और भविष्य में यही बालक नांग्रुम देश रक्षा करते हुए वीरगति को प्राप्त हुआ।

इनकी प्राथमिक से माध्यमिक स्तर की शिक्षा शिलांग में हुई। ये एक मेधावी छात्र तथा अच्छे खिलाड़ी थे। ये फुटबॉल के खिलाड़ी और अपने स्कूल में फुटबॉल टीम के कैप्टन थे। इन्होंने वर्ष 1993 में शिलांग में स्पोर्ट्स क्लब की स्थापना की। स्नातक स्तर की पढ़ाई ऑफिसर्स ट्रेनिंग अकादमी चेन्नई में पूरी करने के बाद ये जम्मू और कश्मीर लाइट इंफैंट्री की 12वीं बटालियन में अधिकारी बने।

पाकिस्तान के साथ कारगिल युद्ध में इनकी बटालियन को बटालिक सेक्टर में तैनात किया गया। 30 जून, 1999 को इन्हें बटालिक सेक्टर के अति महत्त्वपूर्ण और अति दुर्गम पॉइंट 4812 पर विजय प्राप्त करने का दायित्व दिया गया। इस स्थान पर पहुँचने के लिए बर्फीले पहाड़ पर सीधे ऊपर चढ़ना था, जहाँ शत्रु सेना पत्थरों से बने बंकरों में युद्ध के लिए तैयार थी। ऊपर पहुँचते ही शत्रु सेना ने कैप्टन कीसिंग की सैन्य टुकड़ी पर दो घंटे तक मशीनगनों से गोलियों की लगातार बौछार की। कैप्टन कीसिंग को पोजीशन लेना मुश्किल हो गया, इनके फायर का पर्वत शिखर पर सुरंग में सुरक्षित शत्रु तक पहुँचना कठिन था।

परिस्थिति को भाँपकर अपने प्राणों की चिंता न करते हुए गोलियों की बौछार के बीच से होते हुए शत्रु की प्रथम पोजीशन पर इन्होंने ग्रेनेड से हमला किया और छह शत्रु सैनिकों को मार डाला। दूसरी पोजीशन पर बैठे शत्रु सैनिकों से युद्ध करते हुए उनकी यूनिवर्सल मशीनगन छीनने का प्रयास किया। इस दौरान इनके शरीर में कई गोलियाँ लग चुकी थीं। इनकी अनूठी युद्ध क्षमता देखकर शत्रु सैनिक भी भौचक्के रह गए और जब तक वे लड़ने के लिए तैयार हुए, उस समय में कैप्टन कीसिंग की टुकड़ी ऊपर पहुँच गई, शत्रु सेना को परास्त किया और उस स्थान को कब्जे में ले लिया।

कैप्टन कीसिंग बहुत ज्यादा घायल अवस्था में थे। साथियों ने उन्हें वापस जाने के लिए बहुत समझाया, पर उन्होंने वापस लौटने से इनकार कर दिया। वे दुश्मनों से लड़ते रहे और युद्ध करते हुए वीरगति को प्राप्त हुए।

उनके इस साहसी युद्ध कौशल के कारण बटालिक के पॉइंट 4812 पर भारत ने विजय प्राप्त की। कैप्टन कीसिंग नांग्रुम को इस अप्रतिम युद्ध कौशल और पराक्रम के लिए 'महावीर चक्र' से सम्मानित किया गया। धन्य हैं भारत के ये वीर योद्धा, जिन्होंने अपना बलिदान देकर दुश्मनों से अपनी माटी वापस ले ली।

□

कोमराम भीम

कोमराम भीम एक ऐसे जनजातीय वीर योद्धा थे, जिन्होंने हैदराबाद के निजाम आसफ अली द्वारा किए जा रहे अत्याचारों के विरुद्ध युद्ध किया और वीरगति को प्राप्त हुए। कोमराम भीम ने सर्वप्रथम 'जल, जंगल और जमीन' का नारा दिया। जंगल में रहनेवाले लोगों के जंगल, जल और संसाधनों पर अधिकार को लेकर संघर्ष किया। उन्होंने 1928 से लेकर 1940 तक शोषण के विरोध में अंग्रेज तथा निजाम के साथ लगातार गुरिल्ला युद्ध किया। 1940 में जोड़ेघाट में युद्ध के दौरान यह वनवासी वीर योद्धा बलिदान हो गए।

कोमराम भीम का जन्म 22 अक्तूबर, 1901 को तेलगांना राज्य के कोमराम भीम जिले के संकेपल्ली गाँव में गोंड वनवासी परिवार में हुआ था। कोमराम भीम जिले को 2016 से पहले असिफाबाद जिले के नाम से जाना जाता था।

कोमराम भीम के पिता वनवासियों के अधिकारों की बात कहते थे, इन्हीं विवादों के बीच एक अंग्रेज अधिकारी ने उनकी गोली मारकर हत्या कर दी। अंग्रेज पेड़ों को काटने के आरोप लगाकर बच्चों की उँगलियाँ भी काट देते थे। इन घटनाओं से परेशान होकर कोमराम भीम अपने परिवार सहित संकेपल्ली से सरदापुर चले गए। एक बार एक पटवारी अपने कुछ साथियों के साथ आकर टैक्स वसूलते समय लोगों से दुर्व्यवहार करने लगा। यह सब देखकर गुस्से में कोमराम

भीम के हाथों, सिद्धिकी नामक व्यक्ति की मृत्यु हो गई। इस घटना के बाद वे चंद्रपुर आ गए, वहाँ हिंदी, अंग्रेजी और उर्दू सीखी। बाद में चंद्रपुर से असम चले गए। वहाँ उन्होंने चाय बागान में काम किया, परंतु वहाँ भी चाय बागान मालिक द्वारा हो रहे शोषण के विरुद्ध आवाज उठाने के कारण उन्हें जेल भेज दिया गया। जेल में वे चार दिन रहे। कोमराम भीम ने जब अल्लूरी सीताराम राजू के बारे में सुना तो वे बहुत प्रभावित हुए। असम से लौटकर कोमराम भीम अपनी माँ और भाई के साथ काकनघाट चले गए, यहाँ एक गाँव के मुखिया लच्छु पटेल के साथ काम करने लगे। लच्छु पटेल ने इनका विवाह सोमबाई से करवाया।

कोमराम भीम काकनघाट से सपरिवार भाबेझारी चले गए और वहाँ खेती करने लगे, लेकिन जब फसल काटने का समय आया तो निजाम के लोग आ गए। इस जमीन को निजाम की बताकर मनमाना टैक्स माँगा, डराया-धमकाया। इस विषय को लेकर जब कोमराम भीम ने निजाम से भेंट करनी चाही तो उन्हें मिलने का समय नहीं दिया गया। धीरे-धीरे निजाम के अत्याचार बढ़ने लगे तो कोमराम भीम ने अपने साथियों के साथ निजाम के विरुद्ध बिगुल फूँक दिया। उन्होंने आसपास के 12 गाँवों के युवाओं को संगठित किया। वनवासियों को जल, जंगल और जमीन का नारा दिया। जंगलों पर अपना दावा करते हुए निजाम के विरुद्ध लोगों को इस आंदोलन से जोड़ने लगे। वनवासी समुदाय के साथ-साथ अन्य समुदाय के लोगों ने भी कोमराम भीम को अपना नेता माना, उन्हें पूरा सहयोग दिया। कोमराम भीम ने जोड़ेघाट को केंद्र बनाकर 1928 से लेकर 1940 तक निजाम के विरुद्ध लगातार संघर्ष किया। युद्ध में गुरिल्ला युद्ध नीति अपनाई।

1940 में अशौजा पूर्णिमा के दिन निजाम के तालुकदार अब्दुल सत्तार ने अपने सैनिकों के साथ जोड़ेघाट में कोमराम भीम और उनके साथियों को घेर लिया। दोनों के बीच भीषण संघर्ष हुआ। इस संघर्ष में कोमराम भीम सहित 15 क्रांतिकारी देशभक्त वीरगति को प्राप्त हुए। अशौजा पूर्णिमा के दिन जोड़ेघाट की पहाड़ियाँ रो उठीं। 'कोमराम भीम अमर रहें'—'भीम दादा अमर रहें' के गूँज की अनुगूँज जंगलों में पसर गई। वननायक कोमराम भीम वनों की स्मृतियों में सदा के लिए समा गए। □

खाज्या नायक

भील जनजाति के लोगों को स्वतंत्रता प्रिय है। परतंत्रता उन्हें स्वीकार्य नहीं है। उनके शौर्य के कारण मराठों ने उन्हें चौकीदारी सौंपी और यात्रियों व कारवाँ से सुरक्षा के बदले चुंगी वसूल करने का अधिकार भी दिया। 1818 के बाद भील क्षेत्र अंग्रेजों के अधीन हो गया। अंग्रेज अधिकारियों ने विभिन्न भील नायकों (सरदारों) को बुलाकर उनसे समझौता करना चाहा, लेकिन भील नायकों को सरकारी पद, चौकीदारी तथा वजीफा देने की अंग्रेज नीति विफल रही।

1824 में 'खानदेश भील कोर' का गठन हुआ, जिसमें भीलों को ही नियुक्त किया गया। इस 'कोर' का मुख्य काम था, अन्य भीलों से युद्ध कर उन्हें नियंत्रण में रखना। कुछ समय के लिए यह नीति सफल रही, लेकिन 1840 से भील संघर्ष की राह पर चल दिए। उनका अपनी तरह का यह संघर्ष 1857 तक आते-आते चरम पर था। इसी समय के भील नायक थे—खाज्या नायक।

खाज्या नायक सेंधवा घाट के वार्डन गुमान नायक के पुत्र थे। 1833 में गुमान नायक की मृत्यु के बाद खाज्या नायक को सेंधवा घाट का नायक बनाया गया। एक हत्या के आरोप में उन्हें 1850 में अंग्रेज सरकार ने बंदी बना लिया और 10 साल की सजा दी, पर 1856 में उन्हें छोड़ दिया गया और सेंधवा घाट के वार्डन

की नौकरी पर रख लिया, लेकिन स्वाभिमानी खाज्या ज्यादा दिन वहाँ नहीं रहे और नौकरी छोड़ दी। 1857 में उन्होंने क्रांतिकारी गतिविधियाँ तेज कर दीं। उनके दल में 800 लोग हो गए, जिनमें 150 बंदूकची, 80 मकरानी और अरब भी थे। उनके आमंत्रण पर 7 अक्तूबर, 1857 को महादेव नायक, देवलिया नायक अपने 200 साथियों के साथ खाज्या के घर सांगवी आए। उनके दल ने खानदेश में सिरपुर पर हमला किया 20 जनवरी, 1858 को जामनेर के पास सामान से लदी बैलगाड़ियों को अपने अधिकार में कर लिया। ये क्रांतिकारी विजय में प्राप्त सारा सामान गरीबों में बाँट देते थे। जून 1858 को ले. एटकिंस और ले. पोरबिन ने नेवली के दक्षिण-पश्चिम में खाज्या के दल पर हमला बोल दिया, जिसमें खाज्या की पराजय हुई, लेकिन वे बच निकले। खाज्या का भीलों पर बहुत प्रभाव था और भीलों को भी खाज्या पर पूरा भरोसा था। सिरपुर से पाँच मील दूर तक के सभी भील खाज्या के दल में शामिल हो गए। इसके अलावा भीमा नायक भी अपने दल के साथ 9 अक्तूबर, 1858 को खाज्या के साथ हो गए।

1857 का महासमर समाप्त होने के बाद भी अंग्रेजों के विरुद्ध खाज्या का संघर्ष जारी रहा। 1860 की शुरुआत में जब खाज्या नायक की खोज-खबर का सघन अभियान चलाया गया, तब वे बड़वानी चले गए और वहाँ भी क्रांति योजना में जुट गए। अंग्रेज अधिकारियों बर्च, होसिलवुड तथा एटकिंस को खाज्या नायक को पकड़ने के लिए भेजा गया। 1 जुलाई, 1860 को दोनों में प्रत्यक्ष युद्ध हुआ। क्रांतिकारियों के बारूद के ढेर को तोप के गोले से उड़ा दिया गया, जिससे क्रांतिकारियों के लगभग 1,500 लोग मारे गए और 150 लोग पकड़े गए, जिन्हें पेड़ पर बाँधकर गोली से उड़ा दिया गया। पर खाज्या के सभी साथियों को पलायन करना पड़ा या बंदी बना लिये गए। खाज्या के साथ भील, मकरानी और अरब योद्धा भी थे। अंग्रेजों की तमाम कोशिशों के बावजूद जब खाज्या नायक पकड़े नहीं जा सके तो अंग्रेज पुलिस अधिकारी ने साजिश रची। सादे वेश में रोहिद्दीन नामक एक मकरानी जमादार को खाज्या के पास नौकरी की तलाश में भेजा गया। उसने कुरान की शपथ लेकर वफादारी का वादा किया। 3 अक्तूबर, 1860 को खाज्या नायक स्नान उपरांत सूर्य की ओर मुँह करके खड़े थे, तभी रोहिद्दीन ने पीछे से गोली चला दी और खाज्या गिर पड़े। गद्दारी के पुरस्कार में रोहिद्दीन को जमादार बना दिया गया।

□

गरुलसिंह

भारत के प्रथम स्वाधीनता संग्राम 1857 में सभी वर्गों की भागीदारी रही। यह राजे-रजवाड़े, सिपाही, कामदार, आमजन सभी का सामूहिक संघर्ष था। इसमें कहीं-कहीं राजे-रजवाड़ों ने सीधे मोर्चा लिया तो कहीं उनके संरक्षक सक्रिय भूमिका में रहे और भूमिका भी ऐसी कि अपना सर्वस्व बलिदान कर प्राण न्योछावर कर दिए। ऐसे ही एक क्रांति योद्धा थे सोहागपुर के गरुलसिंह।

जब 1857 की क्रांति ज्वाला उत्तर से होती हुई मध्य भारत पहुँची तो यहाँ भिन्न-भिन्न स्थानों पर क्रांति शुरू हो गई। गरुलसिंह ने शहडोल जिले के सोहागपुर में मोर्चा थामा और क्रांति का नेतृत्व किया। उनके सक्रिय साथी थे कोठी निगवानी के तालुकेदार बलभद्र सिंह, जैतपुर के तालुकेदार जगमोहन सिंह और बलभद्र सिंह के भाई लक्ष्मण सिंह।

जब 1857 के महासंग्राम की क्रांति योजना बन रही थी, तभी गरुलसिंह ने यह तय किया कि चाहे जो भी हो, यहाँ से अंग्रेजों को निकाल बाहर करेंगे। इसके लिए उन्होंने लोगों को एकत्र करना शुरू किया। उन्होंने अपने निवास पर ही लगातार बैठकें कर लोगों को विश्वास दिलाया कि हर हाल में अंग्रेजों को देश निकाला कर हम स्वतंत्र होंगे। योजना को आकार देने के लिए गरुलसिंह क्रांति अभियान में जुट गए। उन्होंने अपनी तीन तोपों को साफ किया और उन्हें अपने किले की दीवारों पर चढ़ा दिया। मंडला के डिप्टी कमिश्नर वाडिंगटन को जब गरुलसिंह की क्रांति गतिविधियों की जानकारी मिली तो उसने गरुलसिंह और बलभद्र सिंह को निर्देश दिया कि वे जबलपुर में हाजिर हों, किले की दीवारों से तोपें हटा लें और एकत्र किया बारूद यहाँ भेज दें, लेकिन गरुलसिंह ने वाडिंगटन का आदेश नहीं माना।

जुलाई 1857 से क्रांति में जुटे गरुलसिंह अपनी योजना को आकार देनेवाले थे तभी 18 सितंबर, 1857 को जबलपुर में दो महत्त्वपूर्ण घटनाएँ घटीं, जिससे जबलपुर के आसपास क्रांतिकारी और प्रखर हो गए। वह घटना थी गढ़ा मंडला

के गोंड राजवंश के अंतिम राजा शंकरशाह और उनके पुत्र रघुनाथशाह को कविता लिखने के आरोप में जबलपुर में सबके सामने तोप से उड़ा दिया गया। क्रांतिकारियों का सब्र टूट गया, उसी रात जबलपुर की 52वीं बटालियन ने क्रांति का झंडा खड़ा कर दिया।

इधर मंडला जिले में रामगढ़ की रानी अवंतीबाई और शहपुरा के विजय सिंह लोधी के नेतृत्व में क्रांति की आग भड़क चुकी थी। सितंबर 1857 के चौथे सप्ताह तक मंडला जिले का दो-तिहाई भाग अंग्रेजों के विरुद्ध मोर्चा लिये खड़ा था। इन दोनों के साथ गरुलसिंह ने मंडला छावनी पर आक्रमण करने की योजना बनाई। गरुलसिंह के अभियान को असफल करने के लिए तथा सोहागपुर पर अधिकार के उद्देश्य से अंग्रेज सैनिक टुकड़ी भेजी गई। जून 1858 की शुरुआत में कैप्टन बेरोन वॉन मेयर्न अपनी सैनिक टुकड़ी के साथ सोहागपुर पहुँचा। हमले में सोहागपुर का किला क्रांतिकारियों के हाथ से निकल गया। गरुलसिंह और उनके सहयोगी पास की रीवा रियासत के क्षेत्र में जा पहुँचे।

सितंबर 1858 में गरुलसिंह ने सोहागपुर पर आक्रमण करने के लिए बड़ी संख्या में सैनिक एकत्रित किए। इस कार्य के लिए उन्हें रीवा के राजा से सहायता के रूप में 3,000 रुपए और 200 बंदूकची मिले। रीवा के राजा रघुराज सिंह की सहानुभूति क्रांतिकारियों के साथ थी, फिर भी उनका दोहरा व्यवहार था। एक ओर तो राजा ने वाडिंगटन की सहायता के लिए सैनिक टुकड़ी भेजी तथा दूसरी ओर गरुलसिंह को भी आर्थिक और सैनिक सहायता दी।

इतिहास गवाह है, स्वाधीनता संघर्ष में जब भी किसी क्षेत्र, किसी मोर्चे का पराभव हुआ है तो वह दोहरे चरित्रवाले गद्दार के कारण। रीवा के राजा और अंग्रेजों की टुकड़ी दोनों ने मिलकर क्रांतिकारियों पर हमला किया। घमासान युद्ध हुआ, लेकिन अंग्रेजों के दमन-चक्र के सामने गरुलसिंह के सहयोगियों व आसपास के शासकों ने समर्पण कर दिया। गरुलसिंह को कोई भी भय झुका न सका। उन्होंने अंत तक समर्पण नहीं किया। ब्रिटिश सरकार ने रीवा के राजा को पुरस्कार के रूप में सोहागपुर का इलाका दे दिया। गरुलसिंह अज्ञात क्रांति अभियान में संलग्न रहे। प्राप्त जानकारी के अनुसार 1869 में उनका बलिदान हुआ।

□

गहिरा गुरुजी

छत्तीसगढ़ में कँवर जनजाति के गहिरा गुरुजी ने ग्रामीण और जनजाति समाज के लिए धर्म, परंपरा और संस्कृति के निर्माण का अनूठा कार्य किया। उन्हें अमानवीय आचरण और कुरीतियों से मुक्त किया। गुरुजी ने अध्यात्म, साधना, वनवासियों की सेवा तथा कल्याण में अपना जीवन अर्पित कर दिया।

श्री गहिरा गुरुजी का जन्म रायगढ़ जिले के लैलूंगा विकासखंड के ग्राम गहिरा के कँवर जनजाति परिवार में श्रावण अमावस्या को 1905 में हुआ था। गुरुजी का नाम श्री रामेश्वर था, परंतु गहिरा ग्राम में जन्म होने के कारण गुरुजी का नाम 'गहिरा गुरुजी' पड़ा। इनके पिता का नाम श्री बुडगी राम एवं माता का नाम श्रीमती सुमित्रा बाई था। बचपन से ही गुरुजी अत्यंत गंभीर प्रकृति के थे। उनकी बाल लीलाओं को देखकर लोग स्तब्ध रह जाते थे। वे बाल्यकाल से ही अलौकिक शक्तियों की ओर आकर्षित रहे।

अकसर गुरुजी सात वर्ष की उम्र से ही बिना बताए घर छोड़कर जंगलों में चले जाते थे। कभी-कभी रात्रि में भी घर वापस नहीं आते थे। लगातार खोजबीन के बाद लोगों को पता चला कि बालक रामेश्वर, गहिरा गाँव के ही बियाबान जंगल

के बीच एक स्थान पर ध्यान मुद्रा में बैठे रहते हैं। बाल स्वामी साधना के क्रम में कभी-कभी समाधिस्थ हो जाया करते थे।

स्वामीजी को लोगों का झूठ बोलना, चोरी करना तथा मांस-मदिरा का सेवन करना अच्छा नहीं लगता था। सोच-विचार के बाद गुरुजी को लगा कि लोगों के जीवन से बुराइयों को दूर करने के लिए उनसे संवाद करना होगा। इसके लिए उन्होंने 20 नवयुवकों का समूह तैयार किया। वे आपस में अध्यात्म-दर्शन और धर्म, संस्कृति पर चर्चा करते थे। उन्होंने रामचरितमानस की चौपाई और दोहों को स्थानीय लोगों में गीत और नृत्य के माध्यम से प्रचारित किया। इस भक्तिमय वैदिक स्वरूप ने लोगों को प्रभावित किया। रात्रिकालीन लीला भजन में गुरुदेवजी स्वयं बाँसुरी बजाते और भाव-विभोर मुद्रा में नृत्य करते थे। जिसके कारण वहाँ का दृश्य भक्तिमय हो जाता था।

गुरुदेव जनजातियों की कुरीतियों, अमानवीय आचरण से बहुत दुःखी थे। उन्होंने गाँव-गाँव घूमकर लोगों को सत्य, शांति, दया, क्षमा धारण करने की शक्ति निर्मित करने, चोरी, हत्या, मिथ्या त्याग करने, शराब न पीने, मांस भक्षण न करने के लिए प्रेरित किया। स्वस्थ रहने के लिए स्वच्छता आवश्यक पक्ष है, इसलिए गुरुजी ने प्रतिदिन स्नान करने, स्वच्छ वस्त्र पहनने की बात कही। उन्होंने वनवासियों को भारतीय संस्कृति के अनुरूप संस्कार, पूजा-पाठ, परंपराओं का निर्वहण और मानवीय आचरण करने का व्यावहारिक ज्ञान दिया। स्वामीजी ने स्वयं खेतों को समतल कर लोगों को खेती करना सिखाया। वे चाहते थे कि लोग खेती करें, उपज प्राप्त करें और आर्थिक रूप से संबल बनें।

गुरुजी एक स्थान से दूसरे स्थान पर भ्रमण कर वहाँ की स्थिति को जानते-समझते और जहाँ उनकी आवश्यकता होती, वहाँ कुछ समय रहकर समाज में सकारात्मक परिवर्तन कर लोगों को प्रेरित करते हुए आगे बढ़ जाते थे।

इसी तरह लगातार जनजागृति का यह क्रम चलता रहा और गुरुदेव स्वामीजी की पदयात्रा चलती रही। जब गुरुदेव स्वामीजी वर्तमान झारखंड राज्य एवं सरगुजा की सीमा पर स्थित त्रिकूट नामक स्थान पर पहुँचे तो देखा कि वहाँ स्थानीय जनजातियों की दिनचर्या, खान-पान, रहन-सहन, अत्यंत पिछड़ा एवं अमानवीय है। स्वामीजी ने कुछ दिन वहीं रहकर लोगों की सेवा करने का निश्चय किया। उनकी प्रेरणा से लोगों के व्यवहार में बड़ा परिवर्तन आया। समाज में रहकर समाज परिवर्तन करनेवाले गहिरा गुरुजी का प्रयास सफल होता गया, लोग प्रेरित हुए और समाज में परिवर्तन दिखने लगा।

जनसेवा के साथ-साथ गुरुदेव स्वामीजी का एकांतवास और साधना अविराम चलती रही। गुरुदेव स्वामीजी श्रीकोट आश्रम को छोड़कर भ्रमण करते हुए कैलाश गुफा पहुँचे। यहाँ पर उन्हें अत्यंत शांति की अनुभूति हुई। काफी समय तक कंद-मूल और पत्ते खाकर गुरुजी ने गुफा में साधना की। स्वयं गुरुजी के मुख से सुना गया कि उन्हें वहाँ शिवजी के साक्षात् दर्शन हुए।

उन्होंने आजीवन समाज-सेवा का व्रत ले लिया। सन् 1943 में श्रावण अमावस्या को अपने भक्तों के मध्य 'सनातन धर्म, संत समाज' नामक संस्था की स्थापना की घोषणा की। उन्होंने धर्म, संस्कृति की रक्षा के लिए संस्कृत महाविद्यालय की स्थापना का संकल्प लिया। गुरुजी ने दीन-दु:खियों, वनवासियों की सेवा में अपना संपूर्ण जीवन अर्पित कर दिया। 21 नवंबर, 1996 को देवोत्थान एकादशी के दिन गहिरा गुरुजी का स्वर्गवास हुआ।

भारत विकास प्रक्रिया में संतों की बड़ी भूमिका रही है। गहिरा गुरुजी भी एक ऐसे संत थे, जो समाज सुधार, समाज उत्थान के लिए धरती पर अवतरित हुए। उन्होंने जीवन भर जनजातियों को विकास की धारा में जोड़ने, अपनी संस्कृति, अपनी परंपरा को समृद्ध करने के लिए प्रेरित किया।

□

नागारानी गाइदिन्ल्यु

भारत के स्वतंत्रता संघर्ष में कुछ ऐसे विलक्षण चरित्र हैं, जिनकी हम कल्पना तक नहीं कर सकते। समय, परिस्थिति, नियति से परे अलौकिक व्यक्तित्व, स्वत्व, स्वाभिमान, शौर्य और पराक्रम का अनूठा संगम है नागारानी गाइदिन्ल्यु। वे देश के लोगों के लिए रानी लक्ष्मीबाई का प्रतीक थीं तो अंग्रेजों के लिए पूर्वोत्तर का आतंक। भारत के स्वाधीनता संग्राम की एकमात्र स्त्री शक्ति थी, जिन्हें अंग्रेजों ने आजीवन कारावास की सजा सुनाई। अपनी संस्कृति, भाषा, अपनी मिट्टी, अपने समाज की रक्षा करने और स्वतंत्रता के लिए खड़ग उठानेवाली रानी को आमजन दुर्गा का अवतार मानते थे।

उन्होंने भारत की स्वतंत्रता के लिए नागालैंड में क्रांतिकारी आंदोलन चलाया। रानी गाइदिन्ल्यु का जन्म नागा समुदाय के रांग्मई जनजाति में 26 जनवरी, 1915 को मणिपुर में तमेंग्लांग जिले के लुग्काओ ग्राम में हुआ था। पिताश्री लोथोनांग समाज व्यवस्था में शासक की भूमिका निभाते हुए पामई समाज के अगुआ थे। माता श्रीमती करोल्लेन्ल्यू ईश्वर भक्ति में लीन धर्म-संस्कृतिपरायण महिला थीं। अपने माता-पिता के आठ बच्चों में गाइदिन्ल्यु सातवीं संतान थीं। वे बचपन से एक असाधारण बालिका थीं। उनकी बातें और विचार लोगों को विस्मित कर देते थे।

रानी का जिस क्षेत्र में जन्म हुआ वह जोलियांगरांग समाज मणिपुर के तमेंग्लांग जिला असम के कछार तथा नॉर्थ कछार हिल्स (दिमा हसाओ) जिला और वर्तमान

नागालैंड के दक्षिणी पेरेन जिला क्षेत्र में है। जैसे ही अंग्रेजों ने यहाँ अपना विस्तार करना चाहा, गाइदिन्ल्यु के गुरु हैपोउ जादोनांग ने सशस्त्र जेलियांगरांग सेना का गठन किया और अंग्रेजों के हस्तक्षेप का विरोध शुरू कर दिया। गाइदिन्ल्यु मात्र 13 वर्ष की आयु में अपने भाई कोसिन तथा हैपोउ जादोनांग के साथ स्वाधीनता संग्राम से जुड़ गईं। हैपोउ जादोनांग मणिपुर से अंग्रेजों को निकाल बाहर करने की योजना में लगे थे, लेकिन दुर्योग से उन्हें बंदी बना लिया गया और 29 अगस्त, 1931 को फाँसी पर लटका दिया गया। हैपोउ जादोनांग के बलिदान के बाद रानी गाइदिन्ल्यु ने मात्र 16 वर्ष की आयु में संपूर्ण आंदोलन की कमान थाम ली। वे वीरांगना बनकर उभरीं और संपूर्ण परिप्रेक्ष्य में छा गईं। रानी ने 4,000 नागा क्रांतिकारियों का दल बनाया। उन्हें छापामार युद्ध में निपुण किया और शृंखलाबद्ध हमले शुरू किए। 16 मार्च, 1932 को असम के हंग्रुम ग्राम में अंग्रेजों के सैन्य शिविर (असम रायफल्स) पर हमला किया। पाँच अंग्रेज सैनिकों को मार डाला। रानी ने घोषणा की कि हमारे क्षेत्र से अंग्रेजों को कोई कर नहीं दिया जाएगा। सबने रानी के आह्वान को स्वीकार किया। रानी के तेजस्वी व्यक्तित्व, अदम्य साहस और शौर्य को देखकर जनजातीय समाज उन्हें सर्वशक्तिमान देवी मानता था। उन्हें रानी माँ के नाम से संबोधित किया जाता था।

रानी का आंदोलन राजनीतिक होने के साथ धार्मिक और सामाजिक भी था। रानी ने नेमी, लियांगमेई और रोंगमेई नामक तीन जनजातियों का संयुक्त संगठन बनाया। जोलियांगरांग के माध्यम से नागाओं को पश्चिमी संस्कृति के प्रभाव से मुक्त करने का प्रयास किया। उन्होंने कहा—धर्म को खो देना, यानी अपनी संस्कृति को खो देना है। अपनी संस्कृति को खोना, यानी अपनी पहचान को खोना है। रानी माँ का कार्य क्षेत्र मणिपुर का पश्चिमी जिला, नागालैंड का दक्षिणी भाग और असम के कछार जिले का कुछ हिस्सा था।

रानी गाइदिन्ल्यु ने अंग्रेजी सत्ता को उखाड़ फेंकने के लिए प्रखर आंदोलन के साथ जनजातियों के धर्म और संस्कृति के गौरव को अक्षुण्ण रखने का भी अभियान चलाया। यह वह समय था, जब अंग्रेजों ने हर क्षेत्र को पराधीन करने के साथ धर्मांतरण की भी मुहिम चलाई थी।

रानी ने वहाँ के वनवासियों को विदेशी संस्कृति, आचार-विचार और प्रभाव से बचाने के लिए जोलियांगरांग हेराका परंपरा स्थापित की। यह नागा परंपराओं के प्रचार-प्रसार और ईश्वर में आस्था पर केंद्रित है। उनकी पूजा पद्धति काली पूजा के समान है। हेराका संप्रदाय में ईश्वरीय राज्य की कल्पना की गई है। रानी ने लगातार

छापामार हमले कर अंग्रेजों को आतंकित कर दिया था। रानी का दल इतना विशाल था कि अंग्रेजों को बार-बार पराजित होना पड़ता था। अंग्रेजों ने नागा रानी को पकड़ने की जिम्मेदारी नागाहिल कमिश्नर जे.पी. मिल, असम राइफल्स बटालियन नं. 4 और 5 तथा एस.डी.ओ. को सौंपी। रानी को पकड़वाने के लिए प्रलोभन दिए गए, 500 रुपए का पुरस्कार भी घोषित किया। रानी का पता देनेवाले को 10 वर्ष तक कर से मुक्ति की सुविधा की घोषणा की गई। यही नहीं, इस कार्य के लिए चर्च को भी लगा दिया गया।

पोइलुंवा ग्राम के एक गद्दार ने धन के लालच में रानी की जासूसी शुरू कर दी। रानी 1932 में पोलोमी गाँव में लकड़ी का किला बनवाने में व्यस्त थीं, तभी जासूस ने यह जानकारी कमिश्नर तक पहुँचा दी। रानी को 18 अक्तूबर, 1932 को पोइलुवा ग्राम में कैद कर लिया गया।

अंग्रेजों ने रानी को बंदी तो बना लिया, पर वे उनकी शक्ति से भयभीत थे। इसलिए उन्हें अलग-अलग स्थानों पर रखा गया। उन्हें कोहिमा जेल में दो माह, इंफाल में पाँच माह, गुवाहाटी में एक साल, शिलांग में तीन वर्ष, आइजाल में तीन वर्ष और तूरा जेल में अक्तूबर 1947 तक रखा गया।

इस बीच रानी को जेल से मुक्त कराने के कई प्रयास किए गए, लेकिन अंग्रेजों ने उन्हें पूर्वोत्तर का आतंक और खतरनाक नागा लड़की कहकर सभी प्रयत्नों को नकार दिया। जेल से मुक्ति के बाद रानी को उनके गाँव लंग्काओं नहीं जाने दिया गया। उन्हें नागा हिल्स जिले के यिमरूप नामक चांग नागा के गाँव में 1952 तक गृह कैद कर रखा गया। 1952 से 1959 तक तमेंग्लांग और लंग्काओं में रहकर हरक्का धर्म का प्रचार किया और जनकल्याण के कार्यों को अपने हाथ में लिया, नागा नेशनल कौंसिल के बढ़ते आतंक ने रानी को पुनः शस्त्र उठाने को मजबूर किया। उन्होंने 1960 में पुनः हथियार उठाए 1,000 सैनिकों की टोली निर्मित की और 1966 तक फीजो के आतंकवादियों तथा चर्च के धर्मांतरण के कुचक्र से देश और धर्म की रक्षा की।

इसी बीच रानी की हत्या का भी प्रयास किया गया, अंततः रानी माँ की शर्तें मान ली गईं। रानी माँ जेलियांगरांग हरक्का धर्म सुधार आंदोलन को विस्तारित करने में समर्पित हो गईं। हरक्का मंदिरों का निर्माण कर रंगमई वेश में देवी लक्ष्मी और विष्णु भगवान् की प्रतिमा की स्थापना की। भजनों और गीतों की स्वयं रचना की।

वनवासी कल्याण, देश काज और संस्कृति संरक्षण में अपना संपूर्ण जीवन लगा देनेवाली रानी वर्ष 1991 में अपने जन्म स्थान लंग्काओ लौट गईं, जहाँ 17 फरवरी, 1993 को 78 वर्ष की आयु में उनका स्वर्गवास हो गया। □

गुंडाधुर

भारत के अमर वीरों में गुंडाधुर एक ऐसे नायक हैं, जो बस्तर के लोकगीतों में आज भी जिंदा हैं। गुंडाधुर के साहस, संघर्ष और बलिदान का छत्तीसगढ़ के महान् क्रांतिकारियों में अभूतपूर्व स्थान है। वीर योद्धा सेनापति गुंडाधुर ने अपने नेतृत्व में सेना तैयार की और अंग्रेजी राज के विरुद्ध बिना झुके, बिना रुके निरंतर संघर्ष किया।

धुरूवा जनजाति के जनयोद्धा गुंडाधुर का जन्म बस्तर के नेतराम ग्राम में हुआ था। इस वीर योद्धा ने अंग्रेजी राज के शोषण और अत्याचार के विरोध में न सिर्फ आवाज उठाई, बल्कि अपनी सेना के साथ सीधा मोर्चा भी लिया।

वर्ष 1910 के आदिवासी विप्लव के गुंडाधुर ही सूत्रधार थे। उनके साथ जन-आक्रोश भूमकाल क्रांति के रूप में फूट पड़ा था। बस्तर की जनता पर रियासत के साथ मिलकर अनाचार और अत्याचार किया जा रहा था। उस समय वहाँ के शासक

रुद्रप्रताप सिंह थे। जनजातियों पर अंग्रेजी राज के शोषण के बीच संघर्ष चल रहा था। वहाँ के शासक भैरमदेव अंग्रेजों के साथ थे। उनके भाई लाल कालिंदर सिंह जनता की पीड़ा को समझते थे। आमजन उन्हीं के साथ थे। वर्ष 1891 में भैरमदेव की मृत्यु के समय रुद्रप्रताप सिंह अवयस्क थे। इसलिए अंग्रेजों ने बैजनाथ पंडा को वहाँ का प्रशासक नियुक्त किया। रुद्रप्रताप सिंह अंग्रेजों के कहे अनुसार जनता के साथ कार्यवाही करते थे।

वनवासियों के संरक्षण के लिए माटीपुत्र वीर गुंडाधुर उठ खड़े हुए। उन्होंने क्रांति के लिए अपना सैन्य संगठन खड़ा किया। हजारों की संख्या में युवा उनके साथ जुड़ गए। हर वनवासी के मन में आक्रोश था, जब उन्हें अपना नायक मिल गया तो वे युद्ध में शामिल हो गए। वनवासियों का भूमकाल विप्लव मूलरूप से व्यवस्था के विरुद्ध था। रिसायत के पुलिस अधिकारी जनजातियों पर अत्याचार कर रहे थे। बेगार लेने के साथ उनकी खेती की उपज को भी अपने कब्जे में कर लेते थे।

इसके साथ ही वनवासियों से उनके वन के अधिकार छीन लिये थे। वनों को रिजर्व फॉरेस्ट घोषित कर लकड़ी काटने पर प्रतिबंध लगा दिया था। वनों पर आधारित उनकी आजीविका रोक दी गई। आबकारी अधिनियम लागू किया गया। औपनिवेशिक विस्तार के साथ उनके संगठनों द्वारा परिवर्तन का सिलसिला शुरू हुआ। यह वनवासियों की धर्म, संस्कृति और परंपरा पर हमला था। वनवासियों के मन में बसा यह आक्रोश भूमकाल आंदोलन के रूप में दवानल बन गया। भूमकाल विप्लव में बस्तर की सभी जनजातियाँ तथा अन्य लोग शामिल हो गए। राज परिवार के लाल कालिंदर भी क्रांतिकारियों के साथ थे।

22 अक्तूबर, 1909 को जगदलपुर में हुई बैठक में बड़ी संख्या में वनवासी एकत्र हुए और गुंडाधुर को विप्लव की कमान सौंप दी गई। गुंडाधुर ने 10 फरवरी, 1910 को अंग्रेजी राज को उखाड़ फेंकने के लिए भूमकाल विप्लव का शंखनाद किया। क्रांतिकारियों द्वारा पुसपाल बाजार, कुकानार बाजार पर श्रृंखलाबद्ध हमलों के बाद 14 फरवरी, 1910 को अलनार गाँव में भूमकाल के योद्धाओं का अंग्रेजी सेना के साथ सीधा युद्ध हुआ। 25 फरवरी, 1910 को डाकनगर विप्लव का भी गुंडाधुर ने ही नेतृत्व किया।

12 मार्च को अंग्रेजी फौज छोटे डोंगर पहुँची। डूरी के नेतृत्ववाली अंग्रेजी टुकड़ी के पास बंदूकें थीं और वनवासियों के पास मात्र तलवारें थी। अंग्रेजी फौज की गोलियों की बौछार से रणभूमि में ही 100 क्रांतिकारियों का बलिदान हुआ। कुछ

समय बाद फौज की सहायता के लिए गायर भी सेना लेकर पहुँच गया। इंद्रावती नदी के तट पर अंग्रेजी फौज से क्रांतिकारियों का संघर्ष हुआ। संख्या बल में कम होने के कारण क्रांतिकारियों की हार निश्चित थी। अनगिनत क्रांतिकारी बलिदान हो गए। इंद्रावती नदी तट क्रांतिवीरों के लहू से लाल हो गया।

क्रांतिनायक गुंडाधुर भी घायल हो गए। पलायन के सिवाय कोई विकल्प शेष नहीं था। एक देशद्रोही ने गुंडाधुर के उलनार पहाड़ी पर होने की सूचना दे दी। बड़ी सेना लेकर अंग्रेज कैप्टन वहाँ पहुँच गया। गद्दार सोनू माँझी ने वनवासियों को अपने घर आमंत्रित किया और शराब पिलाकर कमजोर कर दिया। तभी अंग्रेजी फौज ने हमला बोल दिया, हजारों क्रांतिकारियों को गोलियों से भून दिया गया।

गुंडाधुर को पकड़ने के लिए निरपराध लोगों पर अत्याचार किए गए। लूट, बलात्कार और दमन का तांडव चला। बस्तर के हर क्षेत्र पर आतंक बरपा गया, फिर भी अंग्रेजी फौज गुंडाधुर को अंत तक बंदी नहीं बना सकी। बस्तर के लोगों के मन में बसे गुंडाधुर आज भी लोकगीतों में जीवित हैं।

□

गोविंद गुरु

जब भी कोई बाहरी आक्रांता किसी संस्कृति, समाज और परंपराओं का हनन करता है तो क्रांति के भाव उभरते हैं। इन भावों को आकार देने और पथ प्रदर्शन के लिए ही कोई-न-कोई स्वप्नदृष्टा जन्मता है। इतिहास साक्षी है कि स्वाभिमानी जनजातियों ने सर्वाधिक शोषण और आतंक की मार सही है, इसलिए वनवासी अंचल से ही स्वत्व की रक्षा के लिए कई आंदोलनों का आरंभ हुआ है। जिसके मूल में शक्ति प्रवाह के लिए संथाल परगना के साफ़ा होड़ (खरवार), नागालैंड के हेराका भक्ति आंदोलन, गुजरात के वनवासियों के भक्ति आंदोलन की ही तरह राजस्थान के गोविंद गुरु की भक्तिधारा ने क्रांति के अनगढ़ विचार को आकार दिया। उन्होंने पराधीनता काल में आध्यात्मिक ज्ञान-ध्यान प्रवचन से लोगों को कुरूतियों से उबारा, सद-प्रवृत्तियों को विकसित किया और समाज निर्माण का कार्य किया। अंग्रेजों द्वारा किए जा रहे धर्मांतरण को रोकने में उनकी महत्त्वपूर्ण भूमिका रही है। गुरुजी ने बेगारी न करने , मांस-मदिरा का सेवन न करने, स्वच्छ जीवन जीने, बच्चों की शिक्षा, कन्याओं का संरक्षण, कृषि

कार्य करने और पर्यावरण संरक्षण से लोगों में नैतिक और आत्मिक शक्ति का विकास किया। आत्मसम्मान से जीने का मार्ग प्रशस्त किया।

अज्ञान, अन्याय और अंधविश्वास के स्याह काल में गोविंद गुरु उजाले की किरण बनकर उभरे। डूँगरपुर से 23 मील की दूरी पर बांसीया ग्राम में संवत् 1915 मार्गशीष शुक्ल पूर्णिमा, 20 दिसंबर, 1858 को बंजारे कुल में जन्मे गोविंद गुरु की कुशाग्र बुद्धि, अद्भुत व्यवहार और सम्मोहन में अनूठा आकर्षण था।

संयमित कसा शरीर, पक्का रंग, सिर पर सफेद साफा, गले में रुद्राक्ष की माला और कमर में धोती बाँधे यह संत घटाटोप अंधकार में ऐसी दीप्ति बने कि वनवासियों को ज्ञान और आत्मविश्वास की लौ से उज्ज्वलित किया, परिष्कृत किया। राजस्थान में डूँगरपुर, बाँसवाड़ा, दक्षिण मेवाड़ तथा सिरोही आदि पहाड़ों में रहनेवाले भील, मीणा, गरासिया जातियाँ हर दृष्टि से अत्यंत पिछड़ी थीं। गोविंद गुरु ने समझा कि इन वनवासियों के उत्थान में सबसे बड़ी बाधा अशिक्षा और अज्ञान है। ज्ञान ही इन्हें चेता सकता है। उन्होंने सुधार के लिए सुनियोजित प्रयास किए। सबसे पहले वनवासियों को संस्कारित किया, उन्हें व्यसन से दूर किया और अपनी मेहनत की कमाई खाने पर जोर दिया। गोविंद गुरु के प्रभाव से वनवासियों ने लूटमार छोड़ दी, वे खेती करने लगे, मांस खाना छोड़ दिया, बच्चे स्कूल जाने लगे।

इसी बीच 1880-81 में स्वामी दयानंद सरस्वती राजस्थान भ्रमण के लिए निकले। संयोग से उदयपुर में गोविंद गुरु से स्वामीजी की भेंट हुई। इसके बाद गोविंद गुरु की तपस्या में हवन करना शामिल हो गया। संस्कार, विकास और उत्थान की अवधारणा को फलीभूत करने के लिए गोविंद गुरु ने 'संप-सभा' की स्थापना की। संप का शाब्दिक अर्थ संयुक्त प्रेम, आपसी बंधुत्व तथा वैभव का बोध है। इसे ही साकार करने के लिए इस सांस्कृतिक संगठन को खड़ा किया, ताकि लोगों की चेतना का विस्तार हो सके और वे शोषण के विरुद्ध आवाज उठाने योग्य बनें। असल में वनवासी सदा से राजा को ईश्वर मानता रहा है। राजा का हित और राजभक्ति की आन में सर्वस्व न्योछावर करनेवाली नियति का आदी रहा है। चूँकि देश पर अंग्रेजों का राज था और राजे-रजवाड़े अंग्रेजों की मंशा के अनुरूप अत्याचार कर रहे थे। ऐसे में भक्ति भावना का राजभक्ति के स्थान पर स्वत्व, स्वाभिमान, देश के उत्थान और बंधुत्व पर केंद्रित होना जरूरी था। यह राजनीतिक चेतना का आरंभ था। संप-सभा के सांस्कृतिक संगठन में पहले सिरोही के भील व गरासिया वनवासी जुड़े, धीरे-धीरे आसपास के क्षेत्रों बाँसवाड़ा, डूँगरपुर, उदयपुर, सिरोही आदि के वनवासी इसमें शामिल हो गए। साथियों की संख्या लाखों तक जा

पहुँची। हवन की शक्ति और रुद्राक्ष की माला पहने वनवासियों की टोलियाँ अंग्रेजों के पिट्ठू राजाओं और जागीरदारों के अत्याचारों का विरोध करने लगे। बेगारी बंद कर दी गई, नौनिहाल स्कूल तक जा पहुँचे।

अन्यायी और अत्याचारी भला यह कैसे बर्दाश्त करते, उन्होंने भीलों को कोड़े लगवाए और मरवाया। भय और प्रताड़ना से संप-सभा को भंग करने के अनेक प्रयास किए। जब सफलता नहीं मिली तो गोविंद गुरु को बदनाम किया। 1903 से मानगढ़ की पहाड़ी पर प्रतिवर्ष माघ पूर्णिमा के दिन गोविंद गुरु के अनुयायियों द्वारा लगनेवाले मेले और हवन को रोकने की धमकी दी गई। चूँकि गोविंद गुरु का प्रभाव राजस्थान के वनांचल की सीमा से निकलकर गुजरात के भीलों तक जा पहुँचा था, इसीलिए डूँगरपुर, बाँसवाड़ा व कुशलगढ़ के राजाओं ने दासों की फौज को हाथ से जाते देख, अंग्रेज रेसीडेंट (ए.जी.जी.) के पास शिकायत भेजी कि भील वनवासी संगठित होकर स्वतंत्र भील राज्य स्थापित करना चाहते हैं। साथ ही दमन के लिए सैनिक सहायता की माँग भी की। इसी बीच गुजरात राज्य के संतरामपुर जिले गठरा ग्राम के थानेदार द्वारा महिलाओं की आबरू लूटने पर पुंजा ने उसकी हत्या कर दी। इस मामले ने तूल पकड़ा, संतरामपुर के राजा ने गोधरा अहमदाबाद के कमिश्नरों और बड़ौदा, देवगढ़ तथा बारिया के राजाओं को भीलों द्वारा विप्लव किए जाने की सूचना भेजी।

अंग्रेजों की चाल और लाव-लश्कर से अनभिज्ञ भोले-भाले भील वनवासी हवन के लिए हाथों में नारियल, घी का कटोरा और कंधों पर परंपरागत शस्त्र लिये उत्सव आयोजन के लिए मानगढ़ की पहाड़ी पर एकत्र होने लगे। उत्सव के अलावा यह पहाड़ी विचार और आयोजना को आकार देने का स्थान भी था। खरेवाड़ी छावनी के सैनिक अधिकारी गोविंद गुरु और भीलों के विप्लव को दबाना चाहते थे। माघ पूर्णिमा 7 दिसंबर, 1908 को धूनी (हवन) लगाई गई, भीलों ने नारियल चढ़ाया, घी की आहुति दी गई, गुरु ने सबके पावन उद्देश्य को जीवंत किया। शुद्धता की सुगंध और ॐ के नाद से मानगढ़ पहाड़ी गूँज रही थी। अचानक गोलियों की धाँय-धाँय ने हमला किया। ॐ के लिए उठे हाथ वहीं रुक गए, ॐ का उच्चारण करनेवाली जिह्वा निर्जीव हो गई, उत्थान के लिए ध्यानमग्न लोग शून्य में समाप्त हो गए। पहाड़ी पर निरापराध वनवासी स्त्री-पुरुषों, बच्चों की देह निर्जीव हो गई। 15 हजार से अधिक वनवासी मारे गए। एकत्व भाव से विकास के लिए उठनेवाले स्वरों को आक्रांताओं ने मौन कर दिया। ठीक ऐसी ही बर्बरता 11 वर्ष बाद जनरल डायर ने जलियाँवाला बाग में दोहराई।

गोविंद गुरु और उनकी पत्नी को गिरफ्तार करके अहमदाबाद केंद्रीय जेल में भेजा गया। कई माह तक बिना सुनवाई के जेल में यातनाएँ दीं। अंग्रेज राजभक्ति को स्वीकारने के लिए दी जानेवाली प्रताड़नाएँ और प्रलोभन जब गोविंद गुरु को खंडित नहीं कर पाए तो अंग्रेजों ने कूटनीतिक चाल चली। संतरामपुर के गठरा ग्राम के थानेदार की हत्या का मुकदमा चलाया गया। अपराधी पुंजा भील देश का गद्दार बना और गोविंद गुरु पर आरोप लगा कि उन्होंने ही थानेदार की हत्या के लिए गाँजा पिलाकर पुंजा को उकसाया था। यह कितनी बड़ी विडंबना थी कि नशा मुक्ति के लिए जागृत करनेवाले संत पर नशा करवाने का आरोप लगा। गोविंद गुरु को फाँसी की सजा सुना दी गई। पर गुरु के अनुयायी चुप नहीं बैठे, उन्होंने प्रिवी काउंसिल में अपील की, सजा घटाकर 10 वर्ष सश्रम कारावास में बदल दी गई। तत्पश्चात् जर्मन संधि के बाद इस शर्त पर छोड़ा गया कि वे डूँगरपुर, कुशलगढ़ व बाँसवाड़ा में प्रवेश नहीं करेंगे।

अपने ही क्षेत्र से बेदखल गोविंद गुरु गुजरात स्थित दमोह के पास जालोद कस्बे में झोपड़ी बनाकर रहे, तत्पश्चात् लिमड़ी से कम्बोई गाँव चले गए, वहीं कृषि कार्य के साथ लोगों को जागृत करते रहे। वहीं 30 अक्तूबर, 1931 को गुरुजी ने रोज की तरह स्नान ध्यान किया और फिर समाधि लेकर सदा के लिए संसार से विदा ले ली। उनका महाप्रयाण हुआ। कम्बोई में गुरु की समाधि स्थित है। मानगढ़ की पहाड़ी पर प्रतिवर्ष माघ पूर्णिमा के दिन मेला लगता है। जहाँ आज भी हजारों वनवासी स्वाधीनता की अलख जगानेवाले गुरु का स्मरण कर संकल्प लेते हैं।

□

घासी सिंह सिंहभूम

सिंहभूम की हो जनजाति स्वाधीनता की पहली आराधक हैं। सबसे पहले अंग्रेजों का इन्हीं जनजाति के योद्धाओं से संघर्ष हुआ। इसका नेतृत्व किया हो जनजाति वीर घासी सिंह ने। वर्ष 1760 में जब अंग्रेजों ने उनके क्षेत्र पर कब्जा करना चाहा तो हो वीर वनवासियों ने पराधीनता को अस्वीकार कर दिया।

आरंभिक इतिहास है कि मीर कासिम ने बंगाल की गद्दी मिलने के बदले मेदिनीपुर का क्षेत्र ईस्ट इंडिया कंपनी को दे दिया था। उस समय छोटा नागपुर मेदिनीपुर का हिस्सा था। कासिम ने दिए क्षेत्र को पाने के लिए मेदिनीपुर के अंग्रेज रेजिडेंट फर्ग्युसन के नेतृत्व में फौजी टुकड़ी विजय अभियान पर निकली। वर्ष 1813 तक सिंहभूम जिले को छोड़कर समूचे छोटा नागपुर को अधिकार में कर लिया।

दुर्योग से राजा ने तो आत्मसमर्पण कर दिया। अब ईस्ट इंडिया कंपनी को सिंहभूम को विजित करना था। इसके लिए सिंहभूम के राजा ने अंग्रेजों के साथ फरवरी 1820 में एक समझौता भी किया। राजा भले ही लालसावश अंग्रेजों के अधीन हो गया था, लेकिन सिंहभूम की हो वीर जनजाति स्वतंत्र थी। उनका अपना राज था, अपने रीति-रिवाज, परंपराएँ, मान्यताएँ थीं और उसी के अनुरूप वे अपना जीवनयापन कर रहे थे।

राजा के साथ हुए समझौते के बाद अंग्रेज सिंहभूम पर हमला करने के लिए अधिकृत हो गए। अंग्रेजों ने पोरहट के राजा और अन्य स्थानीय राजाओं के साथ मिलकर हो जनजाति पर लूटमार करने का आरोप लगाकर आक्रमण किया। हमले का एक कारण यह भी था कि जैक्सन वहाँ बंगाल को मद्रास से जोड़नेवाली सड़क का निर्माण करना चाहता था।

हो जनजाति अपनी स्वतंत्रता में कोई भी बाधा नहीं चाहती थी। मेजर रफसेस अपनी सेना लेकर चाईबासा पहुँची। हो वनवासियों ने मोर्चा लिया, इन्होंने बाँध

को तोड़कर पानी बहा दिया, अंग्रेज सैनिकों को पीने का पानी भी नहीं मिला। वनवासी वीरों ने मेजर रफसेस की सेना को घेर लिया। रफसेस की सहायता के लिए लेफ्टिनेंट मेलर्ड पहुँचा तो हो जनजाति के योद्धाओं ने उसे रास्ते में ही रोक लिया। दोनों सेनाओं के बीच संघर्ष हुआ। जनजातीय शस्त्र, तीर, कमान, कुल्हाड़ी के सामने कंपनी सरकार के पास सुसज्जित शस्त्र थे। जब मरनेवालों की संख्या बढ़ने लगी तो हो वीरों ने जंगल में प्रवेश कर लिया। अंग्रेजी सेना ने वनवासियों के गाँव-के-गाँव जलाकर नष्ट कर दिए। वनवासी वीरों ने हार नहीं मानी। वे कुटियालोर में एकत्र हुए और अंग्रेजों पर बाणों की वर्षा कर दी, लगातार संघर्ष हुआ। 6 अप्रैल, 1820 को गमदिया क्षेत्र में हो वनवासियों ने आक्रमण किया। मेजर रफसेस ने अपनी जान बचाने के लिए बाबू अजेबर सिंह की सहायता ली और सिंहभूम से भाग खड़ा हुआ। इस हार से रफसेस तिलमिला गया, अब उसने इस क्षेत्र को हासिल करने की ठान ली।

जब फसल कटाई का समय आया तो अंग्रेजी फौज के हमले बढ़ने लगे, हो वनवासियों ने एकत्रित होना शुरू किया। अंग्रेजों के प्रतिनिधि और बरकानदीप के सूबेदार ने हो अग्रणी नायक घासीसिंह को कैद कर लिया। हो वीरों का गुस्सा अनियंत्रित हो गया, उन्होंने 6 फरवरी, 1821 को सिनेपुर किले पर हमला बोला, सभी सड़कों और घाटों की नाकाबंदी कर दी, ताकि मेजर रफसेस की सेना प्रवेश ही न कर सके।

अंग्रेजों द्वारा नियुक्त जमादार रतनसिंह को निपुर का किला दान में दिया था, उसने वह किला हो वीरों को सौंप दिया। इस हार को मेजर रफसेस ने हो जनजाति की बड़ी जीत के रूप में स्वीकारा और अंततः संधि प्रस्ताव रखा गया। 1821 में अंग्रजों ने हो वीरों के साथ संधि की। इस संधि का हो भाषा में अनुवाद कराया गया। संधि में शर्त यह रखी गई कि इस क्षेत्र में अन्य जातियों के लोग भी बस सकेंगे और हो वनवासी अपने बच्चों को उड़िया और हिंदी पढ़ने के लिए प्रोत्साहित करेंगे। कुल मिलाकर यह संधि एक स्वाँग मात्र थी, इसके कुछ समय बाद ही अंग्रेजों ने हो जनजातियों को परेशान करना शुरू कर दिया।

हो वनवासियों का सब्र टूटने लगा। उन्होंने अपनी टोली को एकत्र किया। फरवरी 1830 में लगभग 1200 हो वीरों ने जयंतगढ़ पर हमला बोला। जयंतगढ़ में कंपनी का नियुक्त शासक रघुनाथ बस्ती भाग गया। यह वही जयंतगढ़ था, जो अंग्रेजी शासन का प्रतीक, शोषण की गद्दी बन गया था। हो वीरों ने इसे पूरी तरह नष्ट कर दिया। जयंतगढ़ की हार से अंग्रेज तिलमिला गए। उन्होंने पुनः

जयंतगढ़ में अपना एजेंट भी नियुक्त किया। मुंडाओं और मानकियों के साथ लिखित समझौता भी किया गया, बस्ती पर कड़ी पाबंदी लगा दी गई और यह तय हुआ कि वनवासियों से आठ आना प्रति खेत से ज्यादा लगान नहीं वसूला जाएगा। इन सबके बाद भी अंग्रेजी शासन की वहाँ स्थापना हो गई, जो वनवासियों को स्वीकार्य नहीं थी। उनके मन में आक्रोश था।

वनवासियों ने स्वीधानता आंदोलन में शामिल होने के लिए साथियों को तीर भेजा। सहमति होने पर वैसा ही तीर वापस भेजा जाता था और असहमति की स्थिति में तीर तोड़कर वापस करते थे। वनवासियों ने एक बड़ी सेना एकत्र की और राँची जिले के परगना सोनपुर में दिसंबर 1831 को स्वाधीनता युद्ध की शुरुआत कर दी। यह वनवासियों का साझा प्रयास था। यह आक्रमण छोटानागपुर से आगे बढ़ता हुआ अवध की सीमा तक जा पहुँचा। इसका नेतृत्व हो जनजातियों में से लरका कोल नामक वनवासियों ने किया। इतिहास में इस विप्लव को कोल विद्रोह का नाम दिया गया।

वनवासियों के हमले और अंग्रेजों के प्रति उत्तर के बीच यह कोल संघर्ष 1 फरवरी, 1837 तक चला। सिंहभूम के पृथ्वी पुत्रों ने अपनी स्वाधीनता के लिए निरंतर अंतिम श्वास तक युद्ध किया।

□

चक्र बिशोई

यह ओडिशा के वनक्षेत्र फुलबनी में बोधमंडल की पहाड़ियों पर निवास करनेवाली कंध जनजाति की अमर वीरगाथा है। इन वीरों के सेनापति थे चक्र बिशोई, जो वर्ष 1823 में गंजाम जिले के चक्रगढ़ गाँव में जन्मे थे।

वनवासी स्वाधीनता सेनानी वीर चक्र बिशोई ने ओडिशा के गंजाम जिले में अंग्रेजों की पराधीनता को अस्वीकार कर दिया। अपने अँगूठे के रक्त से माथे पर तिलक लगाकर वनवासी वीरों के साथ आह्वान किया। 1854 में अंग्रेजों की सेना को अपने क्षेत्र में प्रवेश नहीं करने दिया।

ओडिशा राज्य के अधिकांश क्षेत्र 1803 में अंग्रेजों के अधीन हो गए थे, किंतु अकेला फुलबनी क्षेत्र ऐसा रहा, जिसने अस्सी वर्षों तक अंग्रेजी फौजों को परास्त किया।

फुलबनी में मुख्यत: कंध जाति के वनवासी रहते हैं। यह संपूर्ण क्षेत्र वनों, पहाड़ों, पठारों और नदियों से आच्छादित है, जैसी रमणीक और मनभावन सुंदरता यहाँ के नंदनवन सदृश घने जंगलों और पहाड़ों में व्याप्त है, उसी के तुल्य है,

यहाँ के वनवासियों की वीरता और शौर्य। यहाँ के पहाड़ी क्षेत्र को बोधमंडल कहा जाता है।

यहाँ उन्नीसवीं शती में भंज वंश के राजाओं का शासन रहा है। दसवीं शती में यहाँ के अंतिम ब्राह्मण राजा गंधमर्दन देव निःसंतान परलोकवासी हुए, तब उनका शासन उनकी ही इच्छानुसार निकटस्थ कुंजहार राजघराने के वंशज राजा अनंग ने सँभाला और देव-उपाधि धारण की। राजा अनंग देव ने अपने राज्य को शासन की सुविधा के लिए 24 वर्गों में बाँटा था।

ये वर्ग मुट्ठे कहलाते थे। प्रत्येक मुट्ठे के प्रधान बिशोई कहे गए। इन्हीं बिशोइयों में से एक चक्र बिशोई और उनके चाचा धौरा बिशोई अठारहवीं शती के प्रारंभ में घुमसर के राजा धनुजय भंजदेव की सेना में सेनानायक पद पर थे।

घुमसर राज्य की सेना में सभी वनवासी कंध वीर थे। 1835 तक अंग्रेजी सेना ने फुलबनी के निकटस्थ सभी क्षेत्रों पर अपना आधिपत्य स्थापित कर लिया था, फिर उन्होंने पहाड़ी राज्यों को हस्तगत करना शुरू किया, किंतु यहाँ उन्हें प्रबल प्रतिरोध का सामना करना पड़ा। एक छोटे से पहाड़ी राज्य घुमसर की वनवासी सेना ने चक्र और धौर बिशोई के नेतृत्व में उस समय के आधुनिक अस्त्रास्त्रों से सज्जित अंग्रेजी सेना को दो वर्ष तक आगे बढ़ने से रोके रखा। कर्नल सेल के शब्दों में अंग्रेजों को ओडिशा की सबसे बीभत्स और भीषण लड़ाई लड़नी पड़ी। इस पर्वत प्रदेश ने अंग्रेजों की अधीनता किसी कीमत पर स्वीकार न करने का निश्चय किया। जब युद्ध लंबा चला और उसे लगा कि विजय प्राप्ति भी हार के तुल्य होगी तो कर्नल सेल ने राजा धनुजय भंजदेव को संदेश भिजवाया कि यदि वह गंजम के जिला कलेक्टर को नाम मात्र के लिए सलामी भेज दे तो उसका राज्य स्वतंत्र घोषित कर दिया जाएगा तथा अंग्रेज किसी कर आदि की भी माँग नहीं करेंगे, लेकिन राजा ने इसे तत्काल ठुकरा दिया और युद्धभूमि में मिलने का संदेश भेजा। यह युद्ध बोधमंडल की पहाड़ियों में लड़ा गया।

जब युद्ध में वनवासी वीरों के प्रहार कमजोर पड़ने लगे तो राजा घुमसर से उदयगिरि लौटे। वहाँ सभी मुट्ठा प्रधानों और वनयोद्धाओं की सभा हुई। इसमें सभी ने रक्त की अंतिम बूँद तक अंग्रेजों से युद्ध का निर्णय लिया तथा एक प्रेरक और भावनाप्रद रक्त-अनुष्ठान किया। प्रत्येक वनवासी योद्धा ने अपनी कटार से अँगूठा चीरकर मस्तक पर रक्त तिलक किया और यह शपथ ली कि अंग्रेजों को खदेड़कर ही दम लेंगे। इस घटना के कारण उस स्थान का नाम 'टीकाबाली' पड़ गया।

इसी बीच 1836 के अंत में राजा का देहांत हो गया, लेकिन राजा की युद्ध-पताका चक्र बिशोई व धौरा बिशोई ने सँभाली और अंग्रेजों के विरुद्ध गुरिल्ला युद्ध जारी रखा। उनके साथ इस युद्ध में एक अन्य वनवासी योद्धा बिनाई कंध का उल्लेख भी मिलता है। इस दौरान रसेल की छावनी गंजाम जिले में रसेलकुंड में 1869 तक रही। उससे आगे बढ़ने का उन्हें कभी साहस नहीं हुआ।

उधर चक्र बिशोई और धौरा बिशोई ने टीकाबाली से स्थान बदलकर अपना मुख्य केंद्र विशीपाद को बनाया। इस केंद्र से चक्र बिशोई अंग्रेज सेना पर चौतरफा हमले करते थे। इस तरह उन्होंने अंग्रेजों के विस्तार को काफी समय तक रोके रखा।

चक्र बिशोई की शक्ति और सैन्य कौशल की कीर्ति चारों ओर फैल गई थी, निकटस्थ क्षेत्रों के राजा संकट पड़ने पर उनसे सहायता की अपेक्षा करते थे। 1845 में अनुगुल के राजा सोमनाथ सिंह को चक्र बिशोई ने सहायता दी थी। उनके नेतृत्व में न केवल संगठित सैनिक आक्रमण संपादित हुए अपितु सामान्य जन को भी उन्होंने अंग्रेजों के विरुद्ध लड़ने की प्रेरणा दी। दास-पल्ला, बोध और घुमसर में कंधों के विप्लव इसके प्रमाण हैं। 1847 में मेजर बैक्फरसन ने बोध के राजा को धोखे से पकड़ लिया। चक्र बिशोई को जब इसका पता चला तो उन्होंने गुरिल्ला युद्ध में दक्ष अपने साथियों सहित अंग्रेज छावनी पर हमला बोला और राजा को मुक्त कराया।

1854 में मैक्नील को फुलबनी को कुचलने के लिए भेजा गया। ब्रिटिश फौजें अनुगुल की ओर कुरुमणिया दर्रे से आगे बढ़ीं। इस क्षेत्र में बहुत संकीर्ण दर्रे हैं और इन्हीं दर्रों में से एक अंधेर गोड्डा के निकट अंग्रेजी फौज को क्रांतिकारियों ने घेर लिया। चक्र बिशोई के वनवासी वीरों ने अंग्रेजों के खून से उस दर्रे को रँग दिया। वापस मुड़ने के लिए भी अंग्रेजों के पास अवसर न था। उधर दर्रे इतने तंग थे कि घोड़ों का मुड़ना असंभव हो गया। उन्हें घोड़ों की लगामें काटनी पड़ीं। लगाम को कुई भाषा में पिकुड़ी कहा जाता है। इस घटना से उस पहाड़ी पर इतनी कटी लगामें एकत्र हो गईं कि लोगों ने उस पहाड़ी को पिकुड़ी पहाड़ी ही कहना शुरू कर दिया।

यहाँ से पराजित अंग्रेजी सेना वापस भागकर चक्कापाद पहुँची। वहाँ के मुट्ठा प्रधान ने अंग्रेजों का साथ दिया। इसके उपरांत उस क्षेत्र में धीरे-धीरे अंग्रेज आधिपत्य स्थापित हो गया, किंतु 1880 तक समय-समय पर अंग्रेजी फौजों पर कंध जनजातियों के छिटपुट हमले जारी रहे।

चक्र बिशोई किसी भी स्थिति में अंग्रेजों के हाथ नहीं पड़ना चाहते थे। भूमिगत

रहकर गतिविधियों को जारी रखते हुए चक्र बिशोई ने कंध के गुरिल्ला युद्ध को जारी रखा, एक ऐतिहासिक जानकारी के अनुसार 1856 में चक्र बिशोई चकापाद आए थे, उस समय देश के गद्दारों ने उनकी हत्या कर दी। वास्तविक तथ्यों के अभाव में भले ही चक्र बिशोई की अंतिम यात्रा के बारे में कोई नहीं जान पाया लेकिन वे आज भी फूलबनी के वनवासियों की लोककथाओं और गीतों में जीवंत है। आज भी चक्र बिशोई की कहानियाँ माताएँ अपने बच्चों को सुनाती हैं और उनके पराक्रमी जीवन का अनुसरण करने की प्रेरणा देती हैं।

□

चरणपादुका हत्याकांड

ओरछा और उसके आसपास की बुंदेली पट्टी क्रांतिकारियों की शरणस्थली रही है, इसलिए अंग्रेज वहाँ कभी सामूहिक नरसंहार करने में नहीं हिचकते थे। इन्हीं में से एक था—चरणपादुका गोलीकांड। यह बात तब की है, जब चंद्रशेखर आजाद काकोरी अभियान से बीच-बचाव के लिए एक प्रदेश से दूसरे प्रदेश होते हुए सातार तट पर पहुँचे और साधुवेश में कुटिया बनाकर रहने लगे। कंबल ओढ़े उस ब्रह्मचारी ने वहीं सूत्रों को जोड़कर सुदृढ़ क्रांति-दीप जलाया और क्रांतिकारियों का एक नया संगठन खड़ा किया, उनके दल का नाम था—'हिंदुस्तान समाजवादी प्रजातंत्र सेना', जिसके अन्य क्रांतिकारी साथियों में भगतसिंह भी थे।

क्रांति की सशक्त धारा से पल्लवित-प्रभावित ओरछा की जनता में अंग्रेजी राज के विरुद्ध आक्रोश भड़क उठा, जिसका प्रतिकार स्वरूप 1920 में तब प्रत्यक्ष दिखाई दिया, जब ओरछा की आम जनता ने ब्रिटिश कलदार (चाँदी का सिक्का) को एकमत से खारिज कर दिया, उसे स्वीकारने से मुकर गए। ब्रिटिश राज के प्रति विरोध का यह अनोखा प्रमाण था, जहाँ स्वाधीनता की चेतना छतरपुर तक पसर चुकी थी। हर तरफ असहयोग चल रहा था। 1929 में भितरिया गाँव में पं. रामसहाय तिवारी और कुँवर हीरासिंह ने असहयोग का आह्वान कर सभा का आयोजन किया और संकल्प लिया गया।

असहयोग आंदोलन जोर पकड़ चुका था, योजनाओं के नियमन-क्रियान्वयन के लिए विशाल सभा का आयोजन होना था। 14 जनवरी, 1931 को मकर संक्रांति के अवसर पर 'चरणपादुका' नामक स्थान पर विशाल सभा का आयोजन हुआ। सभा में लोगों का सैलाब उमड़ पड़ा। इस असहयोग को वहीं कुचलने के लिए बुंदेलखंड एजेंसी का पॉलीटिकल एजेंट, फिशर पुलिस दल के साथ वहाँ पहुँचा और सभी को समाप्त करने का आदेश दिया। आयोजक व जनता में उत्साह था और वैसे भी क्रांति के सैलाब को रोक पाना कहाँ संभव है। आयोजन यथावत्

चलता रहा। फिशर ने 'टीच देम ए लेसन' कहते हुए गोली दागने का आदेश दे दिया। भीड़ पर बर्बरता से गोलियाँ चलाई गईं। ठीक जलियाँवाला कांड की तरह। लाशों के ढेर लग गए। चरणपादुका रक्तरंजित हो गया। नरसंहार के इस तांडव पर अंग्रेजी ताकत ने परदा डाला, मरनेवालों की संख्या कम बताई और मात्र छह मारे गए और 34 घायल होने की सूचना दर्ज हुई, लेकिन पं. रामसहाय तिवारी का कहना था कि "हताहतों की संख्या आँकड़ों से कई गुना अधिक है।" इतिहास एक और मिनी जलियाँवाला कांड लिख चुका था। जनता में आक्रोश चरम पर था, इस पर अंबाप्रसाद श्रीवास्तव ने लिखा है—"छतरपुर की जनता इस टीस को भुला नहीं सकी, बल्कि इस घटना ने पूरे बुंदेलखंड को क्रांतिकारी बना दिया।"

छतरपुर के चरणपादुका कांड ने क्रांतिकारियों, आंदोलनकारियों के साथ लोककवियों को क्षुब्ध कर दिया। उनकी संवेदनाएँ झंकृत हो उठीं, उन्होंने अपने गीतों के माध्यम से उस काल के प्रसंग, फिशर के दमन और उस तांडव को कथानक स्वरूप में प्रस्तुत किया। जिसका भावार्थ है—बुंदेलखंड की जनता रोती है, राजा अत्याचारी हो गए हैं। राजा अंग्रेजों के गुलाम हैं और राजाओं के गुलाम हम हैं।

हमारे सिर पर सत्ताइस कर हैं, जो चुकाने से नहीं चूक सकते। एक तरफ बेकारी है, तो दूसरी तरफ भारी कर्ज, जो ब्याज पर ब्याज लगाने से हो गया है। आठ रुपए बीघा के हिसाब से लगान चौगुना हो गया है। चुलयउन, गुलयउन, मंडप, महुआ और लकड़ी पर कर है। झरन, ब्याई, जैजियर कर और पैलापोली की नाप अनोखे हैं।

किसानों और मजदूरों को बेगार करनी पड़ती है और चमारों को बोझ उठाना पड़ता है। पुलिस रोज आकर दूध-मलाई माँगती है और कंडा, लकड़ी, रस्सी, चारपाई आदि भी। तेलियों से खली और तेल लेकर गालियाँ देती है। गड़रिए उसे बकरी-बकरा, हंडी-गगरी और साग-सब्जी देते हैं।

पोतने की मिट्टी, खपड़ा, ईंट, पत्ती, नदी की रेत, पर्वत के पत्थर, गाड़ी-बैल और गधा-खच्चर पर कर लगता है। पान-बरेजे पर कर बढ़ गया है। इसलिए बरई भाग जाते हैं। किससे कहें और किसकी सुनावें, सभी स्त्री-पुरुष दुःखी हैं।

अनाज सस्ता बिक रहा है, ज्वार-जवा कोई नहीं खरीदता। गेहूँ और डेढ़ घी कोई नहीं लेता। हम कोदों, सवा और बसारा खाकर बाकी माल बाजारों में बेचते हैं, फिर भी टैक्स नहीं चुक पाता और हमें लुक-छिपकर जंगलों में रहना पड़ता है। जब मुंशी मंसूर आते थे, तब जूते ही पड़ते थे। पैंतीस रियासतों की जनता ने एक होकर फैसला किया कि या तो राजा टैक्स खत्म करें या उनके हाथ हम मर-मिट

जाएँ। 14 जनवरी, 1931 को सब चरणपादुका में इकट्ठे हुए, बुंदेलखंड के पैंतीस राजा ए.जी.जी. के पास गए। जनता अधिकार करने के लिए भड़क उठी और दूसरी तरफ फौज की तैयारी होने लगी।

स्वतंत्रता के लिए संघर्ष करनेवालों को डाकू साबित किया गया। सेना बुलवाकर उसका तंबू लगवाया और गनमशीन, बंदूक तथा कारतूस मोटर में भरकर मँगवाए गए। एक दिन पहले सब नेता जेल में डाल दिए गए। यह देख जनता विरोध में खड़ी हो गई और अधिकारी चकित हो गए।

अंग्रेजों की गनमशीनें चलीं और पशु-पक्षी मरने लगे। सभा में एक अनहोनी घटना हुई कि नेताओं को खोज-खोजकर मारा गया। जो बचे, उन्हें पकड़कर मोटरों पर बैठाया गया। जनता लॉरियों और कारों से चिपट गई और कारें कुचलती हुई भागीं। सबको नौगाँव छावनी ले गए और जनता से जेल भर गई।

जिन घरों के नेता मर गए, वे घर लूटे गए। पहले बैल और पशु नीलाम किए गए, फिर मकान जलवा दिए गए। बुंदेलखंड के गाँव-गाँव में मुनादी करवाई गई कि जो स्वराज्य का नाम लेगा, उसे कीला ठुकवाया जाएगा। पी.ए. फिशर ने गाँव-गाँव में भारी दमन किया।

□

चित्रजीत राय

बिहार के पलामू क्षेत्र में चेरो जनजातियों का राज्य था। वे भूस्वामी और किसान थे। उन्होंने कभी मुगलों का आधिपत्य स्वीकार नहीं किया, उनका अपना स्वतंत्र राज्य रहा है। उनके अपने दरबार थे, अपनी सेनाएँ थीं। ईस्ट इंडिया कंपनी ने 12 अगस्त, 1765 को मुगल बादशाह शाह आलम द्वितीय से बंगाल, बिहार और ओडिशा की दीवानी प्राप्त करने के बाद अपनी गिद्ध दृष्टि पलामू क्षेत्र पर डाली और व्यवस्था में हस्तक्षेप करना शुरू कर दिया।

दुर्योग से पलामू में गृहयुद्ध के कारण राजनीतिक अस्थिरता की स्थिति बन गई। इस वंश के इतिहास पर दृष्टि डालें तो पहले जयकृष्ण राय (1722–70) के शासनकाल में चेरों राजवंश की सत्ता विस्तारित हो गई थी। तभी राजा और दीवान सनत सिंह के मध्य मतभेद हो गए। राजा के कहने पर विश्रामपुर के सामंत परिवार के गजराज ने दीवन का सिर काट दिया। इससे राजपूत सामंत खिन्न हो गए। उन्होंने सेना एकत्र कर राजा पर धावा बोल दिया, इस युद्ध में राजा की मृत्यु हो गई। गृहयुद्ध के दौरान कई हत्याएँ हुईं और अंततः चित्रजीत राय पलामू के नए राजा बने और जयनाथ दीवान।

गृह क्लेश शांत नहीं हुआ था। मृत राजा जयकृष्ण राय के पोते गोपाल राय ने पटना जाकर अंग्रेजों से मदद माँगी। पलामू की इसी चूक ने बड़ी समस्या को आमंत्रित कर दिया। अंग्रेज तो हस्तक्षेप करने के लिए किसी-न-किसी बहाने की तलाश में थे। उनका रास्ता खुल गया। अंग्रेजों ने 9 जनवरी, 1771 को जयनाथ सिंह के पास सूचना भेजी कि पलामू का किला अंग्रेजों को सौंप दें। ईस्ट इंडिया कंपनी की पटना कौंसिल का निर्देश है कि यदि पलामू का किला अंग्रेजों को दे दिया तो कंपनी चित्रजीत को राजा मान लेगी। अंग्रेजों को इस क्षेत्र में घुसपैठ के लिए पलामू के किले को प्राप्त करना आवश्यक था। वे इस अवसर को किसी भी स्थिति में हाथ से नहीं जाने देना चाहते थे। उन्होंने पलामू किले को पाने के लिए कई तरह से तैयारियाँ कीं। एक

तो प्रलोभन के साथ सीधा संदेश भेजा। दूसरा 27 दिसंबर, 1770 को ही पलामू पर चढ़ाई की तैयारियाँ शुरू कर दी थीं। पटना कौंसिल की योजनानुसार कैप्टन कैमक औरंगाबाद में सिपाहियों की दस टुकड़ियों के साथ पूरी तैयारी से तैनात था।

19 जनवरी, 1771 को कैमक को निर्देश मिला कि वह गोपाल राय का पक्ष लेकर पलामू किले पर कब्जा करें। यह इतिहास की विडंबना थी कि एक राजपरिवार के कलह का हल विदेशी आक्रांता के हाथों में था। व्यापार करने आई कंपनी यह तय कर रही थी कि शासक कौन बनेगा? इतिहास की इन्हीं गलतियों ने धीरे-धीरे भारत को पराधीनता के गर्त में धकेल दिया। कैमक के पास पहले से 10 टुकड़ियाँ थी; ऊपर से लेफ्टिनेंट डंकन के साथ अंग्रेजी सेना की दो टुकड़ियाँ और आ गईं।

28 जनवरी, 1771 को पलामू किले को घेर लिया गया। चेरो जनजातियों को आत्मसमर्पण का आदेश दिया। चेरो जनजातियों ने उत्तर दिया कि हम अपने राजा चित्रजीत सिंह के सिवाय किसी का आदेश नहीं मानते। चेरो वीरों को इस बात का अंदाजा हो गया था कि यह लंबा चलेगा और इतने समय के लिए यहाँ पर्याप्त पानी की व्यवस्था नहीं है। इसलिए चेरो सैनिक नए किले को छोड़कर पुराने किले में चले गए। कैमक ने किले पर अधिकार कर लिया। कैमक को यह बात समझ में आ गई कि पुराने किले की क्षमतानुसार सैनिकों की संख्या कम है, इसलिए उसने बड़ी तोप मँगवाई।

पुराने किले से चेरो लगातार हमला कर रहे थे। अंग्रेज तोप का इंतजार कर रहे थे। किले के अतिरिक्त चेरो सैनिक समूचे पलामू क्षेत्र में फैले थे, इसी दौरान उन्होंने अंग्रेजों की हर आवाजाही पर हमला किया। चेरो सैनिकों ने सामान लानेवाली अंग्रेजी सेना पर हमला किया और 100 से अधिक अंग्रेज सिपाहियों को मार डाला। इस समय चेरों का पराक्रम चरम पर था। अंग्रेजों की रसद समाप्त होने की स्थिति में पटना से रसद भेजी गई। चेरो सैनिकों ने 3 फरवरी और 4 फरवरी को हमला किया। रसद लानेवाले दल के साथ संघर्ष हुआ। चेरो सैनिकों ने एक जमादार, एक हवलदार तथा अनेक सिपाहियों और अंग्रेज सेवकों को मार डाला और उनसे रसद छीन ली।

अंग्रेजों को रसद समाप्ति की चिंता थी, इसलिए 7 फरवरी की रात को पुराने किले पर सीढ़ियाँ लगवाकर सिपाहियों ने उतरने का प्रयास किया। चेरो सैनिकों को पता चलते ही उन्होंने जवाबी कार्यवाही की। अंग्रेजों के पास तोपें पहुँच गई थीं, सैन्य बल तो संख्या में अधिक था ही। उन्होंने अपने हमले की गति तीव्र कर दी।

पलामू किले पर तोपों से दो दिन तक गोलाबारी की गई। अनगिनत चेरो सैनिक बलिदान हुए। 20 फरवरी, 1771 को दुर्ग पर अंग्रेजों का कब्जा हो गया। राजा चित्रजीत सिंह और जयनाथ सिंह पलायन कर रामगढ़ चले गए। कैमक ने गोपाल राय को पलामू किले पर बैठा दिया और राजा घोषित कर दिया। पलामू क्षेत्र के चेरो जनजाति वीरों ने तत्क्षण युद्ध को विराम दे दिया, पर उन्होंने अंग्रेजों की पराधीनता को स्वीकार नहीं किया। समय-समय पर अवसर मिलते ही प्रतिशोध व्यक्त किया।

राजा चित्रजीत राय और जयनाथ सिंह अज्ञातवास में रहते हुए चेरो जनजातियों की प्रेरक शक्ति थे। इन्होंने जून 1771 में फिर से अंग्रेजों पर छापामार हमले करने शुरू कर दिए। अप्रैल 1772 में पलामू पर फिर हमला किया गया। 25 अप्रैल को 400 क्रांतिकारियों ने संघर्ष किया। 26 अप्रैल को स्काट ने जोरदार हमला किया, लेकिन अंग्रेज सेना पराजित हुई। सर्जेन्ट पेलविन मारा गया और स्काट के पैरों में गोली लगी। घायल स्काट जयनगर भागा और पटना सूचना भेजी। वहाँ से लेफ्टिनेंट जॉन बेटमैन के नेतृत्व में अंग्रेज सैनिक टुकड़ी भेजी गई। अंग्रेजों ने समूचे पलामू क्षेत्र को छावनी में बदल दिया। सितंबर 1772 में चेरो क्रांतिकारियों ने अपनी गतिविधियों को विराम दे दिया। अंग्रेजों के प्रिय गोपाल राय राजा बनने के बाद अंग्रेजों के अनुरूप पलामू क्षेत्र में नियंत्रण करने में असमर्थ रहा। इसलिए उसे हटाकर हीटली को पलामू का कलेक्टर नियुक्त किया और राज्य प्रशासन के अधीन हो गया।

राजा जगन्नाथ सिंह और जयनाथ सिंह अज्ञातवास में चले गए। यह उन्हीं की प्रेरणा थी कि चेरो जनजातीय किसानों और वीरों ने अंग्रेज से असहयोग बनाए रखा। यहाँ क्रांति और विरोध के स्वर सदैव मुखरित होते रहे।

□

चुरका मुर्मु

राष्ट्र रक्षा और देश-सेवा का भाव जनजातियों की आत्मा में बसा है। देश के लिए अपने प्राण न्योछावर करने में वे सदैव अग्रणी रहे हैं। इसके लिए उन्होंने कोई पद-प्रतिष्ठा या सम्मान नहीं चाहा और राष्ट्र के लिए बलिदान दिया। ऐसे ही अमर बलिदानी वनवासी बालक थे चुरका मुर्मु। जिन्होंने अपने बलिदान से उत्तर बंग के दक्षिण दिनाजपुर जिले को पाकिस्तान में जाने से बचाया। जब 1971 के भारत-पाकिस्तान युद्ध में चक्राम गाँव में पाकिस्तान की खान सेना घुस आई तो चुरका मुर्मु ने इसकी सूचना बॉर्डर सिक्योरिटी फोर्स बी.एस.एफ. कैंप को दी। सूचना देने के साथ उन्होंने कारतूस, तोप गोले के बॉक्स को भी सँभाला। भारतीय सैनिक संख्या में कम थे, इसलिए उन सैनिकों को कैद कर लिया गया। गोला-बारूद भारतवासियों पर न बरसे, इसलिए चुरका ने रसद के बक्से सहित नदी में कूदकर बलिदान दे दिया।

उत्तर बंग के दक्षिण दिनाजपुर जिले के बालुरघाट विकासखंड बांग्लादेश की सीमा से लगा हुआ है। इसी प्रखंड के चक्राम गाँव में संथाल जनजाति के एक दंपती श्री खेलाराम मुर्मु तथा श्रीमती सभो हॉसदा के घर में 2 जुलाई, 1951 को एक बालक का जन्म हुआ, जिसका नाम चुरका मुर्मु रखा गया। दुर्गम वन में कई प्रकार के अभाव में रहते हुए भी चुरका मुर्मु ने उच्चतर माध्यमिक तक शिक्षा प्राप्त की।

सुदूर वनवासी क्षेत्रों में रहनेवाले चुरका मुर्मु के मन में राष्ट्र-सेवा और राष्ट्र-प्रेम के भाव बालवय से थे।

1971 में भारत-पाकिस्तान युद्ध के समय 18 अगस्त, 1971 को चक्राम गाँव में पाकिस्तान की खान सेना घुस आई और बी.एस.एफ. कैंप की तरफ बढ़ने लगी। चुरका ने जब ये दृश्य देखा तो वो भागते हुए बी.एस.एफ. कैंप में पहुँचे और खान सेना के गाँव में घुसने की सूचना दी। तब केवल 4 फौजी ही कैंप में थे। चुरका ने उन्हें बताया कि कैसे भी हो, खान सेना को नहीं आने देना है। अन्यथा हमारा बालुरघाट पाकिस्तान में चला जाएगा।

जब बी.एस.एफ. के फौजियों ने कहा कि यदि लड़ना है तो सभी फौजियों को युद्ध करना पड़ेगा तो ऐसी स्थिति में कारतूस-गोलों का बक्सा कौन ढोएगा। इस पर चुरका ने कहा कि आप चारों युद्ध कीजिए, गोलों का बक्सा हम ढोएँगे। चुरका और उनके दो साथियों ने बक्सा सिर पर उठा लिया और बी.एस.एफ. के फौजियों के साथ चलने लगे। वहाँ भीषण गोलीबारी हो रही थी। लड़ते-लड़ते चारों फौजियों को खान सेना ने पकड़ लिया।

उन लोगों ने चुरका और उनके दो साथियों पर भी गोली बरसाना शुरू किया। ऐसे में चुरका के दोनों साथी भागने में सफल रहे, लेकिन चुरका भाग नहीं पाए। खान सेना ने उन्हें भी घेरना शुरू किया, तब चुरका को लगा कि यदि मुझे दुश्मनों ने पकड़ लिया तो ये गोले भी उनके हाथ लगेंगे और इन गोलों से वे हमारे ही लोगों को मारेंगे। इसलिए चुरका भागते हुए नदी की तरफ गए और गोलों के बक्से के साथ नदी में छलाँग लगा दी। इस तरह 18 अगस्त, 1971 को वनवासी बालक ने अपना बलिदान देकर उत्तर बंग के दक्षिण दिनाजपुर जिले को पाकिस्तान में जाने से बचाया। ऐसे अमर बलिदानी चुरका मुर्मु को शत-शत नमन।

□

वीरांगना रानी चेन्नम्मा

वीर रानी चेन्नम्मा कर्नाटक के छोटे प्रांत कित्तूर के महाराज मल्लसर्ज की छोटी रानी थीं। उन्होंने 23 सितंबर, 1824 को कित्तूर के किले पर अंग्रेजों की शक्ति को ललकारा। अपने प्रांत और धरती के लिए बलिदान दिया। 23 अक्तूबर, 1778 को कित्तूर के काकतीय राजवंश में जन्मी रानी चेन्नम्मा अनेक भाषाओं की ज्ञाता, घुड़सवारी व शस्त्र संचालन में दक्ष थीं।

स्वाभिमानी कलाप्रेमी बहादुर राजा मल्लसर्ज कित्तूर को संपन्न राज्य बनाना चाहते थे। पूना के पेशवा से मतभेद के कारण उन्हें कैद करवा दिया गया तथा 1816 में उनके देहावसान के बाद रानी ने राजकाज सँभाला। अपने और बड़ी रानी के पुत्र की भी अल्पायु में मृत्यु के बाद रानी ने दत्तक पुत्र गुरुलिंग मल्लसर्ज का राज्याभिषेक आयोजन रखा। अंग्रेजों ने हस्तक्षेप किया, षड्यंत्र रचकर लालची सरदारों को मिला लिया। धारवाड़ के कलेक्टर थैकरे ने दत्तक पुत्र गुरुलिंग मल्लसर्ज को कित्तूर राज्य का उत्तराधिकारी मानने से इनकार कर दिया। राज्य हड़प नीति के अंतर्गत राज्य को विलय करने की योजना बनाई। थैकरे ने रानी चेन्नम्मा को आदेश दिया कि वे राज्य की संरक्षिका के पद को छोड़ दें और सभी अधिकार राज्य के दीवान मल्लप्पा शेट्टी को सौंप दें। रानी जानती थीं कि दीवान मल्लप्पा शेट्टी और वेंकटराव दोनों बिक चुके हैं, राज्य बाहरी और आंतरिक दोनों ओर से घिर गया है।

रानी ने संकट जान युद्ध की तैयारी का आह्वान किया—"यह संग्राम केवल कित्तूर के लिए नहीं है, यह हमारी पुण्यभूमि भारत के लिए है।" जन-जन रानी के साथ था। गुरु सिद्दप्पा, बालण्णा, रायण्णा, जगवीर और चेन्नवासप्पा जैसे योद्धा उनके साथ खड़े थे। रानी के आह्वान पर सारा कित्तूर राज्य युद्ध की तैयारी में जुट गया। रानी ने युद्ध पूर्व तैयारी का स्वयं निरीक्षण किया।

अंग्रेजी सेना ने कित्तूर को घेर लिया। 23 सितंबर, 1824 को रानी ने किले

का फाटक खोला और युद्ध का संचालन किया। योद्धा के वेश में रानी सिंहनी की भाँति गरजी और घमासान युद्ध शुरू हो गया। रानी की प्रेरणा से कित्तूर की सेना और योद्धा पूरे जोश से युद्ध में रत हो गए। रानी की तलवार वेग से शत्रुओं को काट रही थी। रणभूमि में दुश्मनों की कटी लाशें बिछ गईं। रानी ने थैकरे को भी मार गिराया। थैकरे के मरते ही अंग्रेजी सेना तितर-बितर होने लगी। सेना का मनोबल इतना गिर गया कि वह भाग खड़ी हुई। गद्दार मल्लप्पा शेट्टी और वेंकटराव को कैद कर लिया गया। मंत्रिपरिषद् की सर्व-सहमति से दोनों गद्दारों को मृत्युदंड दिया गया।

इस घटना से कित्तूर के आसपास के राज्य उत्साहित हो गए। अंग्रेजों ने इसे दबाने के लिए 3 दिसंबर, 1824 को बड़ी फौज लेकर कित्तूर पर हमला किया। इस मोर्चे के लिए उन्होंने मद्रास और मुंबई से फौज मँगवाई। इसका नेतृत्व डीकस ने किया। अंग्रेजों की सेना संख्या बल तथा हथियारों से समृद्ध होने के बावजूद रानी चेन्नम्मा और उनके योद्धाओं ने अपने आत्मबल से अंग्रेजी फौज को पराजित कर दिया। अंग्रेज इस हार से तिलमिला गए। तीसरी बार कित्तूर पर आक्रमण किया गया। रानी ने फिर अंग्रेजी सेना से युद्ध किया। अंग्रेजों ने छल-बल से साजिश रची और कित्तूर के कुछ लोगों को जोड़ लिया। गद्दार मल्लप्पा शेट्टी का विश्वासपात्र कित्तूर का किलेदार शिववासप्पा अंग्रेजों से जा मिला। उसने किले के अंदर का भेद अंग्रेजों को बता दिया। गद्दार भेदियों और अंग्रेज जासूसों ने युद्ध का बारूद नष्ट करवा दिया।

अंतत: रानी की हार हुई। रानी चेन्नम्मा और उनकी पुत्रवधू जानकी देवी को बंदी बना लिया गया। उन्हें बेलगाँव के दुर्ग में नजरबंद कर दिया गया। वहाँ से धारवाड़ ले जाया गया। रानी के विश्वसनीय रायण्णा, जगवीर, नागरकट्टी, चेन्नवासप्पा तथा बालण्णा को फाँसी दी गई। 2 फरवरी, 1829 को जेल में ही रानी चेन्नम्मा का बलिदान हुआ।

पराक्रमी रानी चेन्नम्मा ने अपनी आत्मिक शक्ति के बल पर अंग्रेजों की विशाल सेना से युद्ध किया। जेल में यातनाएँ सहीं और अपने प्राणों का उत्सर्ग किया। भारत की बलिदानी वीरांगनाओं में अग्रणी रानी चेन्नम्मा किंवदंती बन गई। उनकी वीरगाथा आज भी कर्नाटक के जन-जन में गाई जाती है।

□

जतरा टाना भगत

उराँव वीर जनजातीय नायक जतरा टाना भगत के नेतृत्व में सबसे पहले असहयोग का आरंभ हुआ। उन्होंने झारखंड के वनवासियों के साथ अंग्रेजी राज के विरोध में अपनी तरह का असहयोग आंदोलन छेड़ा। जतरा टाना भगत के आह्वान पर उराँव वीर जनजातियों ने अंग्रेजों को लगान देने, कुली के रूप में मजदूरी करने तथा अन्य कोई भी कार्य करने से मना कर दिया। जतरा टाना भगत का यह अनूठा असहयोग आंदोलन था। ईश्वर की आस्था के साथ यह वनवासी अंग्रेजों को देश निकाला करने के ताना कीर्तन करते थे, इसलिए यह आंदोलन टाना भगत के नाम से विख्यात हुआ।

ताना भगत आंदोलन को नेतृत्व देनेवाले जतरा टाना भगत का जन्म सितंबर 1888 में झारखंड के गुमला जिले में बिशनपुर थाना के चिनगारी नवाटोली गाँव में हुआ। पिता कोदल उराँव और माँ लिबरी को क्या पता था कि उनका बेटा जतरा एक ऐसे असहयोग को जन्म देगा, जो स्वाधीनता संग्राम के हर पड़ाव पर शक्ति के साथ स्वत्व और स्वाभिमान का हथियार बनेगा। हुआ भी यही, झारखंड के वनवासियों में अधिरोपित यह असहयोग का बीज गांधीजी के आगमन के बाद पुनः प्रस्फुटित हुआ और फिर विशाल जनआंदोलन का स्वरूप ले लिया। सारा भारत इस आंदोलन में शामिल हुआ और अंग्रेजों को देश छोड़कर जाना पड़ा।

चूँकि जनजातीय जन, लोक-परंपरा और ईश्वरी आस्था के प्रति समर्पित, सीधे और सरल होते हैं। जतरा भगत यह बात अच्छी तरह जानते थे कि हमारे वनबंधु स्वतंत्रता प्रिय हैं। वे पराधीनता को नकार देंगे, परंतु अंग्रेजों के शोषण, दमन और

आतंक से बाहर आने के लिए उन्हें नैतिक शक्ति की आवश्यकता है।

जतरा भगत ने सबसे पहले वहाँ की जनजातियों को संगठित किया। उनमें नैतिक शक्ति का संचार करने के लिए घोषणा की कि धर्मेश (धर्मराज ईश्वर) ने उसे स्वप्न में दर्शन दिए हैं और गोरों के पंजों से अपनी धरती माँ को छुड़ाने और समाज की बुराइयों को समाप्त करने का आदेश दिया है। वनवासियों ने जतरा भगत की बातों को हृदय से स्वीकारा और उनके साथ चल पड़े।

पहले जतरा भगत ने वनवासी समाज में व्याप्त कुरीतियों को दूर करने का प्रयास किया। उन्होंने भूत-पूजा, जादू-टोना, मांस-मदिरा का सेवन, बलि प्रथा, पशुओं पर अत्याचार जैसी विकृतियों और बुराइयों को छोड़ने के लिए लोगों को समझाया। निरंतर प्रयास से जतरा भगत का यह अभियान सफल रहा। लोगों में नैतिक बल जागृत करने के बाद जतरा भगत ने अंग्रेजी राज के विरोध में असहयोग का आंदोलन शुरू किया।

जतरा भगत ने आह्वान किया कि हम कोई भी सरकारी काम नहीं करेंगे, मालगुजारी नहीं देंगे, अंग्रेजों के पिट्ठू जमींदारों के खेतों में काम नहीं करेंगे। अंग्रेजों को कोई लगान नहीं देंगे। सरकार के किसी भी व्यक्ति का कोई साथ नहीं देंगे। अब हम पूरी तरह असहयोग करेंगे, असहयोग।

वनवासियों ने एक साथ असहयोग करने का संकल्प लिया और जतरा भगत के नेतृत्व में वनवासियों के असहयोग आंदोलन की शुरुआत धोबी टोली गाँव से हुई। इस गाँव में एक सरकारी इमारत का निर्माण हो रहा था। सभी वनवासी मजदूरों ने उस सरकारी इमारत के निर्माण में काम करने से मना कर दिया। बात प्रशासन तक पहुँची और गुस्से में पुलिस ने जतरा भगत सहित सात वनवासियों को गिरफ्तार कर लिया और फिर तमाम चेतावनियों के साथ छोड़ा। जतरा भगत और उनके साथियों को बंदी बनाने को लेकर वनवासियों का आक्रोश चरम पर था। असहयोग की धारा फूट चुकी थी, जिसे रोकना असंभव था। आंदोलनकारियों ने योजना बनाई।

वे तिन तिनसिमानिया, जहाँ तीन गाँवों की सीमा मिलती है, वहाँ पर स्थित राजस्व वसूली (चुंगी) की चौकियों पर जत्थों के साथ पहुँचते और वहाँ का घेराव करके गीत-भजन गाते थे।

ताना बाना ताना तान
तुन ताना गोल से लेन
ताना बे लेन
ताना हुकुम, मान ताना
ताना थानानन ताना पुलिसान ताना।

अर्थात् खींचो भाई खीचों, सरकार को खींचो, जमींदार को खींचो, व्यवस्था को खींचो, कानून को खींचो, थाने को खींचो। हे भगवान्, हमें अपने अधिकार दो, हम स्वयं शासन करेंगे। हमें ज्ञान दो, हमें नियम दो, हमें लिखने की शक्ति दो, हमें पढ़ने की शक्ति दो।

इसी तरह एक और गीत है—

टन-टन टाना, टाना बाना टाना, भूत-भूतनी के टाना टाना बाबा

इस तरह गीत-भजन गाकर ये वनवासी अपना असहयोग व्यक्त करते थे। सात्त्विक भोजन, सादा जीवन, ईश्वर में आस्थावाले इन वनवासियों ने ताना कीर्तन से विरोध व्यक्त कर असहयोग आंदोलन चलाया, इसीलिए ये 'ताना भगत' कहलाए।

आंदोलन ने जैसे-जैसे गति पकड़ी, इन ताना भगत वनवासी वीरों की कई टोलियाँ अलग-अलग स्थानों पर जाकर सरकार के विरोध में प्रदर्शन करने लगी। इस प्रदर्शन से क्रोधित होकर कुसुमी थाने पर पुलिस ने गोली चलाई, कई वनवासी वीर बलिदान हुए। 1915 में आंदोलन करते हुए जतरा टाना भगत ने बलिदान दिया।

स्वाधीनता संग्राम की जानकारी के अनुसार वर्ष 1921 में जब गांधीजी राँची दौरे पर थे तो उन्हें ताना भगतों के बारे में जानकारी मिली, उन्होंने असहयोग के इन भक्तों को कांग्रेस का सदस्य बनाने का अभियान शुरू किया। आगे चलकर ये ताना भगत कांग्रेस के सक्रिय कार्यकर्ता बन गए। उन्होंने 1930 के असहयोग में भाग लेकर अपनी क्षमता को साबित किया। यही नहीं, वे 1940 में कांग्रेस के रामगढ़ अधिवेशन में सैकड़ों की संख्या में जा पहुँचे। ताना भगतों ने कई अभूतपूर्व कार्य किए, उनमें से एक है 1941 में बिशनपुर के दो सौ ताना भगतों ने मुकला भगत के नेतृत्व में कोलनींद्रगढ़ में निरंतर 168 घंटे चरखा चलाने का रिकॉर्ड बनाया। अपनी धरती, अपने देश के लिए समर्पित इन ताना भगतों ने दूसरे विश्वयुद्ध में जब अंग्रेज भारत के जन, भारत के धन को झोंक रहे थे, तब विरोध प्रदर्शित कर आह्वान किया कि अंग्रेजी लड़ाई को आदमी या पैसे से मदद देना पाप है। सूत्रों के अनुसार इन ताना भगतों के बीच डॉ. राजेंद्र प्रसाद (राजेंद्र बाबू) स्वतंत्र भारत के पहले राष्ट्रपति ने भी कार्य किया। इन ताना भगतों ने स्वतंत्रता संग्राम में शृंखलाबद्ध आंदोलनों में भाग लिया। अपनी आरंभिक पृष्ठभूमि और स्वत्व भाव उनमें आज भी जीवंत है। वे आज भी खादी ही पहनते हैं।

एक वनवासी अंचल से उपजी इस असहयोग की धारा को शायद ही कोई जानता होगा। यदि जतरा टाना भगत के असहयोग के आरंभ का अमृत जन-जन तक पहुँच गया तो यही उस वीर को सच्ची श्रद्धांजलि होगी। □

जोरिया भगत

मातृभूमि को विदेशी सत्ता से मुक्त कराने में वनबंधुओं का बड़ा योगदान रहा है। वनक्षेत्र से उठनेवाली विरोध की चिनगारी ने ही भविष्य में स्वाधीनता संग्राम का स्वरुप लिया। देश के हर प्रांत में जनजातीय चेतना ने ही स्वाधीनता संघर्ष शुरू किया।

गुजरात के रेवाकांठा तथा पंचमहल के जंगलों के वनवासियों की अनूठी बलिदानी गाथा है। इस क्षेत्र में नायकदास वन्य जाति का निवास है। इसी जाति में जम्बुगोड़ा के पास बड़ेक में जनमे थे जोरिया नायकदास। समय के साथ जोरिया नायकदास के आध्यामिक चिंतन ने उन्हें ईश्वरी शक्ति का आभास कराया। वे लोगों की समस्याएँ सुनते और उसका समाधान करते थे। लोग जोरिया नायकदास के अनुयायी बनने लगे। वे अब उन्हें 'जोरिया भगत' के नाम से पुकारते थे। किसी भी वनबंधु को कोई भी कष्ट हो, वे अपने जोरिया भगत के पास जाते, उनके सारे कष्ट दूर हो जाते थे।

एक दिन जोरिया भगत ने सोचा, जब हममें इतनी शक्ति है, तो हम विदेशियों के अधीन क्यों हैं? क्या हम सब मिलकर उन्हें देश निकाला नहीं कर सकते? संयोग से उसी समय रूपा नायक दास जोरिया भगत से मिला। रूपा भी अपनी धरती को अंग्रेजों से मुक्त कराने के लिए राह तलाश रहा था। जोरिया भगत को उसने अपने मन की बात कही। यह वह समय था, जब अंग्रेजों का दमन और शोषण चरम पर था। किसान लगान वसूली और अंग्रेजों की जोर-दबरदस्ती से त्रस्त थे। जोरिया भगत और रूपा नायक दोनों ने मिलकर योजना बनाई और वनवासियों को संगठित करना शुरू किया। जोरिया भगत के अनुयायी और अंग्रेजों के शोषण से पीड़ित लोगों ने मिलकर संघर्ष करने का संकल्प लिया।

जोरिया भगत के नेतृत्व में तीर-कमान से समृद्ध वनवासियों की टोली खड़ी हो गई। अंग्रेजों को जब जोरिया भगत और वनवासियों की सेना की सूचना मिली

तो उन्होंने इसे दबाने का प्रयास शुरू किया। वनवासियों की पूर्ण तैयारी थी, जोरिया भगत के साथ वनवासी योद्धा राजगढ़ थाने पर हमले के लिए चल दिए।

एक पुलिसवाले ने व्यंग्य से पूछा कि जोरिया में ऐसा क्या है, जो तुम लोग उसके पीछे भागते हो? नायकदास के पुत्र गललिया ने इसका जवाब प्रहार से दिया और पुलिसवाले की गरदन उड़ा दी और कहा, उनमें मातृभूमि के दुश्मनों को मौत देने की शक्ति है, इसलिए हम उनके साथ है। देशरक्षा के इस संकल्प को देख सिपाही डरकर पीछे हट गए और मैदान छोड़कर भाग गए। राजगढ़ पर वनवासियों का अधिकार हो गया। वनवासियों का आत्मबल बढ़ गया। वनवासी वीर जोरिया भगत और रूपा के नेतृत्व में जम्बुगोड़ा की ओर बढ़े, यहाँ फिर पुलिस के साथ संघर्ष हुआ, वनवासी विजयी हुए और आगे बढ़े। अंग्रेज अधिकारियों को अपनी पुलिस की असफलता और जनजातियों की जीत की जानकारी मिली तो वे आग बबूला हो गए। उन्होंने इस क्रांति को दबाने के लिए बड़ी सैनिक टुकड़ी वहाँ भेजी।

जम्बुगोड़ा में नायकदास वनवासी वीरों और अंग्रेजी सेना के बीच युद्ध हुआ। अंग्रेजी सेना बड़ी संख्या में होने के साथ उनके पास बंदूक, तोपें और अन्य हथियार थे। दूसरी ओर जनजाति योद्धाओं के पास पारंपरिक तीर-धनुष, लाठी, बल्लम, तलवार, भाले आदि थे।

अंग्रेजों की विशाल सेना के आगे वनवासी कमजोर पड़ने लगे, गोलियों की बौछार से वनवासी योद्धाओं की मौत होने लगी। जोरिया भगत को स्थिति का आभास हो गया, उन्होंने अपने साथियों को बड़ेक गाँव की ओर लौटने को कहा। जनजाति सैनिक अंग्रेजी सेना से संघर्ष करते हुए पीछे हटने लगी। इस बीच कई वनवासियों के बलिदान हुए। दुर्योग से पीछे हटती वनवासी सेना एक ऐसे स्थान पर पहुँच गई, जहाँ पानी भरा था और पीछे जाने की जगह शेष नहीं थी। सेना को वहीं रुकना पड़ा। सामने दुश्मन थे, बचाव का कोई रास्ता न था। अंग्रेजी सेना ने वनवासी वीरों को चारों तरफ से घेर लिया।

इस विकट परिस्थिति में भी जोरिया भगत, रूपा नायकदास, उनके पुत्र गललिया और कुछ जनजाति योद्धाओं को पलायन करने में सफलता मिली। अंग्रेजों ने जनजातियों के तत्कालीन संघर्ष को रोक दिया। अब उन्हें तलाश थी जोरिया भगत, रूपा नायकदास और उनके पुत्र गललिया की। वे यह जानते थे कि ये तीनों मिलकर फिर सेना खड़ी करेंगे और फिर मोर्चा लेंगे। इसीलिए अंग्रेज फौज युद्ध स्तर पर इन वीर नायकों की खोज में लग गई। जंगल का चप्पा-चप्पा

छान मारा। चारों ओर पुलिस ने तलाशी शुरू की। अंत में उन्हें ढूँढ़ लिया और उन्हें कैद कर लिया।

जोरिया भगत, रूपा नायकदास और गललिया को फाँसी दे दी गई। स्वाधीनता के लिए यह वीर योद्धा बलिदान हो गए। जोरिया भगत की चेतना और इन वीरों के शौर्य, पराक्रम और बलिदान की गाथा रेवाकांठा और पंचमहल के जंगलों में गूँजती है। नायकदास वन्यजाति के गीतों, किस्से, कहानियों में माँ भारती के इन बलिदानियों की वीरगाथा आज भी जीवंत है।

□

टंटया भील

टंटया भील एक ऐसा व्यक्तित्व था, जिसने अँधेरे वन प्रांतरों में जन्म लेकर, अभाव और अशिक्षा से जूझते हुए अपनी इच्छाशक्ति और संकल्प से एक ऐसा असाधारण आंदोलन छेड़ा, जो शोषण और अन्याय के प्रतिकार का प्रतीक बनकर संपूर्ण परिप्रेक्ष्य में छा गया। जनसेवा, नारी सम्मान और अपने समाज के प्रति टंटया का जुड़ाव इतना गहरा था कि आज भी इस इलाके का हर बच्चा बलिदानी टंटया को मामा के संबोधन से पुकारता है।

समूचे मालवा निमाड़ अंचल के वन प्रांतों में किंवदंती बना टंटया भील का जन्म 1842 में निमाड़ के वन क्षेत्रों में बसे पंधाना तहसील के छोटे से गाँव बड़दा में हुआ था। टंटया भील का बचपन सामंतों और साहूकारों के शोषण के सामाजिक परिवेश में बीता। तब जनजातियों का कोई मान नहीं था। उनकी व्यथा का कोई बोध नहीं। उनके दुःखों का किसी को कोई दर्द नहीं था। कोई सुनवाई, कोई अपील या सहानुभूति के शब्द तक नहीं थे। तब संत सिंगाजी से संस्कारित टंटया ने निमाड़ में शोषण के विरूद्ध युद्ध की परंपरा को जन्म दिया।

टंटया शुरू से ही स्वाभिमानी, निर्भीक और साहसी थे। कहते हैं, अंग्रेजों से उनकी भिड़ंत मात्र 13 वर्ष की आयु में ही हो गई। हुआ यह कि वे अपने मित्रों की

टोली के साथ मांडू किला देखने गए। उस जमाने में अंग्रेजों का इतना आतंक था कि निगरानी चौकी पर थानेदार की टँगी हुई टोपी को भी लोग सलाम करते थे। उस टोपी की निगरानी एक सिपाही किया करता था। जो सलाम नहीं करता, उसे बेंतों की सजा दी जाती थी। टंटया जब तीर-कमान से लैस होकर मांडू किले पहुँचे तो उन्होंने टोपी को सलाम नहीं किया, जब सिपाही ने टोका तो तीर-कमान तान दिया और सिपाही को सिर पर टोपी लगाने को मजबूर कर दिया और फिर जंगल में भाग गया।

तीर-कमान चलाने में टंटया का निशाना अचूक था, वह लाठी भी अच्छी चलाता था। दौड़ने में उसकी क्षमता 6 घंटे में 60 कोस, यानी 35 से 40 किलोमीटर प्रति घंटा और जब बंदूक चलाना सीखा तो उसमे भी निशानेबाजी अचूक थी।

टंटया के जीवन में क्रांति का जन्म अपने और समाज के शोषण को देखकर हुआ। टंटया ने सबसे पहले अपने ही गाँव में शिवा पटेल के विरूद्ध मात्र 14 वर्ष की आयु में आवाज उठाई। जिसके प्रतिकारस्वरूप शिवा पटेल ने उसके पिता की हत्या कर दी। बस यहीं से टंटया का विरोध शुरू हुआ। टंटया का विप्लव सामंतों और साहूकारों के विरुद्ध जनक्रांति थी, जो आगे चलकर अंग्रेजों के विरुद्ध स्वतंत्रता का संग्राम बना।

टंटया ने पाँच वर्ष तक मालवा-निमाड़, यहाँ तक कि राजस्थान की सीमा तक भ्रमण करके लोगों में जागृति उत्पन्न की। शोषण के विरूद्ध आवाज उठाने का मानसिक आधार बनाया।

पाँच वर्ष बाद लौटकर टंटया अपने गाँव बड़दा आया, तब शिवा पटेल आतंक बरपा रहा था। लोगों से बेगारी करवाना, ऊपर से लगान वसूली के नाम पर जनजाति समाज का मानसिक, दैहिक शोषण का तांडव चल रहा था।

टंटया ने गाँववालों को एकत्रित करके उन्हें खेती करने के लिए प्रेरित किया। टंटया की प्रेरणा से लोगों ने अपने खेतों में अपनी खेती करना शुरू किया। यह बात पटेल, साहूकारों के बर्दाश्त से बाहर थी, उन्होंने टंटया पर चोरी का झूठा आरोप लगाकर जेल भिजवा दिया।

एक वर्ष पश्चात् जेल से छूटकर टंटया अपने गाँव विरदा न पहुँचकर लोगों में असहयोग जगाने के लिए पहले पोखर फिर हीरापुर गया और झोंपड़ी बनाकर रहने लगा। वहाँ वह मजदूरी करता और अपना अभियान चलाता। यह बात हीरापुर के हिम्मत पटेल को खटकती है, वह झूठी चोरी की साजिश रचकर टंटया को फँसाता है और टंटया को फिर जेल भेज दिया जाता है। वहाँ उसकी भेंट बिजन्या भील से होती है। दोनों मिलकर मुक्ति संग्राम का संकल्प लेते हैं। जेल में भी टंटया

के विरुद्ध षड्यंत्र रचा जाता है। टंटया को इस षड्यंत्र का पता चल जाता है। जब उसे जबलपुर से खंडवा जेल शिफ्ट करने के लिए ले जाते हैं तो वह वहाँ से भाग निकलता है।

अपनी सुरक्षा के पक्ष को ध्यान में रखकर अब टंटया निमाड़ छोड़ होल्कर और निमाड़ की सीमा सीहोरा में अपना डेरा जमाता है। वहाँ साधु के वेश में रहता है। उसी समय अकाल पड़ता है, टंटया सारे सामंत-साहूकारों का अनाज गरीबों में बँटवा देता है। साहूकार टंटया की शिकायत होल्कर महाराजा शिवाजी राव होल्कर से करते हैं। टंटया महाराजा को वास्तविकता बताता है। दोनों में संधि हो जाती है और फिर होल्कर स्टेट टंटया के लिए विश्राम घर बन जाता है।

टंटया की क्रांति ने निमाड़ क्षेत्र, धार, होशंगाबाद, बैतूल, छिंदवाड़ा, मालवा, भीलवाड़ा और डूँगरपुर तक अंग्रेजों की जड़ें हिला दी थीं।

1857 की क्रांति को सुदूर वन प्रांतरों और उसके समीप बसे गाँवों तक ले जाने का श्रेय टंटया भील को ही जाता है। उस समय 1857 की क्रांति के महानायक तात्या टोपे की टंटया भील से कई बार भेंट होती है। 15 सितंबर, 1858 के बाद तो दोनों लगभग तीन महीने साथ रहे। यह समय दोनों के अज्ञातवास का था।

टंटया के शौर्य कौशल के उत्कर्ष को देख-समझ तात्या टोपे ने उसे गुरिल्ला युद्ध में पारंगत किया, छापामार युद्ध के गुर सिखाए। नवंबर 1858 में भील नायक टंटया ने तात्या टोपे के खरगौन किला विजय अभियान के समय सेनानायक के रूप में अग्रिम पंक्ति का संचालन किया था।

जब टंटया के स्वाधीनता अभियान की भनक अंग्रेजों और साहूकारों को लगती है, तब अंग्रेज पोखर गाँव के सरदार पटेल के साथ साजिश रचकर टंटया को खंडवा जेल में बंद कर देते हैं। साथ ही उसके साथी बिजन्या और दोल्या को भी पकड़ लिया जाता है। योद्धाओं को भला कौन रोक सकता है। तीनों वीर सेनानी जेल की छत से भाग निकलते हैं।

अब टंटया का आंदोलन गति पकड़ता है और चरम पर जा पहुँचता है। टंटया और उसके साथी भीनपान, पोखर, विरदा के पटेलों की हत्या कर देते हैं। सेठ-साहूकारों से बदला लेते हैं।

1886 तक टंटया ने निमाड़ और मालवा की होल्कर रियासत के सीमावर्ती, खरगौन, मंडलेश्वर और महेश्वर क्षेत्र में अंग्रेजी सत्ता को चैन की साँस नहीं लेने दी।

अंग्रेज टंटया के आंदोलन से आतंकित होकर उसे पकड़ने के लिए ईनाम पर

ईनाम घोषित करते हैं। अलग से टंटया ब्रिगेड पुलिस की स्थापना भी की जाती है। धर-पकड़ का अभियान तेज होता है, जिसमें टंटया के लगभग सभी साथी पकड़े जाते हैं। बिजन्या भील को फाँसी हो जाती है। दोल्या, मान्या व अन्य साथियों को कालापानी भेज दिया जाता है।

टंटया को आमने-सामने न पकड़ पाने की स्थिति में पुलिस टंटया की मुँहबोली बहन के पति गद्दार गणपत के साथ साजिश रचती है। राखी के दिन धोखे से टंटया को गणपत के यहाँ पकड़ लिया जाता है।

26 सितंबर, 1889 को डिप्टी कमिशनर की कोर्ट में मुकदमा चलाया गया। 4 दिसंबर, 1889 को आदि वीर नायक टंटया भील को फाँसी दे दी गई। निमाड़ के जनमानस की आस्था और विश्वास का प्रतीक लोकनायक टंटया तो अपने जीवनकाल में ही निमाड़ के अंचलों में अमरत्व पा चुका था, उसे कोई फाँसी कैसे समाप्त कर सकती है।

ग्यारह वर्षों तक लगातार संघर्ष करनेवाले इस वीर स्वतंत्रता सेनानी टंटया भील को भले ही अंग्रेजों ने फाँसी दे दी, लेकिन इस जनयोद्धा के आदर्श और संकल्प आज भी मालवा-निमाड़ में गूँजते हैं। लोगों की कहावतों में, लोकगीतों में...। ऐसे महान् जनयोद्धा टंटया भील को शत-शत नमन।

□

टुरिया जंगल सत्याग्रह

भारतीय स्वतंत्रता के इतिहास की पुस्तकों में गाँवों में फैले ऐसे-ऐसे आंदोलनों का जिक्र है, जिसे पढ़कर रोंगटे खड़े हो जाते हैं। अब सिवनी जिले के ग्राम टुरिया में उठी आंदोलन की आँधी को ही लें। यह जानकर हैरत होती है कि बिना प्रशिक्षण अथवा बिना किसी योजना के उस गाँव में उठी एक अकेली चिनगारी ने अंग्रेजों के पूरे साम्राज्य को हिलाकर रख दिया था। इस तरह के आंदोलन केवल इस अकेले गाँव में ही शुरू नहीं हुए थे, बल्कि देश के सैकड़ों वन-ग्रामों के लोग अपने सिर पर कफन बाँधकर अंग्रेजों की तोपों के सामने आ खड़े हुए थे। इतिहासकारों ने ऐसे तमाम आंदोलन को 'जंगल सत्याग्रह' का नाम दिया।

मध्य प्रदेश में जंगल सत्याग्रह के इतिहास में सिवनी जिले का टुरिया कांड ब्रिटिश हुकूमत के बर्बरतम स्वरूप की रोंगटे खड़े करनेवाली घटना है। जलियाँवाला बाग में देशवासियों को गोलियों से भूननेवाली क्रूर ब्रिटिश हुकूमत ने 9 अक्तूबर, 1930 को टुरिया गाँव के सत्याग्रहियों पर गोलियाँ बरसाईं, आंदोलनकारियों को वृक्षों से बाँधकर कोड़े मारे। आजादी के दीवानों

को लहूलुहान किया तथा कइयों को काँजी हाउस में बंद कर दिया।

प्रदेश के टुरिया कांड के बाद सिवनी जिले के सत्याग्रह की यह चिनगारी बैतूल में प्रज्वलित हुई, लोकजन जुड़ते चले गए। अंचलों का हर वनवासी कंधे पर कंबल डाल सत्याग्रह में शामिल हो गया। शाहपुर के समीप यह कमान गंजनसिंह कोरकू ने सँभाली, जनजातीय सेनानियों का नेतृत्व किया। पुलिस ने जोर-जबरदस्ती की। रामू और मकडू गोंड के बलिदान से आंदोलन और प्रखर हुआ। परिणामस्वरूप महाकौशल, निमाड़ और छत्तीसगढ़ जंगल सत्याग्रह से धधक उठा। सतपुड़ा के जंगल से उठा सैलाब खंडवा, बुरहानपुर, रुस्तमपुर, मूँदी, पंधाना, हरसूद, डोंगरगाँव तक स्वप्रेरणा से उमड़ पड़ा। क्रांतिकारी चेतना में जन-जन शामिल हो गया।

असल में गांधीजी के नेतृत्व में चले स्वाधीनता संग्राम में सत्याग्रह, आंदोलन की प्राण शक्ति था। इसी सत्याग्रह की ताकत ने ब्रिटिश साम्राज्य की नींव हिला दी थी। गांधीजी द्वारा ईजाद किए गए 'सत्याग्रह' तत्त्व को भारतवासियों ने एक साथ आत्मसात् किया। गांधीजी ने 1929-30 में 'नमक सत्याग्रह' में नमक बना ब्रिटिश हुकूमत को चुनौती दी। यह चुनौती पूरे देश ने दी। मध्य प्रदेश में 'नमक सत्याग्रह' ने ही 'जंगल सत्याग्रह' की नींव रखी। प्रदेश भर में यह आंदोलन बड़े उत्साह के साथ चलाया गया, अनेक देशभक्त शहीद हुए, लाठियाँ खाईं, जेल की यातनाएँ सहीं पर टस-से-मस न हुए।

आंदोलन के इस दौर में सिवनी जिले का विशिष्ट योगदान रहा है। जनजातियों ने जंगल सत्याग्रह में अपनी सशक्त भागीदारी सुनिश्चित की तथा पीढ़ियों से वनवासियों द्वारा आक्रांताओं के विरोध में उठाई जा रही अपनी गौरव गाथा को यथावत् रखा और जंगल सत्याग्रह में कूद पड़े।

आरंभ में सत्याग्रह के तहत सिवनी जिले के स्वयं सेवक शासकीय जंगल, चंदन बगीचा में जाकर घास काट सत्याग्रह करते थे। सत्याग्रही पहले नोटिस देते, जत्थे में जाते और घास काटते। इसकी कार्यवाही के तहत सरकार द्वारा दफा 379/114 ता.हि. एवं 26 फॉरेस्ट एक्ट के अंतर्गत मुकदमा चलाया जाता और सजा तथा जुर्माना तय किया जाता। जुर्माने की वसूली अत्यंत निर्ममता से की जाती थी। इसमें संपत्ति, जानवर, जमीन, बरतन सबकुछ कुड़की में नीलाम कर दिए जाते थे। बावजूद इसके आंदोलनकारी नहीं रुके, उनका जत्था दिनों-दिन बढ़ता जा रहा था। इसी क्रम में 'टुरिया सत्याग्रह' होना था।

टुरिया गाँव सिवनी नागपुर राजमार्ग पर सिवनी से 28 मील दूर खवासा ग्राम

से दाहिनी तरफ 5 मील दूरी पर स्थित है। इस वन ग्राम द्वारा नियत समय अनुसार 9 अक्तूबर, 1930 को 'चंदन बगीचा' में घास काटकर सत्याग्रह आरंभ किया जाना तय हुआ। सत्याग्रह की सूचना टुरिया ग्राम के ही सत्याग्रही अग्रणी श्री मूका ने अंग्रेजी शासन को नोटिस देकर दिया कि वो 9 अक्तूबर को टुरिया के निकट जंगल में घास काटकर सत्याग्रह करेंगे। इस सूचना से तत्कालीन डिप्टी कमिश्नर (कलेक्टर) सीमेन भड़क उठा और टीच देम ए लेसन का आदेश देकर पुलिस को लाव-लश्कर के साथ टुरिया भेज दिया। सत्याग्रह के पूर्व श्री रामप्रसाद तथा श्री मूका ने जोश भरे भाषण से अपने साथियों को प्रोत्साहित किया। इस अभियान में लगभग 500 लोग शामिल थे। पुलिस ने जोर-जबरदस्ती से रोकने का प्रयास किया, सत्याग्रही भला कब रुकनेवाले थे। आंदोलनकारियों ने घास काटी, उपस्थित जनसमुदाय ने श्री मूका का अभिनंदन किया। पुलिस सब इंस्पेक्टर सदरउद्दीन व रेंजर मेहता पूरी तैयारी में थे, उन्होंने सत्याग्रह आरंभ होते ही मूका को गिरफ्तार कर लिया। इस पर जनसमूह में आक्रोश उत्पन्न हुआ, ग्रामवासियों की उत्तेजना के विरोध में अंग्रेजी शासन के आदेशानुसार पुलिस गोलियाँ बरसाने लगी। ग्रामवासियों पर अंधाधुंध गोलियाँ चलाई गईं। हाहाकार मच गया। अंग्रेजी हुकूमत की क्रूरता भोले-भाले ग्रामवासियों पर बरस रही थी। घटनास्थल पर ही मुड्डेबाई साकिन खामरीठ, रेनीबाई साकिन खंबा, देभोबाई सा. भीलवा और विरजू भाई सा. मरझोड़ू बलिदान हो गए। लगभग 35-40 लोग घायल हुए। अंग्रेजों ने अपनी तानाशाही परंपरा के तहत मृतकों के शव घरवालों को नहीं दिए।

घटनास्थल के गोलीकांड के बाद भी पुलिस की बर्बरता रुकी नहीं, ग्रामवासियों को वृक्षों से बाँधा गया, उन्हें कोड़ों से पीटा, जमीन पर घसीटा तथा लातों-घूँसों से मारा गया। सैकड़ों लोगों को गिरफ्तार किया गया। घायलों को रिश्तेदारों से मिलने तक नहीं दिया। उनकी तड़प व चीख से सिवनी जिला चीत्कार उठा।

अमर शहीदों के खून से भीगी जंगल की देह ने बलिदान का रंग भरा। इस बलिदान के बाद जंगल सत्याग्रह दावानल बनकर प्रांत भर में छा गया।

□

डेलनशाह

दीलावार के अमर बलिदानी डेलनशाह ने भारत के प्रथम मुक्ति संग्राम 1857 में अपने क्षेत्र का नेतृत्व किया। अंग्रेजों से लगातार श्रृंखलाबद्ध युद्ध किए। चौरागढ़ से यूनियन जैक का झंडा उतार दिया। चाँवरपाठा और तेंदुखेड़ा को स्वतंत्र कर लिया। डेलनशाह ने अंग्रेजी राज पर पहला हमला 1857 के महासंग्राम से कई वर्ष पूर्व किया था। इतिहास साक्षी है कि स्वाधीनता की पहली अलख वनवासियों, जंगलवासियों और जनजातियों ने ही जगाई थी। विप्लव का आरंभ मजरों, टोलों और जंगलों से ही हुआ है। जनजातियों की इसी वीरोचित प्रकृति के धनी वीर गोंड योद्धा डेलनशाह ने स्वाधीनता का आरंभिक बिगुल फूँका, जिससे प्रेरित होकर 1857 की क्रांति में क्षेत्र के लोग आगे आए और स्वाधीनता का युद्ध दावानल बन गया।

भारत के हृदय स्थल मध्य प्रदेश में बुंदेलखंड के अधिकांश क्षेत्र में गोंड राजाओं का शासन रहा है। यहाँ के नरसिंहपुर जिले से लगभग 60 किलोमीटर दूर वर्तमान मदनपुर, तेंदुखेड़ा, जो राष्ट्रीय राज्यमार्ग भोपाल रोड कहलाता है, पूर्व में रामगढ़ के नाम से प्रसिद्ध था। यहीं पर 1802 में गोंड वीर योद्धा डेलनशाह का जन्म हुआ था। बाल्यकाल से ही डेलनशाह की विलक्षण क्षमता दिखाई देने लगी। निडर डेलनशाह ने मात्र सात वर्ष की आयु में सर्प का सिर पकड़कर उसे दूर फेंक दिया था। नौ वर्ष की आयु में शूरवीर डेलनशाह ने एक व्यक्ति को डाकुओं के चंगुल से छुड़ाया। इस तरह बचपन से ही उनमें नेतृत्व क्षमता दिखाई देने लगी थी।

डेलनशाह का विवाह छिंदवाड़ा जिले के प्रसिद्ध हर्रई के राजघराने में 22 वर्ष की आयु में हुआ था। उनके ससुर छिंदवाड़ा जिले में जमींदार थे। डेलनशाह की पत्नी का नाम मदन बाई था।

उन्नीसवीं शताब्दी के प्रारंभ में मध्य प्रदेश में अंग्रेजों ने अपने पैर फैलाना शुरू कर दिए थे। नरसिंहपुर के पास चौरागढ़ पर 1817 में अंग्रेजों ने अपना कब्जा जमाया। 1818 में अंग्रेजों ने अपना प्रशासन प्रारंभ किया। मंडला से लेकर

नरसिंहपुर क्षेत्र तक 1800 के आसपास नागपुर के भोसले, ग्वालियर के सिंधिया एवं बुंदेलों का शासन था।

अंग्रेजों का प्रशासन और अंग्रेजों का झंडा डेलनशाह को अस्वीकार था। वे हर हाल में अंग्रेजों को निकाल बाहर करना चाहते थे। यह गोंड नायक के स्वत्व और स्वाभिमान की परीक्षा थी। अंततः डेलनशाह ने 1818 में चौरागढ़ पर हमला कर अंग्रेजों के यूनियन जैक के झंडे को उखाड़ फेंका, परंतु उस समय गढ़ को जीतने में असफल हुए। इस असफलता के बाद डेलनशाह ने विचार मंथन किया कि आखिर क्या कमी थी, जो हार हुई। उन्होंने लोगों को पुनः जागृत करना शुरू किया, स्वाधीनता के लिए उठ खड़ा होने के लिए प्रेरित किया और फिर क्षेत्र में मोर्चा लिया। 1836 में इस क्षेत्र को मुक्त कराने का प्रयास किया।

डेलनशाह का अंग्रेजों पर हमला 1857 से पहले ही हुआ था, यह वह पृष्ठभूमि थी, जिसने 1857 महासंग्राम में क्रांति युद्ध को आगे बढ़ाया। भारत के कोने-कोने से अंग्रेजों के विरुद्ध स्वतंत्रता प्राप्ति की जन चिनगारी भड़कने लगी थी। 1857 में देश भर में स्वाधीनता का युद्ध शुरू हो गया। सब तरफ अंग्रेजी राज का विरोध हो रहा था। वीर गोंड राजा शंकरशाह और रघुनाथ शाह की मृत्यु के पश्चात् डेलनशाह ने जनता के सहयोग से चाँवरपाठा और तेंदुखेड़ा पर आक्रमण कर दिया और इस बार वे सफल हुए।

1857 के मुक्ति संग्राम के आरंभ में क्रांतिवीरों ने देशभर से अंग्रेजों को अपने-अपने क्षेत्रों से बाहर निकाल दिया। अंग्रेजों ने हार नहीं मानी, बल्कि इस युद्ध का बदला लिया, हमले और अधिक आक्रामक कर दिए। चाँवरपाठा और तेंदुखेड़ा पर भी तीव्र हमले हुए। वर्ष 1858 के चैत्र मास में अंग्रेजी सेना ने विशाल सेना और अस्त्र-शस्त्रों से लैस होकर आक्रमण किया। क्रांतिकारियों के पास सीमित साधन थे। हथियारों की कमी के कारण डेलनशाह को इस बार हार का सामना करना पड़ा। अनेक वीर योद्धा बंदी बनाए गए। वीर डेलनशाह को भी अंग्रेजों ने बंदी बना लिया। मुकदमे-सुनवाई का न्याय नाटक चला और फिर किसी दिन अचानक पता चला कि ढीलागढ़ के पीछे पीपल वृक्ष पर उन्हें फाँसी दे दी गई है।

□

केरल

तलक्कल चंदु

पराधीनता काल में अंग्रेजों द्वारा वायनाड में दमन-शोषण का अतिरेक हो गया था। अमर वीर तलक्कल चंदु ने वायनाड की कुरिच्या जनजाति पर अंग्रेजों द्वारा होनेवाले अत्याचारों का विरोध किया। भारत के प्रथम स्वतंत्रता संग्राम 1857 से लगभग 55 वर्ष पूर्व 11 अक्तूबर, 1802 में चंदु के नेतृत्व में क्रांतिकारियों ने अंग्रेजों की छावनी पर हमला किया। लंबे समय तक अंग्रेजों को मैसूर के वायनाड में प्रवेश नहीं करने दिया गया। सीधे संघर्ष में सफलता प्राप्त न होने पर अंग्रेजों ने गद्दार के साथ मिलकर तलक्कल चंदु को कैद कर लिया। 15 नवंबर, 1805 को पनमरम फोर्ट में इस अमर योद्धा को फाँसी पर चढ़ा दिया गया।

भारत के स्वतंत्रता संग्राम के इतिहास में वायनाड के कुरिच्या जनजातियों का योगदान अद्वितीय और अविस्मरणीय रहा है। इतिहास के इस स्वर्णिम पृष्ठ को जोड़ने में केरल के पड़सी राजा के साथ योगदान दिया वीर वनवासी सेनानी तलक्कल चंदु ने।

तलक्कल चंदु केरल के वायनाड जिले में तोंडूरनाड़ नामक स्थान के कारक्कोट कुरिच्या समुदाय के थे। उन्हें लोग तलक्करा चंदु के नाम से भी पुकारते

थे। उनकी माताजी का नाम श्रीमती मालू था। अंग्रेजों द्वारा कुरिच्या समाज पर होनेवाले अत्याचारों के विरोध के लिए तलक्कल चंदु ने युवावस्था में ही एडच्चेना कुंगन के साथ मिलकर नायर और कुरिच्या युवकों को जोड़ा और अंग्रेजों के विरोध में युद्ध करनेवाले पड़सी राजा का साथ देने का निर्णय लिया। उस समय पड़सी राजा कण्णवम जंगलों में रहकर अंग्रेजों के अत्याचारों के विरोध में संघर्ष कर रहे थे।

वायनाड के कणियाम्बेट्टा नामक स्थान को चंदु ने क्रांति केंद्र बनाया। वे मातृभूमि तथा अपने वीर राजा पड़सी के लिए समर्पित थे। अंग्रेजों ने पनमरम किले को केंद्र बनाकर वहाँ अपनी सैनिक छावनी स्थापित की थी। अंग्रेज स्थानीय लोगों से जोर-जबरदस्ती लगान और धान वसूलते थे।

जब एक दिन सिपाहियों ने कुरिच्या गाँव में जाकर जोर-जबरदस्ती की, लोगों को धमकाकर धान एकत्र करना शुरू किया, तब सिपाही और कुरिच्या समुदाय के बीच झगड़ा होने लगा। फिर चंदु के नेतृत्व में क्रांतिकारियों ने पनमरम किले पर आक्रमण कर दिया। योजना के अनुसार इस किले से 8 किलोमीटर की दूरी पर मुलिंजाल नामक स्थान पर रहनेवाली छावनी को क्रांतिकारियों ने घेर लिया, जिससे वहाँ के 360 अंग्रेज सिपाही पनमरम किले पर होनेवाले आक्रमण को रोकने में असमर्थ रहे।

11 अक्तूबर, 1802 को चंदु के नेतृत्व में पनमरम किला क्रांतिकारियों के कब्जे में आ गया। इस घटना के बारे में विलियम लोगान ने अपने 'मालबार मैनुअल' में इस प्रकार लिखा है, "पनमरम और इसके आसपास के कुरिच्या तलक्कल चंदु नामक एक व्यक्ति के नेतृत्व में एडच्चेना कुंगन के पक्ष में शामिल हो गए, इसमें 150 सैनिक थे। इसका नेतृत्व एडच्चना कुंगन और उसके दो भाइयों ने किया। चौथी इन्फेंट्री की पहली बटालियन के 70 सैनिक सहित सेना कमांडर कप्तान डिक्किनसन और सहायक लेफ्टिनेंट मैक्सवेल भी वहाँ थे। आंदोलनकारियों ने जवान के हाथ से बंदूक छीनकर उसे मार डाला। कप्तान डिक्किनसन ने आंदोलनकारियों का सामना किया। 15 कुरिच्यों को घायल किया और पाँच कुरिच्यों की हत्या कर डाली। उसके बाद हुए भीषण संघर्ष में उस पोस्ट के जितने भी सैनिक थे, सभी को मार डाला गया। आंदोलनकारियों ने 112 बंदूकें, 6 पेटी गोला-बारूद और 6,000 रुपए अपने कब्जे में लिये। उस पोस्ट के जितने भी भवन थे, सभी को जला डाला।

11 अक्तूबर, 1802 को हुई यह घटना वर्तमान पनमरम हायर सेकेंडरी

विद्यालय के परिसर में घटित हुई थी। यह भी उल्लेखनीय है कि यह घटना भारत के प्रथम स्वाधीनता संग्राम से 55 वर्ष पूर्व हुई थी। पनमरम किले को कब्जे में लेने का प्रयास अंग्रेजों के विरुद्ध प्रथम संगठित सशस्त्र आंदोलन के रूप में माना जाता है।

इस घटना के बाद तलक्कल चंदु का सशस्त्र आंदोलन जारी रहा। क्रांतिकारियों ने कंपनी की सेना को मैसूर से वायनाड में प्रवेश नहीं करने दिया। नायर कुरिच्या समुदाय के पुलपल्ली के लव-कुश मंदिर और अन्य मंदिरों में सैनिक एकत्रित होते थे। बंदूक, तलवार, तीर-धनुष आदि शस्त्र धारण करते हुए वहाँ 3,000 से ज्यादा लोग इकट्ठा हुए थे। अंग्रेज सैनिक क्रांतिकारियों की शक्ति से भयभीत हो गए थे। अंग्रेज चंदु को सीधा पकड़ नहीं पा रहे थे। इसलिए उन्होंने छल, बल का सहारा लिया। उन्होंने चंदु के रिश्तेदार कारक्कोट घराने के केलप्पन को प्रलोभन दिया।

गद्दार ने चंदु को अपने घर बुलाया, आदर-सत्कार किया, बातों में उलझा कर रखा, तभी अंग्रेजी सेना निर्धारित योजना अनुरूप वहाँ पहुँच गई। गद्दारों ने तलक्कल चंदु को अंग्रेजी सेना को सौंप दिया। कंपनी की सेना ने चंदु को गिरफ्तार किया और घसीटते हुए पनमरम किले में ले गई। उन्हें 15 नवंबर, 1805 को पनमरम फोर्ट में फाँसी दे दी गई। मातृभूमि को स्वतंत्र कराने के लिए वीर योद्धा तलक्कल चंदु ने बलिदान दिया।

इस वीर के बलिदान के बाद भी पड़सी राजा ने अपना संघर्ष जारी रखा। अंग्रेजों ने एक बड़ी सेना लेकर पड़सी राजा को पुलपल्ली के आसपास के जंगलों में घेर लिया। 15 दिनों के कठिन संघर्ष के बाद पड़सी राजा भी कंपनी के साथ युद्ध करते हुए वीरगति को प्राप्त हो गए।

□

तिलका माँझी

संथाल जनजाति के नायक तिलका माँझी ने संथाल परगना के शोषण के विरोध में आवाज उठाई। अंग्रेजों की 'फूट डालो, राज करो' नीति को सबसे पहले उजागर किया। अंग्रेजों ने शोषण और दमन के विरोध में जनजाति वीरों को एकत्र किया और एक छोटे से गाँव से क्रांति की शुरुआत कर संपूर्ण भागलपुर जिले में क्रांति आंदोलन खड़ा कर दिया। तिलका माँझी के साथ उनके चार भाई और उनकी पत्नी ने भी रणभूमि में बलिदान दिया।

स्वाधीनता संग्राम के जननायक तिलका माँझी का जन्म संथाल जनजाति के परिवार में 1750 में भागलपुर, बिहार के तिलकपुर ग्राम में हुआ था। उनका बचपन अंग्रेजों के शोषण दमन और पहाड़ियों के बीच संघर्ष को देखते हुए बीता।

संथाल परगना बनने से पहले उस क्षेत्र में पहाड़िया जनजाति का शासन था। पहाड़िया जनजाति के लोगों का अपना संविधान था, उसी अनुरूप वहाँ की राज व्यवस्था थी। उनका अपना स्वतंत्र राज था। हर तरफ खुशहाली थी। पहाड़िया राजा, सरदार शूरवीर और पराक्रमी थे। वे अपनी माटी की रक्षा के लिए बलिदान के लिए तत्पर रहते थे। अंग्रेजों के लिए संथालों का यह समर्पण चिंता का विषय था। वे किसी तरह वहाँ अशांति फैलाकर अपना राज्य विस्तार करना चाहते थे।

अंग्रेजों ने कूटनीतिक साजिश रची। वर्ष 1776 में क्लीवलैंड भागलपुर का मजिस्ट्रेट बना। क्लीवलैंड ने अपने राज्य विस्तार योजना को लागू करने के लिए कई तरह से कार्य किया। सबसे पहले उसने पहाड़िया लोगों का विश्वास जीता। दूसरा मुगल-मुसलमान जमींदारों से परेशान पहाड़िया लोगों को मुगलों के प्रति विरोध के लिए प्रेरित किया। जब क्षेत्र में अशांति होने लगी तो पहाड़िया क्षेत्र में संथालों को बसाने का कार्य किया। पहाड़िया और संथालों के बीच संघर्ष छिड़ गया। पहाड़िया सरदार दामिन-ए-कोह क्षेत्र में संथालों को प्रवेश ही नहीं करने देते थे। धीरे-धीरे उस क्षेत्र में बड़ी संख्या में संथाल आकर बस गए थे। इस क्षेत्र ने संथाल परगना का स्वरूप ले लिया था।

संथाल जनजाति स्वतंत्रता-प्रिय जनजाति है, वे किसी की पराधीनता स्वीकार नहीं कर सकते थे। आपसी झगड़े और बदलती परिस्थितियों को तिलका माँझी समझ गए। उन्होंने संथाल परगना के लोगों को समझाया कि ये अंग्रेज हमारा आपस में झगड़ा करवाकर हमें कमजोर करना चाहते है। हममें आपसी फूट डालकर राजपाट पर अपना हक चाहते हैं। लोगों को तिलका माँझी की बात समझ में आने लगी।

क्लीवलैंड ने मात्र नौ महीने की अवधि में 40 पहाड़िया सरदारों को अपना समर्थक बना लिया, यहाँ तक कि उन्हें कर देने से भी छूट दे दी गई। कर वसूली और बेगारी के द्वारा संथालों को प्रताड़ित किया जाता था। तिलका माँझी शूरवीर होने के साथ दूरदर्शी थे। अंग्रेजों की साजिश को समझ गए, उन्होंने लोगों को जागृत किया और कर वसूली के विरोध में अभियान चलाया। उनकी इस क्रांति में सभी धर्म, सभी वर्ग, सभी जातियों के लोग साथ हो लिये। तिलका माँझी ने छोटे से गाँव वनैयारीजोर से 1781 में मुक्ति आंदोलन शुरू किया। विरोध की यह चिनगारी आग बनकर संथाल परगने से होती हुई भागलपुर तक जा पहुँची। तिलका माँझी ने सुल्तानगंज की पहाड़ियों में मोर्चा लेने के साथ भागलपुर में गुप्त सभाएँ लेकर लोगों को क्रांति युद्ध की प्रेरणा दी।

तिलका माँझी गरीबों का साथी-सहारा थे। भुखमरी के समय में उन्होंने मारणो दर्रे, तेलियागढ़ी दर्रे और कहलगाँव में गंगा के किनारे जनता के पैसों से संचित अंग्रेजी खजाना प्राप्त कर गरीबों में बँटवा दिया। शोषण, उत्पीड़न से परेशान लोगों के लिए तिलका माँझी किसी देवदूत से कम नहीं थे। जत्थे-के-जत्थे वनवासी तिलका के पास आते और क्रांति मोर्चे में साथ रहने का संकल्प लेते। तिलका ने अंग्रेजी राज को समूल नष्ट करने का संकल्प लिया।

गंगा और ब्राह्मी नदी के बीच के जंगल तराई कहे जानेवाले क्षेत्र मुंगेर, भागलपुर और संथाल परगना के पहाड़ी क्षेत्रों में कई युद्ध हुए। एक तरफ बड़ी संख्या में हथियारों से समृद्ध क्लीवलैंड, आयरकूट तथा पहाड़िया सेनापति जाउराह की सेना थी तो दूसरी ओर तिलका माँझी की संगठित शक्ति थी।

आरंभ में सभी युद्धों में तिलका माँझी को ही सफलता मिली। वर्ष 1784 में तिलका माँझी ने भागलपुर पर आक्रमण किया। जनवरी 13 को तिलका माँझी बड़ी तेजी से ताड़ के पेड़ पर चढ़ गए और घोड़े पर सवार क्लीवलैंड के सीने में तीर से वार किया, अंग्रेजी सेना तितर-बितर हो गई।

तिलका माँझी की सेना विजय के उत्साह—आयोजन की धूम में उलझ गई। अंग्रेजों ने अपने व्यवहार के अनुरूप कार्य किया। उसी रात अँधेरे में आयरकूट और पहाड़िया सेनापति जाउराह ने हमला बोल दिया। बड़ी संख्या में क्रांतिकारी बलिदान हुए। तिलका माँझी सुलतानगंज की पहाड़ियों में चले गए। अंग्रेजों ने संपूर्ण पहाड़ी का घेराव कर लिया। राशन-पानी के अभाव में तिलका माँझी के पास आमने-सामने के युद्ध के सिवाय कोई विकल्प शेष नहीं था। युद्ध के दौरान अंग्रेजों ने धोखे से तिलका माँझी को पकड़ लिया और घोड़े से बाँध दिया। अमानवीयता के साथ घोड़ों को दौड़ाकर उन्हें जमीन में घसीटते हुए भागलपुर तक ले जाया गया। इस पर भी साँसें शेष थीं तो एक बरगद के पेड़ पर फाँसी पर लटका दिया गया।

□

तूफान गंगानारायण मानभूम

कई बार भारतीय इतिहास लेखन की विसंगति यह रही कि इसे दूसरे पक्ष से लिखा गया। अंग्रेजी राज के समय तो जान-बूझकर स्वाधीनता संग्राम को विद्रोह, गदर, झगड़ा, हंगामा नाम दिया गया, ताकि कानूनी दृष्टि से यह अपराध साबित हो सके।

स्वाधीनता संग्राम का ऐसा ही एक महत्त्वूर्ण युद्ध है मानभूम का भूमि संघर्ष। यह युद्ध वीर वनवासी नायक तूफान गंगानारायण के नेतृत्व में हुआ, जिसे अंग्रेजों ने गंगानारायण का हंगामा नाम दिया।

मानभूम के भूमिज संघर्ष की आधारशिला सन् 1832 से काफी पहले ही रख दी गई थी। सन् 1765 में ईस्ट इंडिया कंपनी ने दिल्ली के मुगल सम्राट् से बंगाल, बिहार और ओडिशा की दीवानी हासिल कर ली तथा राजस्व बढ़ाने और वसूलने के नए उपाय करने लगी। इसके लिए अंग्रेज सरकार ने कानून बनाकर मानभूम और बाराभूम के भूमियों की जमीन जब्त कर ली। इससे पहले भूमि के मालिकों को जमीन की मालगुजारी नहीं देनी होती थी। इसके एवज में वे जमींदारों के 'पाइक' (अनियमित सेना) का काम करते थे। इसलिए ऐसी भूमि को 'पाइकान जमीन' कहते थे। अंग्रेज सरकार द्वारा 'पाइकान जमीन' जब्त कर लेने पर इस क्षेत्र के भूमिज लोगों की आजीविका बंद हो गई। यही वजह थी कि सन् 1769 से छिटपुट संघर्ष शुरू हुआ। इस पर सन् 1816 में अंग्रेजों ने नियंत्रण कर लिया, लेकिन वनवासियों के अंतर्मन में बसी पराधीनता की पीड़ा कभी समाप्त नहीं हुई, जिसे नायक गंगानारायण ने नेतृत्व दिया। सन् 1832 में गंगानारायण का संघर्ष, जिसे अंग्रेजों ने हंगामा कहकर पुकारा है इसने व्यापक स्वरूप लिया।

वनवासियों के अपने अधिकार के लिए किए जानेवाले वर्ष 1832 के संघर्ष के समय बाराभूम राजपरिवार में उत्तराधिकारी के लिए पारिवारिक विवाद चल रहा था। अठारहवीं शताब्दी में बाराभूम के राजा विवेकनारायण की मृत्यु के बाद उनकी

दो रानियों के दो पुत्र रघुनाथ और लक्ष्मण सिंह में उत्तराधिकारी का संघर्ष हुआ। स्थानीय जनजातीय प्रथा के अनुसार बड़ी रानी का पुत्र ही उत्तराधिकारी होना चाहिए था, लेकिन अंग्रेजों ने राजा के बड़े बेटे रघुनाथ (जो छोटी रानी के पुत्र थे) को राजा मनोनीत किया इससे पारिवारिक संघर्ष शुरू हुआ। स्थानीय भूमिज जनजातीय और उनके सरदार लक्ष्मण सिंह और उनके भाई भरत सिंह के समर्थन और सैनिक सहायता के सामने टिक नहीं सके। लक्ष्मण सिंह को राज्य से निकाल दिया गया और निर्वासित लक्ष्मण सिंह कुछ समय तक बाहर से ही राज्य प्राप्त करने की कोशिश में लगे रहे, लेकिन बाद में अंग्रेजों द्वारा गिरफ्तार कर लिये गए और मेदिनीपुर जेल में उनकी मृत्यु हो गई। गंगानारायण सिंह इन्हीं लक्ष्मण सिंह के पुत्र थे।

सन् 1798 में राजा रघुनाथ नारायण की मृत्यु होने पर उनकी दो रानियों के दो पुत्रों गंगा गोविंद और माधव सिंह के बीच फिर वैसा ही उत्तराधिकार का संघर्ष प्रारंभ हो गया। इस बीच अंग्रेज सरकार ने मेदिनीपुर के कलेक्टर के माध्यम से बाराभूम राज्य की देखरेख का काम अपने हाथ में ले लिया और अंग्रेजों ने छोटी रानी के पुत्र गंगा गोविंद सिंह का समर्थन किया। दूसरी ओर जनजातीय प्रजा बड़ी रानी के पुत्र माधव सिंह का समर्थन कर रही थी। लगभग चार हजार भूमिज सशस्त्र होकर माधव के साथ आ गए। स्थिति बिगड़ती देखकर अंग्रेज सरकार ने मेदिनीपुर के कलेक्टर को आदेश दिया कि वे उत्तराधिकार कानून का नया प्रारूप बनाएँ। कलेक्टर ने जनजातीय लोगों की उत्तराधिकार संबंधी प्रथा की उपेक्षा की और 1803 में अदालत ने गंगा गोविंद को उत्तराधिकारी मनोनीत कर दिया। इस पर बाराभूम में संघर्ष शुरू हो गया। इन्हीं दिनों गंगा गोविंद का साथ लक्ष्मण सिंह के पुत्र गंगानारायण सिंह देने लगे, जिनका माधव सिंह से मनमुटाव था। स्थिति इतनी अनियंत्रित हो गई कि अंग्रेज सरकार ने माधव सिंह को गिरफ्तार कर लेने की धमकी दी और माधव सिंह समझौता करके राजा गंगा गोविंद के दीवान बन गए।

दीवान बनते ही माधव सिंह ने मनमानी शुरू कर दी। सबसे पहले उन्होंने गंगानारायण को 'पंच सरदारी' के घाटवाल पद से हटा दिया। अन्य घाटवालों के टैक्स बढ़ा दिए गए और जनजातीय प्रजा पर 'घरतकी' (गृहकर) थोप दिया गया। माधव सिंह महाजनी भी करने लगे, भारी ब्याज पर रुपया उधार देने लगे तथा अपने अधिकार का दुरुपयोग कर देनदारों की संपत्ति पर कब्जा करने लगे। यहाँ तक कि राजा गंगा गोविंद सिंह भी उनके कर्जदार हो गए, इसलिए वे कुछ बोलते नहीं थे। माधव सिंह द्वारा जनजातियों के कर बढ़ाने और दमन चक्र चलाने से वनवासियों में आक्रोश था।

उन्हें एक नायक की तलाश थी, जो उनका नेतृत्व करे, उन्हें न्याय दिलाए तभी गंगानारायण वनवासियों के पक्ष में उठ खड़े हुए। गंगानारायण ने अन्य घाटवाल सरदारों और भूमिज किसानों की सहायता से एक बड़ी सेना गठित की। 2 अप्रैल, 1832 के दिन गंगानारायण ने कुछ अन्य सरदारों को साथ लेकर अंग्रेजों के चाटुकार अत्याचारी माधव सिंह को मार दिया।

1 मई, 1832 को गंगानारायण सिंह ने भूमिज किसानों की अपनी सेना के साथ बड़ा बाजार में मुंसिफ की कचहरी पर हमला किया। अंग्रेजों के कार्यालय और थाने को नष्ट कर दिया। जमींदारों ने गंगानारायण की पंच सरदारी वापस कर दी। प्रतिक्रिया स्वरूप बाँकुड़ा का कलेक्टर रसेल सेना सहित गंगानारायण का दमन करने आया। 14 मई को गंगानारायण ने तीन हजार भूमिजों की सेना के साथ उसे घेर लिया और रसेल डरकर बाँकुड़ा भाग गया। गंगानारायण ने बाराभूम के पूरब में अंबिका नगर, श्याम सुंदरपुर, रायपुर, फुलकुसमा आदि पर भी हमला किया। इन क्षेत्रों के भूमिज तो गंगानारायण का साथ दे ही रहे थे, मेदिनीपुर जिले के शिलदा, कुइलापाल आदि स्थानों के भूमिज भी उनके साथ आ गए और पूरा क्षेत्र कुछ समय के लिए अंग्रेजों के नियंत्रण से बाहर आ गया।

भूमिजों ने गंगानारायण के नेतृत्व में अंग्रेजों से युद्ध के लिए संकल्प लिया। अंग्रेजों द्वारा वनवासियों की पाइकान जमीन छीन लेने से वनवासी बेरोजगारी और भुखमरी से त्रस्त थे। जनजातियों के मन में अंग्रेजों के प्रति क्रोध काफी गहरे तक जम गया था। अंग्रेज उन पर अत्याचार कर रहे थे और परंपरागत रूप से चली आ रही उनकी प्रथाओं में भी हस्तक्षेप कर दूसरे धर्म को उन पर थोपा जा रहा था। अंग्रेजों द्वारा बनाए गए ऋण संबंधी नए कानून के फलस्वरूप उन्हें बेघर किया जा रहा था। केवल भूमिज किसान ही नहीं, कई जमींदार और घाटवाल सरदारों को भी अंग्रेजों ने महाजनों के देनदार और उनकी कृपा पर आश्रित बना दिया। इसलिए ये सभी लोग गंगानारायण सिंह के साथ संघर्ष में शामिल हुए।

अंग्रेज सरकार ने बैरकपुर छावनी से ले. कर्नल कूपर के नेतृत्व में सेना भेजी यह सेना भी सफलता प्राप्त नहीं कर सकी। गंगानारायण और उनके साथी अब छापामार युद्ध करने लगे। अंततः अंग्रेजों ने बर्दवान के कमिश्नर ब्रेडन और छोटानागपुर के कमिश्नर डेंट को भी यहाँ भेज दिया। अगस्त 1832 से लेकर फरवरी 1833 तक यह पूरा क्षेत्र जलता रहा। अंग्रेजों ने गंगानारायण के भूमिज समर्थकों के गाँव जलाने शुरू किए। हजारों एकड़ जमीन में लहलहाती फसल फूँक दी गई। हजारों मकानों और झोंपड़ियों को ध्वस्त कर दिया गया। अंग्रेजों की

सेना गाँवों पर हमला करती थी और खलिहानों पर कब्जा करके अनाज जला देती थी। यहाँ तक कि बीज के लिए भी कुछ नहीं बचा था। इसी प्रकार गाँवों से गायों, बैलों, बकरियों और भेड़ों को पकड़कर बेच दिया जाता और भूमिजों की संपत्ति को सिपाहियों में बाँट दिया जाता था।

अंग्रेजों द्वारा किए जा रहे निरंतर अत्याचारों के बावजूद भी भूमिज जनजातियों ने संघर्ष नहीं छोड़ा। गंगानारायण भूमिज जनजातियों के प्रेरणा पुंज थे। फरवरी 1833 में गंगानारायण ने सिंहभूम जाकर वहाँ की 'लरका हो' जनजातियों को क्रांति के लिए प्रेरित किया। उन्हें लेकर खरस्वान के ठाकुर चेतन सिंह ने शहर और थाने पर हमला किया। ठाकुर के सिपाहियों के साथ घमासान युद्ध हुआ और रणभूमि में ही बलिदान हो गए। 7 फरवरी, 1833 को गंगानारायण के बलिदान के समाचार ने बाराभूम के भूमिजों को निराश जरूर किया, लेकिन वे अपने नायक की प्रेरणा से युद्ध करते रहे। अंग्रेजों ने दमन-चक्र चलाया। मार्च 1833 के अंत में अंग्रेजों ने मानभूम संघर्ष को दबाने में सफलता प्राप्त कर ली।

□

तेलंगा खड़िया

यह वह समय था, जब अंग्रेज और उनके चाटुकारों ने आतंक मचा रखा था, दमन और शोषण की सारी सीमाएँ पार कर दी थीं। आम जनता की दृष्टि किसी शूरवीर को खोज रही थीं। जो अंग्रेजों के अनाचार के विरोध में आवाज उठाए, ऐसे समय में तेलंगा खड़िया ने झारखंड में स्वाधीनता के लिए खड्ग उठाया और अंग्रेजों से मोर्चा लिया।

तेलंगा खड़िया एक ऐसे अग्रणी नायक थे, जिन्होंने अपनी संगठन शक्ति से युवाओं का दल खड़ा किया। वे दीन-दुःखियों के मददगार थे। उन्होंने अंग्रेजों के शोषण के विरोध में मोर्चा खोला। अंग्रेजों को देश निकाला करने का आह्वान किया। झारखंड में उनके क्रांति आंदोलन ने प्रखर स्वरूप लिया।

तेलंगा खड़िया का जन्म झारखंड के गुमला जिले के मुर्गू गाँव में 9 फरवरी, 1806 को हुआ था। उनके पिता ठुइया खड़िया गाँव के पुजारी थे। तेलंगा खड़िया बचपन से ही विलक्षण प्रतिभा के बालक थे। वह अपने साथियों के साथ प्रतिदिन व्यायाम, जंगल में तीर-धनुष चलाने, कुश्ती करने, तलवार चलाने, लाठी भाँजने तथा गदा, भाला आदि चलाने का अभ्यास किया करते थे। तेलंगा के पिता पुजारी होने के साथ-साथ छोटानागपुर के नागवंशी महाराज के भंडारी भी थे।

वे पिता के साथ कभी-कभी महाराजा के दरबार में जाते थे। वहाँ उन्हें राजाओं, अंग्रेजों और जमींदारों की वास्तविक स्थिति समझ में आई। तेलंगा ने जब 1831-32 की कोल क्रांति को देखा और महसूस किया कि भारत के आम लोगों पर अंग्रेज और जमींदार अत्याचार कर रहे हैं, उन्होंने अपने साथियों के साथ संकल्प लिया कि इन

अंग्रेजों और उनके पिट्ठू जमींदारों को सबक सिखाएँगे। तेलंगा ने अपने गुमला क्षेत्र के लोगों से संपर्क कर उन्हें अंग्रेजों के विरुद्ध उठ खड़े होने के लिए प्रेरित किया।

अंग्रेजों को जैसे ही तेलंगा की गतिविधियों का पता चला, उन्होंने क्षेत्र में दमन की कार्यवाही शुरू कर दी। तेलंगा के परिवार को यातनाएँ दी गईं। पुलिस उन्हें मारती-पीटती थी, यहाँ तक कि चाबुक की मार से लहूलुहान कर देते थे।

एक दिन तेलंगा को बसिया के कुम्हारी गाँव में साथियों के साथ बंदी बना लिया गया और कोलकाता जेल भेज दिया, जहाँ उन्होंने जेल की अमानवीय यातनाएँ सहीं।

जब तेलंगा जेल से वापस आए तो गाँव की स्थिति और दयनीय हो गई थी। मुक्ति संग्राम 1857 की असफलता के बाद अंग्रेजों के चलाए दमन-चक्र से जनता का मनोबल टूट चुका था और अंग्रेज अति उत्साह में थे। तेलंगा विचलित हो गए और उन्होंने अपने पूर्व क्रांति सूत्रों को जोड़ने का निश्चय किया।

तेलंगा ने अपने युवा संगठन को फिर से जीवित किया। तेलंगा ने आह्वान किया कि हमें अंग्रेजों को भगाना ही पड़ेगा। हम भारत माता को अंग्रेजों की पराधीनता से स्वतंत्र करके ही दम लेंगे। चाहे हमारी जान ही क्यों न चली जाए। हमें अपने जीवन से ज्यादा जरूरी भारत की स्वतंत्रता है। तेलंगा की गतिविधियों की जानकारी अंग्रेजों को होने लगी तो उन्होंने तेलंगा को जान से मारने के लिए एक व्यक्ति बोधन सिंह को तैयार कर लिया। तेलंगा खड़िया सिसई के अखाड़े में प्रतिदिन अपने साथियों को प्रशिक्षण देने के लिए आते थे। बोधन सिंह यह जानता था। वह वहाँ पहले से छुपकर बैठ जाता था। प्रशिक्षण प्राप्त करने से पहले तेलंगा अपने साथियों के साथ अपने इष्टदेव और धरती माँ की प्रार्थना तथा पूजन किया करते थे। एक दिन तेलंगा अपने साथियों के साथ धरती माँ का पूजन कर हाथ जोड़कर प्रार्थना कर रहे थे, तभी देशद्रोही बोधन सिंह ने छिपकर तेलंगा के सीने में गोलियाँ चलाकर उन्हें छलनी कर दिया।

तेलंगा के साथी प्रार्थना करना छोड़कर दौड़ते हुए तेलंगा के पास पहुँचे। तेलंगा ने अपने साथियों से कहा कि मैं अब भारत माँ की गोद में समा रहा हूँ। अंग्रेज राक्षस के समान भारत माँ के सपूतों और माता को परेशान कर रहे हैं। वे हमारे देश के राजा बन बैठे हैं। तुम लोग अपने देश को स्वतंत्र जरूर कराना और इन गद्दारों से सावधान रहना।

वह 23 अप्रैल, 1880 का दिन था। तेलंगा माँ भारती के लिए बलिदान हो गए। साथियों की आँखों के आँसू रुक नहीं रहे थे। तेलंगा का जिस स्थान पर अंतिम संस्कार हुआ, उसे आज भी लोग तेलंगा तोपा-टांडा के नाम से जानते हैं।

□

रानी दुर्गावती

गढ़ा मंडला की रानी दुर्गावती भारतीय इतिहास के मध्य काल की पहली वीरांगना हैं, जिन्होंने स्वतंत्रता और स्वाभिमान के लिए हाथ में तलवार लेकर मैदान में संघर्ष किया। मध्यकाल को भारतीय स्वाभिमान के लिए अंधकार का युग माना जाता है। यह वह युग था, जब स्वयं को सर्वश्रेष्ठ समझनेवाले तमाम देशी राजा बिना युद्ध किए ही मुगल सल्तनत के सामने समर्पण करते जा रहे थे। वह समर्पण भी साधारण नहीं था। मान-मर्दन करने का ऐसा अभियान था, जिसमें व्यक्ति को अपनी पहचान मिटाकर दासत्व अंगीकार करना था। कोई अपनी बेटियों को शादी का स्वरूप देकर भेजता, कोई अपने बेटे को बतौर बंधक स्वीकार करता तो किसी के घोड़ों पर शाही सल्तनत की सील लगाई जाती। ऐसे भयानक दौर में अपने राज्य पर आक्रमण के समय रानी दुर्गावती यह अच्छी तरह जानती थीं कि युद्ध में जीत उनकी नहीं होगी, मुगल फौज से मुकाबले का मतलब है सर्वनाश के साथ मृत्यु।

रानी दुर्गावती के सामने दो ही विकल्प थे। एक संपूर्ण समर्पण और दूसरा संपूर्ण विनाश। स्वाभिमान और स्वतंत्रता को सर्वोपरि माननेवाली रानी दुर्गावती को दासत्व का जीवन मंजूर नहीं था, उन्होंने दूसरा रास्ता अपनाया। वे कहा करती

थीं—"जीवन का अंतिम सत्य मृत्यु है, समर्पण से वह एक क्षण आगे नहीं बढ़ेगी, तब जिसे कल स्वीकार करना हो, वह आज ही सही।" बस इसी उद्घोष के साथ वे हाथ में तलवार लेकर विंध्याचल की पहाड़ियों में मोर्चा लगाकर बैठ गईं।

युद्ध का पहला दिन रानी के पक्ष में रहा। गोंडवाना के वीरों के साहस और उनके तीरों के अचूक निशाने के सामने मुगल सेना के छक्के छूट गए, किंतु दूसरे दिन पासा पलट गया। मुगल सेनापति आसफ खाँ की मदद के लिए तोपखाना आ गया था। तोप का मुकाबला तीरों से नहीं हो सकता था। तोपों ने गोंडवानों के शौर्य-सम्मान और स्वाभिमान दोनों को धूसरित कर दिया था।

यह लड़ाई 1564 में हुई थी। आसफ खाँ की फौज में 12 हजार पैदल, दस हजार घुड़सवार और इसके साथ एक मजबूत तोपखाना था। इन सबकी खबर रानी को थी। रानी की अपनी सेना मुगल सेना के सामने चौथाई भी नहीं थी। उस पर तोपों की मार। रानी के पास तोपखाना नहीं था। मध्यकाल के इतिहास की सबसे बड़ी विशेषता यही तोपखाना था। प्रत्येक विदेशी आक्रमणकारी तोपखाने के साथ आया और किसी देशी राजा के पास तोपखाना नहीं था। परिणाम यह हुआ कि भारतीय रियासतें सूखे पत्तों की तरह गिरती गईं। अधिकांश ने तो मुकाबला करने की हिम्मत भी नहीं जुटाई। रानी दुर्गावती जैसी हिम्मत इतिहास में कहीं देखने को नहीं मिलती।

राठ महोबा के चंदेल राजा शालिवाहन के घर जन्मी रानी दुर्गावती 1542 में विवाह के बाद गढ़ा-मंडला आई थीं, दुर्भाग्य से पति दलपतशाह की अल्पायु में ही मृत्यु हो गई। रानी का दांपत्य जीवन लगभग 7 वर्ष ही चला, किंतु वे विचलित नहीं हुईं, अपने अबोध बालक वीरनारायण को गद्दी पर बैठाकर राजकाज सँभालने लगीं। कोई पंद्रह वर्षों के शासन प्रबंध में रानी ने अनेक निर्माण कार्य करवाए। रानी की दूरदर्शिता और प्रजाहित चिंतन का अंदाजा इसी से लगाया जा सकता है कि उन्होंने अपने निर्माण कार्यों में जलाशयों, पुलों और रास्तों को प्राथमिकता दी, ताकि नर्मदा के किनारे फैले सुदूर वनों की उपज का व्यापार हो सके और जलाशयों से किसान खेती के लिए पानी जुटा सकें। 'रानीताल', 'चेरीताल', 'आधारताल' जैसे अद्‌भुत निर्माण रानी की दूरदर्शिता और वैज्ञानिक दृष्टिकोण के उदाहरण हैं।

52 गढ़ोंवाले विस्तारित गोंडवाना राज्य की संपन्नता, समृद्धि व विशेषता की यही साख अकबर को रास नहीं आई। उसने पहले रानी के पास समर्पण करने और अधीनता स्वीकार करने का संदेशा भेजा। रानी ने अस्वीकार कर दिया तो फौज चढ़ आई। विसंगति यह रही कि तोपों की मार से जब गोंडवाना की फौज ने पीछे हटना चाहा तो नाले की बाढ़ ने रास्ता रोक दिया। खुद रानी का हाथी आगे न बढ़ पाया।

रानी घेर ली गईं और राजकुमार वीरनारायण घायल हो गए। रानी के घिरते ही फौज में खलबली मची और मोर्चाबंदी बिखर गई।

मुगल फौज की कोशिश रानी को जिंदा गिरफ्तार करने की थी। आगरा से मोर्चा लेने आए सेनापति आसफ खाँ से अकबर ने कहा था कि "वे उस मगरूर औरत को सिर झुकाए सामने खड़ा देखना चाहते हैं।" अपने बादशाह के हुक्म को पूरा करने के लिए आसफ खाँ ने पहले रानी की टुकड़ी बाकी फौज से अलग करने और फिर गिरफ्तार करने की रणनीति पर काम किया। इसीलिए पहले राजकुमार पर हमला हुआ और रानी को घायल करके भागने का मौका दिया गया। पुत्र के घायल होने और सेना के बिखरने से रानी को शत्रु सेनानी की चाल का अंदाजा हो गया था। उन्हें अपने भविष्य की और जीवन की पराधीनता साफ दिखी। उन्होंने रणभूमि में स्वयं को कटार भोंक ली और अपने प्राण देकर संकल्प पूरा किया था।

वीरांगना रानी दुर्गावती का नाम आज स्वाभिमान और स्वतंत्रता का पर्याय बन गया है। वे एक कहानी में बदलकर महाकौशल और गोंडवानों के घर-घर में समा गईं। वे स्वतंत्रता का प्रतीक और आस्था का केंद्र बन अमर हो गईं। रानी दुर्गावती ने एक ऐसी बलिदानी परंपरा की शुरुआत की, जिस पर आनेवाली पीढ़ियाँ सदैव गर्व करेंगी।

□

दूधा

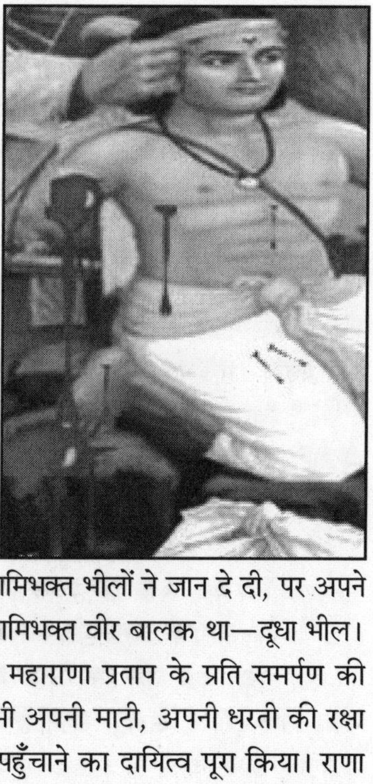

महाराणा प्रताप के स्वराज्य के संकल्प में भील जनजाति की बड़ी भूमिका रही है। जहाँ वे रणभूमि में राणा के साथ खड़े थे तो वहीं जंगल में पलायन के समय उनकी रक्षा, सुरक्षा और भोजन की व्यवस्था भी की। यही कारण है कि राणा ने कई सरदारों को तो भिल्ल राज की उपाधि भी दी है।

राणा प्रताप का स्वराज युद्ध, अपनी धरती, अपना समाज, अपना धर्म और संस्कृति की रक्षा के लिए था। मुगलों के हमले और निरंतर युद्ध अभियान के बाद एक समय यह भी आया कि राणा को जंगल में रहना पड़ा, तब समूची भील जनजाति के लोगों ने उनके भोजन की व्यवस्था की थी। स्वामिभक्त भीलों ने जान दे दी, पर अपने राणा की व्यवस्था में लगे रहे, ऐसा ही एक स्वामिभक्त वीर बालक था—दूधा भील।

राजस्थान के दूधा भील देशभक्ति और महाराणा प्रताप के प्रति समर्पण की अनूठी मिसाल हैं, उन्होंने घायल अवस्था में भी अपनी माटी, अपनी धरती की रक्षा के लिए जंगल में निवासरत राणा को भोजन पहुँचाने का दायित्व पूरा किया। राणा प्रताप के धर्म, संस्कृति और राष्ट्र को बचाने के संघर्ष और संकल्प में दूधा ने अपना बलिदान दे दिया।

एक बार महाराणा प्रताप पुंगा की पहाड़ी बस्ती में रुके हुए थे। बस्ती के भील बारी-बारी से प्रतिदिन राणा प्रताप के लिए भोजन पहुँचाया करते थे। इसी कड़ी में एक दिन दूधा की बारी थी, लेकिन उसके घर पर अन्न का दाना भी नहीं था। दूधा की माँ पड़ोस से आटा माँगकर ले आई और रोटियाँ बनाकर दूधा को देते हुए बोली

कि ले, यह पोटली महाराणा को दे आ। दूधा ने खुशी-खुशी पोटली उठाई और पहाड़ी पर दौड़ते-भागते चल दिया।

घेराबंदी किए बैठे अकबर के सैनिकों को दूधा को देखकर शंका हुई, एक ने आवाज लगाकर पूछा, क्यों रे। इतनी जल्दी-जल्दी कहाँ भागा जा रहा है, दूधा ने बिना कोई जवाब दिए अपनी चाल बढ़ा दी। मुगल सैनिक उसे पकड़ने के लिए उसके पीछे भागने लगा, लेकिन उस चपल-चंचल बालक का पीछा वह जिरह-बख्तर में कसा सैनिक नहीं कर पा रहा था। दौड़ते-दौड़ते सैनिक एक चट्टान से टकराया और गिर पड़ा, इस क्रोध में उसने अपनी तलवार चला दी।

तलवार के वार से बालक की नन्ही कलाई कटकर गिर गई। खून फूटकर बह निकला, लेकिन उस बालक की हिम्मत देखिए, नीचे गिर पड़ी रोटी की पोटली उसने दूसरे हाथ से उठाई और फिर सरपट दौड़ने लगा, बस उसे तो एक ही धुन थी—कैसे भी करके राणा तक रोटियाँ पहुँचानी है। रक्त बहुत बह चुका था। अब दूधा की आँखों के आगे अँधेरा छाने लगा, उसने चाल और तेज कर दी तथा जंगल की झाड़ियों में गायब हो गया। सैनिक हक्के-बक्के रह गए कि कौन था यह बालक!

जिस गुफा में राणा परिवार सहित निवासरत थे, वहाँ पहुँचकर दूधा चकराकर गिर पड़ा। उसने एक बार और शक्ति बटोरी और आवाज लगाई—राणाजी!

आवाज सुनकर महाराणा प्रताप बाहर आए। एक कटी कलाई और एक हाथ में रोटी की पोटली लिये खून से लथपथ 12 साल का बालक युद्धभूमि के किसी भैरव से कम नहीं लग रहा था।

राणा ने उसका सिर गोद में ले लिया और पानी के छींटे मारकर होश में लाए। टूटे शब्दों में दूधा ने इतना ही कहा, राणाजी···ये रोटियाँ···माँ ने भेजी हैं।

फौलादी प्रण और तनवाले राणा की आँखों से झरना फूट पड़ा, वह बस इतना ही कह सके, बेटा, तुम इतने बड़े संकट में क्यों पड़े।

वीर दूधा ने कहा, अन्नदाता! आप तो पूरे परिवार के साथ संकट में हैं, माँ कहती हैं आप चाहते तो अकबर से समझौता कर आराम से रह सकते थे, पर आपने धर्म और संस्कृति की रक्षा के लिए सबकुछ छोड़ दिया, उसके आगे मेरा त्याग तो कुछ नहीं है।

इतना कहकर वह वीरगति को प्राप्त हो गया।

राणाजी की आँखों में आँसू थे। मन में कहने लगे···

धन्य है तेरी देशभक्ति, तू अमर रहेगा, मेरे बालक! तू अमर रहेगा!

□

वीर नारायण सिंह

भारत के प्रथम स्वाधीनता संग्राम 1857 में छत्तीसगढ़ से कई योद्धाओं ने भाग लिया। इस क्षेत्र से क्रांति का नेतृत्व किया वीर नारायण सिंह ने। बिंझवार जनजाति के जननायक वीर नारायण सिंह का जन्म 1795 में रायपुर जिले में बलौदा बाजार तहसील के सोनाखान में हुआ था। वीर नारायण सिंह को स्वत्व और स्वाभिमान की चेतना अपने पिता से मिली। उनके पिता श्री रामराय ने 1818-19 में बिंझवार जनजातियों के साथ अंग्रेजों के विरुद्ध तलवार उठाई थी। यही वजह थी कि जमींदार रामराय का सदैव सम्मान बना रहा। वर्ष 1830 में श्री रामराय की मृत्यु के उपरांत उनके पुत्र वीर नारायण को जमींदार बनाया गया।

सोनाखान रिसायत पूर्णत: वनों से आच्छादित क्षेत्र था। यहाँ खाद्यान्न साहूकारों के द्वारा ही पहुँचाया जाता था। जब 1856 में छत्तीसगढ़ में अकाल पड़ा तो जो व्यापारी अनाज भेजते थे, उन्होंने अनाज संगृहित कर लिया। वीर नारायण सिंह अपने क्षेत्र में भुखमरी को लेकर व्यथित थे। उन्होंने व्यापारियों को सबक सिखाने का निर्णय लिया और एक व्यापारी माखन के गोदाम का सारा धान्य किसानों में बाँट दिया। व्यापारी ने इसकी शिकायत अंग्रेज डिप्टी कमिश्नर से कर दी।

अंग्रेज अधिकारी वीर नारायण सिंह के विरुद्ध कार्यवाही करने के लिए अवसर की तलाश में थे और उन्हें अवसर मिल गया। व्यापारी की शिकायत के आधार पर वीर नारायण सिंह को 24 अक्तूबर, 1856 को गिरफ्तार किया और रायपुर जेल में डाल दिया। अंग्रेजों ने जहाँ अकाल से पीड़ित गरीबों को अन्न की व्यवस्था करनेवाले वीर नारायण सिंह पर लूटपाट और डकैती का आरोप लगाया और जेल में बंद कर दिया वहीं, अंग्रेजों के चाटुकार शोषक व्यापारियों को संरक्षण दिया।

वर्ष 1857 में जब देश भर में क्रांति की लहर थी। मई 1857 में मेरठ से शुरू हुआ दावानल रायपुर तक पहुँचा तो यहाँ के सैनिकों को अवसर की तलाश थी। वे अपने नायक वीर नारायण सिंह को जेल से बाहर निकालने के प्रयास में लग गए। आमजन तथा सैनिकों के सहयोग से यह संभव हुआ और वीर नारायण सिंह 28 अगस्त, 1857 को जेल से निकलने में सफल हो गए। 28 दिनों बाद वीर नारायण सिंह सोनाखान पहुँचे। लोगों का मनोबल लौट आया। अपने नायक को देखकर वहाँ के लोग झूम उठे।

वीर नारायण सिंह ने 300 सैनिकों की एक सेना निर्मित की। रायपुर का डिप्टी कमिश्नर स्मिथ वीर नारायण सिंह के नेतृत्व में होनेवाली सैनिक तैयारी की सूचना जानकर तिलमिला गया। स्मिथ जानता था कि आमजन और सिपाही दोनों ही वीर नारायण के साथ हैं। इसीलिए उसने सोनाखान पर हमले के लिए सैनिक टुकड़ी भेजी। इस टुकड़ी में बड़ी संख्या में अंग्रेज घुड़सवार और सैनिक थे तथा मात्र 80 बेलदार भारतवासी थे। इन बेलदारों को जब पता चला कि उन्हें सोनाखान पर हमला करना है तो उसमें से 30 बेलदारों ने जाने से मना कर दिया।

स्मिथ जब अपने फौज-फाटे के साथ सोनाखान पर हमला करने पहुँचा तो वहाँ दृश्य ही कुछ और था। सारा गाँव खाली हो गया था। यह देख स्मिथ गुस्से से आगबबूला हो गया। उसने खाली घरों पर ही गोलियाँ चलाईं और मकानों में आग लगा दी। सोनाखान जलकर राख हो गया।

अपने गाँव को राख के ढेर में बदलता देख वीर नारायण स्वयं को रोक नहीं पाए। उन्होंने युद्ध की पूरी तैयारी कर ली थी। जब स्मिथ सोनाखान से वापस जा रहा था, तभी एक पहाड़ी के पीछे से वीर नारायण सिंह ने उस पर गोलियाँ बरसाईं। किसी तरह स्मिथ निकल भागा। 2 दिसंबर को स्मिथ की फौज की सहायता के लिए कटंगी से अंग्रेजी फौज आ गई।

अब स्मिथ के पास विशाल सेना थी। उसने पूरी पहाड़ी को चारों ओर से घेर लिया। क्रांतिकारियों और अंग्रेजी फौज के बीच घमासान युद्ध शुरू हो गया। अंग्रेजों

की सेना संख्या में भी अधिक थी तथा हथियारों से भी समृद्ध थी। क्रांतिकारी संख्या में कम थे, उनके पास हथियार सीमित थे। कुछ समय युद्ध चला, लेकिन जैसे ही क्रांतिकारियों के पास गोलियाँ समाप्त हो गईं, अंग्रेजी फौज ने मौत का तांडव रचा। वीर नारायण सिंह को कैद कर लिया गया, उन्हें रायपुर जेल में डाला गया।

न्याय के नाटक में वीर नारायण सिंह पर सत्ता के विरुद्ध विद्रोह का मुकदमा चलाया गया और न्यायाधीश ने मृत्युदंड की सजा सुनाई। 10 दिसंबर, 1857 को वीर नारायण सिंह को रायपुर नगर के बीच स्थित चौक में फाँसी दे दी गई। समूचा सोनाखान क्षेत्र अपने जननायक की स्मृति में शोक संतप्त हो गया।

□

नानक भील

नानक भील ने राजस्थान में किसानों तथा आमजनों को अपने अधिकारों और अंग्रेजों से स्वतंत्रता के लिए जागरूक किया। अपने क्षेत्र में झंडा गीत के माध्यम से अंग्रेजों का विरोध किया। झंडा गीत ने लोगों में नया उत्साह भर दिया। सामंती लाग-बाग और बैठ-बेगार से व्यथित होकर 13 जून, 1922 को डाबी गाँव में किसान आंदोलन का आयोजन किया गया। अंग्रेजों की गोलीबारी से विचलित हुए बिना नानक भील झंडा गीत गाते हुए आगे बढ़े। पुलिस ने गोली चला दी। वनवासी नेतृत्व नानक भील किसान आंदोलन में बलिदान हो गए।

यह वह समय था जब देश में परतंत्रता से मुक्ति के लिए स्वतंत्रता की अलख जाग उठी थी। तब राजस्थान में स्वतंत्रता की लौ किसान आंदोलन से प्रज्वलित हुई। राजस्थान के किसान आंदोलनों में बरड़ का किसान आंदोलन प्रमुख है। यह भारत के इतिहास में सबसे लंबे समय तक चलनेवाले बिजोलिया किसान आंदोलन का एक भाग था। 1922 में बूँदी रियासत (वर्तमान बूँदी जिला) के बरड़ क्षेत्र में अंग्रेजों की किसान विरोधी नीतियों से त्रस्त किसानों का आंदोलन प्रारंभ हुआ था।

बूँदी के बरड़ क्षेत्र में डाबी नामक स्थान पर राज्य की ओर से बातचीत द्वारा

किसानों की समस्याओं को दूर करने के लिए किसान सम्मेलन का आयोजन किया गया। वार्ता के सभी प्रयास विफल हुए, अंग्रेजी पुलिस ने किसानों पर गोलीबारी शुरू कर दी। झंडा गीत गाते हुए एक जनजाति क्रांतिकारी युवा 'नानक भील' बलिदान हो गए थे।

क्रांतिकारी नानक भील का जन्म 1890 में बरड़ क्षेत्र के धनेश्वर गाँव के जनजाति परिवार में हुआ था, उनके पिता का नाम भेरू लाल भील था। मेवाड़ और दक्षिण राजस्थान में जो प्रयास गोविंद गुरु और मोतीलाल तेजावत कर रहे थे, वही कार्य बरड़ में नानक भील कर रहे थे। गोविंद गुरु और मोतीलाल तेजावत को आदर्श माननेवाले स्वभाव से ही साहसी, निर्भीक और जागरूक युवा नानक भील स्वाधीनता आंदोलन में अग्रणी भूमिका में थे। वे क्षेत्र के हर गाँव, दाणी में झंडा गीतों के माध्यम से लोगों को जागृत कर स्वराज का संदेश पहुँचा रहे थे।

13 जून, 1922 को डाबी तालाब की पाल पर अंग्रेजों के दमन, शोषण, बेगारी, चराई, कर आदि की समाप्ति के उद्देश्य से आयोजित किसान सम्मेलन में बड़ी संख्या में लोग एकत्रित हुए। युवा नानक भील वहाँ लोगों को जागृत कर रहे थे, तभी अंग्रेजों द्वारा गोलीबारी की गई, जिससे वहाँ भगदड़ मच गई, लेकिन नानक भील ने झंडा लहराकर, झंडा गीत गाते हुए अंग्रेजों का विरोध जारी रखा। इसी दौरान पुलिस द्वारा की गई गोलीबारी से युवा नानक भील के सीने पर तीन गोलियाँ लगीं। क्रांतिकारी युवा नानक भील स्वतंत्रता के लिए झंडा गीत गाते हुए बलिदान हो गए।

लोगों ने बलिदानी नानक भील के शव को गाँव-गाँव में घुमाया और प्रत्येक घर से प्राप्त नारियलों से बनी चिता पर उनका अंतिम संस्कार किया गया।

नानक भील का बलिदान व्यर्थ नहीं गया। इस आंदोलन से यहाँ के किसानों को कुछ रियायतें प्राप्त हुईं, भ्रष्ट अधिकारियों को दंडित किया गया तथा राज्य के प्रशासन में सुधारों का सूत्रपात हुआ। जिससे किसानों और आम जनता को राहत मिली, उनमें नवीन जागृति उत्पन्न हुई और उन्होंने अपने लिए आवाज उठाना शुरू किया।

राजस्थान के किसान आंदोलन में बरड़ के किसान आंदोलन के साथ 'नानक भील' का नाम प्रमुखता से लिया जाता है।

क्रांतिकारी 'नानक भील' बरड़ का वह भील रत्न है, जिसने अपनी जनजाति परंपरा के अनुरूप अपने समाज और राष्ट्र हित में अपना बलिदान दिया।

□

नाग्या महादू कातकरी

भारत को स्वतंत्र कराने के लिए अनगिनत वनवासियों ने यातनाएँ सहीं, अपने प्राण न्योछावर किए। जंगल और गिरिवनों में रहनेवाली जनजातियों के कई युवक और युवतियों का बलिदान आज भी प्रेरक है। स्वाधीनता के अमर बलिदानियों में से एक हैं कातकरी समाज के बलिदानी 'नाग्या महादू कातकरी'। उन्होंने वनवासियों के स्वत्व और स्वाभिमान की रक्षा के लिए 25 सितंबर, 1930 को चिरनेर जंगल सत्याग्रह में भाग लिया।

मात्र बीस वर्ष की आयु में देश की स्वाधीनता के लिए बलिदान होनेवाले नाग्या कातकरी का महाराष्ट्र के रायगढ़ जिले के चिरनेर नाम के छोटे से गाँव में जन्म हुआ था। वे कातकरी समाज से थे। पिता का नाम महादू तथा माता का नाम 'जाखी बाई' था। इनके दो भाई-बहन थे। कातकरी समाज के रीति-रिवाजों के अनुसार कम आयु में उनकी शादी हो गई।

जब नाग्या कातकरी मात्र बीस वर्ष के होंगे, तभी गांधीजी ने दांडी यात्रा कर नमक कानून तोड़ा और नमक सत्याग्रह शुरू किया। जहाँ बंदरगाह नहीं थे, वहाँ

जंगल सत्याग्रह ने स्वरूप लिया। अंग्रेजों ने वनवासियों के जंगल छीनकर उनके स्वत्व पर हमला किया था। प्रकृति पुत्र को उसकी प्रकृति से अलग करने का अपराध किया था। स्वतंत्रता-प्रिय वनवासी भला यह कैसे सहन कर सकते थे। देशभर में गांधीजी के आह्वान पर नमक सत्याग्रह और जंगल सत्याग्रह हुआ तभी महाराष्ट्र के कुरनबा जिले के पनवेल के पास जंगल सत्याग्रह किया गया। 25 सितंबर, 1930 तारीख निश्चित की गई। नाग्या ने पनवेल के सहकारियों के साथ, चिरनेर तथा आस-पड़ोस की बस्तियों में छोटी सभाएँ लेकर लोगों को समझाया कि अंग्रेज सरकार अत्याचार कर रही है। आपका हक छीन रही है। 'नहीं रखनी, नहीं रखनी, यह जालिम सरकार नहीं रखनी।' इस तरह के प्रेरक आह्वान से लोगों का स्वाभिमान जागृत किया। नाग्या ने उन्हें सत्याग्रह का अर्थ बताया, सत्याग्रह क्यों करना चाहिए, इसके कारण और महत्त्व को सहज, सरल तरीके से समझाया इससे लोगों में नवीन चेतना जागृत हुई।

नाग्या कातकरी के मन में तो तूफान चल रहा था, उन्हें राह मिल गई। अंग्रेजों के उत्पीड़न को उन्होंने करीब से देखा था। अंग्रेजों की अवज्ञा करने और उन्हें देश निकाला करने का यह अवसर देख वे उत्साहित हो गए।

नाग्या ने पनवेल के जंगल सत्याग्रह की जिम्मेदारी ली। इस समूचे आंदोलन का नेतृत्व किया। पूरे जोश के साथ सभी तैयारियाँ कीं, लोगों को इसमें शामिल होने के लिए प्रेरित किया।

नाग्या के नेतृत्व में सारी बस्ती के युवक और युवतियाँ आंदोलन के लिए तैयार हुए। 25 सितंबर को चिरनेर से 3 किलोमीटर पर अक्कादेवी के मंदिर में हजारों की संख्या में स्त्री-पुरुष एकत्रित हुए। पेड़ काटने के लिए नाग्या और अन्य साथियों ने छोटी कुल्हाड़ियाँ साथ रखी थीं। सबने वंदे मातरम् का उद्घोष किया। जंगल काटकर सत्याग्रह शुरू किया।

यह देख पाटिल इंस्पेक्टर बहुत क्रोधित हुआ। पुलिस की तरफ से गोलियाँ चल गई और अफरा-तफरी मच गई। कई लोग घायल हुए। इस आंदोलन में नाग्या की बहन ठकी भी शामिल थी। पिताजी महादू भी आ पहुँचे। घायल स्थिति में नाग्या को सहारा देकर घर ले गए।

कई घायलों को पनवेल के अस्पताल में पहुँचाया गया, वहाँ उनका इलाज होने लगा। नाग्या के पिता को डर था कि पुलिस नाग्या को पकड़ लेगी। नाग्या को दवाइयों की जरूरत थी। यह नाग्या की सहनशक्ति की पराकाष्ठा थी कि उन्होंने घावों के असहनीय दर्द को सहा। बिना इलाज और भूख के कारण नाग्या ने आखिरी

साँस ली। बस्ती ने नाग्या का प्रिय गीत 'लेंगे स्वराज्य, लेंगे' गाते-गाते उन्हें अंतिम विदाई दी।

नाग्या कातकरी ने यह साबित कर दिया कि कोई भी दर्द, कोई भी पीड़ा और भूख-प्यास से बड़ी भारत की स्वतंत्रता की अभिलाषा है। नाग्या ने भारत की स्वतंत्रता के लिए बलिदान दिया। मात्र 20 वर्ष की आयु में किए गए नाग्या के बलिदान को शत-शत नमन।

□

नीरा और सैला

जब भी देश पर विदेशियों ने हमला किया है। भारत की महिलाओं ने रणरंग में अपने पुत्रों को गर्व से विदा किया है। वे माताएँ भी धन्य हैं और वे बेटियाँ भी जिन्होंने युद्ध में मोर्चा थामा, बंदूकें उठाईं और रणभूमि में ही अपने प्राण न्योछावर कर दिए। जनजातीय वीरांगनाओं का अमर इतिहास है। ऐसी ही मोनपा जनजाति की दो वीरांगनाएँ थीं—नीरा और सैला, जिन्होंने 1962 में चीन के साथ होनेवाले युद्ध में रसद, भोजन पहुँचाया और जरूरत पड़ने पर हथियार भी उठा लिये। दोनों ने अंत तक दुश्मनों से युद्ध किया। अपना बलिदान किया, लेकिन देह को दुश्मन के हाथ नहीं लगने दिया।

वर्ष 1962 की बात है, जब चीन के साथ भारत का युद्ध प्रारंभ हो गया था। इस युद्ध में अरुणाचल प्रदेश की दो मोनपा जनजाति की बहनें नीरा और सैला ने अपनी सभ्यता, संस्कृति और प्राणों से प्यारी धरती को बचाने के लिए अपना जीवन त्याग दिया।

जब चीनी सेना ने मैकमोहन लाइन को पार करते हुए विभिन्न दर्रों से हमारे देश में घुसपैठ की थी और भारतीय सेना ने इसे बचाने के लिए लड़ाई लड़ी थी। युद्ध के समय जब चीनी सैनिकों ने जोमिथांग और तवांग पर कब्जा कर लिया था और आगे की ओर बढ़ रहे थे, वहाँ जंग में जो चौथी गहरवाल रेजिमेंट की भारतीय सैनिक टुकड़ी थी, उन्होंने बहादुरी से मोर्चा लिया और चीनियों के विरुद्ध मजबूत बचाव किया। इस लड़ाई में जसवंत सिंह रावत के अलावा अन्य सभी भारतीय सैनिकों को चीनियों ने मार दिया था। जसवंत सिंह रावत ने अकेले ही यहाँ तीन दिनों तक चीनी सेनाओं से देश की रक्षा की और 200 से अधिक चीनी सैनिक मार गिराए।

इस बीच दो मोनपा जनजाति की बालिकाएँ नीरा और सैला ने भारतीय सैनिकों के लिए भोजन और पानी की आपूर्ति की थी। इन दोनों बालिकाओं ने युद्ध

के मैदान में भोजन और पानी भी पहुँचाया और सैनिक बनकर घमासान युद्ध भी किया। जब जसवंत सिंह रावत के अलावा सभी भारतीय सैनिक चीनियों के द्वारा मार दिए गए, तब दोनों बहनें नीरा और सैला ने शस्त्र उठा लिए, उन्होंने बंदूकें चलाईं, शत्रुओं पर बम फेंके। कई चीनी सैनिक मारे गए और बहुत से चीनी सैनिक घायल भी हुए। दोनों बहनों ने ऐसी व्यवस्था की थी कि चीन के सैनिकों को लगा कि भारतीय सैनिकों की एक बड़ी पलटन युद्ध कर रही है, लेकिन तीन दिन के बाद चीनी सैनिकों को जब यह पता चला कि यहाँ तो केवल एक भारतीय सैनिक बचा है, तब चीनियों ने जसवंत सिंह रावत को पकड़कर मार डाला।

अब युद्ध भूमि में मात्र दो बहनें बची थीं। चीनी सेना उन्हें देखकर आश्चर्यचकित थी। गाँव की दो बालिकाओं द्वारा युद्ध में मोर्चा लेना उनकी कल्पना से परे था। चीनी सेना के जवानों ने उन्हें पकड़ने का विचार किया। नीरा और सैला को पकड़ने के लिए चीनी सैनिकों ने पीछा किया, लेकिन दोनों बालिकाएँ वनवासी योद्धा थीं। नीरा पश्चिम की ओर चली गई और दुश्मन से खुद को बचाने के लिए जंगल की पहाड़ियों से कूद गई। दूसरी ओर सैला पूर्व की ओर बढ़ी और पीक पर चढ़ गई और वहाँ से नीचे कूद गई। ऐसी अमर बलिदानी वीरांगनाओं पर देश को गर्व है।

□

नीलांबर-पीतांबर

भारत के प्रथम महासंग्राम में सभी वर्गों, सभी श्रेणियों ने मिलकर युद्ध किया। चूँकि वनांचल में तो स्वाधीनता की चेतना 1857 के पूर्व से ही जागृत हो गई थी। स्वतंत्रता प्रिय वीर वनवासियों ने अंग्रेजों की पराधीनता को कभी नहीं स्वीकारा। वनवासियों का यह आरंभिक संघर्ष ही आगे चलकर दावानल बन गया।

जब देश भर में 1857 के महासंग्राम की चिनगारी फूट पड़ी थी, हर तरफ एक ही विचार, एक ही धारा थी कि फिरंगियों को देश निकाला किया जाए। इस स्वाधीनता यज्ञ में खरवार जनजाति के नीलांबर–पीतांबर ने झारखंड में मोर्चा लिया।

21 अक्तूबर, 1857 को उन्होंने क्रांति युद्ध की शुरुआत की। चैनपुर, चतरा, टोरी, पलामू क्षेत्र में अंग्रेजों पर लगातार हमले किए।

गढ़वा जिले से 65 किलोमीटर दूरी पर भंडरिया प्रखंड है। इसी प्रखंड में वनांचल की गोद में बसा चेमो-सनया गाँव है। इसी गाँव में एक खरवार जनजाति परिवार के घर दो बच्चों का जन्म हुआ। उनका नाम था नीलांबर-पीतांबर। माता का नाम सनिया देवी और पिता का नाम चेमो सिंह था। जब कभी नीलांबर-पीतांबर माता-पिता या गाँववालों के साथ एक गाँव से दूसरे गाँव को आया-जाया करते थे, तब उन्हें गोरी चमड़ीवाले लोग दिखाई पड़ जाते थे। माता-पिता से पूछने पर उन्हें पता चला कि विदेश से आए हुए अंग्रेज हैं। इन्होंने हमारे देश को पराधीन बनाया है और यहाँ का राजा बनकर राज कर रहे हैं।

दोनों भाइयों को यह बात कष्टकर लगी। आखिर बाहर से आए फिरंगी हमारे देश में राज क्यों कर रहे हैं? उन्होंने अपने पिता से कई प्रश्न पूछे। तमाम सवाल-जवाब के बाद उन्हें यह बात समझ में आई कि अंग्रेजों ने हमें पराधीन किया है और इन्हें देश निकाला करने के लिए सभी देशवासियों को युद्ध करना होगा। तभी दोनों भाइयों ने तय किया कि युवा साथियों को युद्ध कला सिखाकर अंग्रेजों से युद्ध करेंगे और देश को स्वतंत्र करके ही दम लेंगे। उन्होंने युवा साथियों की टोली बनाई और उन्हें तलवार चलाने और युद्ध करने में पारंगत किया। मई 1857 में पीतांबर कुछ विशेष कार्य से राँची आए हुए थे। उन्हें पता चला कि राँची में अंग्रेजों के विरुद्ध सैनिकों ने विप्लव कर दिया है। घर आकर उन्होंने बड़े भाई नीलांबर को यह समाचार बताया।

दोनों भाइयों को वह राह मिल गई, जिसकी उन्हें तलाश थी। उन्हें पूरा विश्वास था कि देशव्यापी महासंग्राम के बाद हम स्वतंत्र हो जाएँगे। हमारा अपना राज होगा। अंग्रेजी राज का शोषण समाप्त हो जाएगा। 21 अक्तूबर, 1857 को नीलांबर-पीतांबर ने युद्ध अभियान छेड़ दिया।

चेरों राजा ने अपने सभी सैनिकों को रात में बुलाकर एक बैठक की और सैनिकों से आह्वान करते हुए कहा कि देश को स्वतंत्र कराने के लिए अंग्रेजों के विरुद्ध संघर्ष शुरू हो गया है। इस युद्ध में हमारे क्षेत्र का नेतृत्व नीलांबर-पीतांबर कर रहे हैं। हमें इनका साथ देना है। सब एकमत हो गए, सभी सैनिकों ने नीलांबर-पीतांबर के नेतृत्व में युद्ध करना स्वीकार किया। नवंबर 1857 में चतरा टोरी से लेकर पलामू क्षेत्र में संघर्ष हुआ। 27 नवंबर, 1857 को भोक्ता, खरवार, चेरो के एक विशाल समूह ने राजहरा स्टेशन को घेर लिया। अंग्रेज सेना संकट में थी, इसलिए अंग्रेज ग्रंडी और मेजला चले गए।

21 जनवरी, 1857 को पुनः पलामू किले में अंग्रेजों और नीलांबर-पीतांबर के

बीच संग्राम छिड़ा। यहाँ पर एक तरफ नीलांबर-पीतांबर की सेना तो दूसरी तरफ कर्नल डाल्टन की सेना और लेफ्टिनेंट ग्राह्म की संयुक्त सेना मिलकर लड़ रही थी। दुर्योग से इस युद्ध के दौरान जगतपाल सिंह खरवार अंग्रेजों से जाकर मिल गया। नीलांबर-पीतांबर की रणनीति जाननी चाही। इन दोनों देशभक्तों ने जान देकर भी कुछ नहीं बताया। लेफ्टिनेंट ग्राह्म ने लगातार हमले कर नीलांबर-पीतांबर के क्रांति क्षेत्र को कमजोर कर दिया। नीलांबर-पीतांबर को पकड़ने के लिए इनाम घोषित किया गया, जागीर का प्रस्ताव रखा। अंग्रेजों ने गाँववालों पर दवाब डाला, पर किसी ने मुँह नहीं खोला। नीलांबर-पीतांबर निर्दोष भाई-बहनों और माताओं पर अंग्रेजों द्वारा किए जानेवाले अत्याचार को देखकर बहुत दुःखी हो गए। वह उनसे मिलने पहुँचे, गद्दारों ने इस गुप्त योजना को कर्नल डाल्टन को जाकर बता दिया। सूचना मिलते ही कर्नल डाल्टन के सैनिकों ने उन्हें घेर लिया। अंग्रेजी फौज और नीलांबर-पीतांबर के बीच युद्ध शुरू हो गया।

अंग्रेजों की सेना संख्या में अधिक थी और हथियारों से समृद्ध भी। नीलांबर-पीतांबर ने युद्ध जारी रखा। सेना से युद्ध करते हुए नीलांबर-पीतांबर रणक्षेत्र में गिरफ्तार कर लिये गए। दोनों भाइयों ने धरती माँ का चरण स्पर्श किया और फाँसी के फंदे पर झूलकर 28 मार्च, 1858 को बलिदान दिया।

स्वाधीनता के लिए अंत तक रणभूमि में मोर्चा लेने और हँसते-हँसते फाँसी के फंदे पर झूलकर प्राण न्योछावर करनेवाले वनवासी भाइयों का अमर बलिदान इतिहास का स्वर्णिम अध्याय है।

□

नंतराम नेगी

वनवासी वीर पराक्रमी और शौर्यवान होने के साथ स्वामीभक्त होते हैं। अपनी धरती, अपने राष्ट्र का बोध उनके अंतस में समाया हुआ है। इसीलिए जब भी किसी विदेशी आक्रांता ने हमला किया, जनजातीय सैनिक अथवा सेनानायकों ने संपूर्ण दृढ़ता के साथ युद्ध किया और विदेशियों को मार भगाया। रणभूमि में अपने प्राणों की चिंता किए बगैर बलिदान दिया। देश के अधिकतर क्षेत्रों में वनवासियों के शौर्य और बलिदान के आख्यान हैं। जनजातियों की बलिदानी परंपरा के अनुरूप जौरसार जनजाति के वनवासी योद्धा नंतराम नेगी ने रूहेला आंक्रांताओं से युद्ध किया।

मात्र 25 वर्ष की आयु में आक्रांता रुहेला के विरुद्ध युद्ध का मोर्चा थामा। सिरमौर रियासत की रक्षा के लिए महाराजा शमशेर प्रकाश की सैन्य टुकड़ी का नेतृत्व किया। शूरवीर नंतराम नेगी ने रुहेला सरदार के शिविर में घुसकर उसका सिर धड़ से अलग कर दिया। रुहेला सेना हार गई, लेकिन वीर नंतराम नेगी रणभूमि में ही शहीद हो गए।

ऐसे महान् योद्धा वीर नंतराम नेगी का जन्म सन् 1756 में जौनसार बावर के ग्राम मलेथा में हुआ था। उस समय जौनसार क्षेत्र सिरमौर सियासत का ही अंग

था। सिरमौर सियासत की राजधानी नाहन थी और राजा शमशेर प्रकाशजी वहाँ के शासक थे।

नंतराम किशोरावस्था में ही शस्त्र विद्या में निपुण हो गए थे। उनकी अलौकिक प्रतिभा तथा युद्ध कौशल के कारण उन्हें सिरमौर की सेना में स्थान मिला। अपनी प्रतिभा के बल पर कुछ ही समय पश्चात् नंतराम नेगी को सिरमौर रियासत की सेना में एक सैन्य टुकड़ी का मुखिया बना दिया गया। सन् 1781 में सूबेदार गुलाम कादिर रुहेला ने सहारनपुर को जीतकर अपनी सेना के साथ यमुना पार करके पाँवटा दून, जहाँ आज का पाँवटा साहिब नगर है, में अपना पड़ाव डाल दिया। गुलाम कादिर की योजना नाहन पर हमला करने की थी।

महाराजा शमशेर प्रकाश के सेनापति भूप सिंह ने नंतराम को इस युद्ध की बागडोर सौंपी। वीर नंतराम अपनी विशेष सैन्य टुकड़ी के साथ पाँवटा दून के मैदान में पहुँच गए। आधी रात के समय नंतराम नेगी ने अवसर देखकर हमला बोल दिया। दोनों ओर से सेनाओं में युद्ध हुआ, नंतराम नेगी ने रुहेला सरदार के शिविर में घुसकर तलवार से उसका सिर धड़ से अलग कर दिया। रुहेला सेना परास्त हुई। दुश्मनों के घेरे में घुसकर वार करना असाधारण कार्य था। वे जानते थे कि रुहेला के शिविर से वापस जिंदा आना असंभव है। वनवासियों के लिए राष्ट्र सर्वोपरि की चेतना ने उन्हें शक्ति दी और उन्होंने वह असंभव कार्य किया। इस युद्ध में नंतराम नेगी भी वीरगति को प्राप्त हुए।

उनके अप्रतिम शौर्य को देखकर महाराजा शमशेर प्रकाश ने नंतरामजी को मरणोपरांत 'गुलदार' की उपाधि प्रदान की। आज भी जौनसार स्थित उनके गाँव को 'मलेथा गुलदार' के नाम से जाना जाता है। मात्र 25 वर्ष की आयु में वीर नंतराम अपने पीछे अविस्मरणीय शौर्य गाथा छोड़कर लोकमानस में सदा के लिए अमर हो गए।

उनकी वीरता के किस्से सैकड़ों वर्षों से जौनसार के गाँवों में, लोकगीतों में गाए जाते हैं। पूरे जौनसार बावर क्षेत्र में प्रसिद्ध हारुल नृत्य उन्हीं की स्मृति में किया जाता है, जो नंतराम के हारुल नाम से प्रसिद्ध है। नंतरामजी के पैतृक गाँव मलेथा में उनकी स्मृति में एक प्राचीन मंदिर बना है। जिसमें हर वर्ष दशहरे के अवसर पर लोग एकत्रित होकर नंतरामजी के शस्त्रों में तलवार, ढाल, बख्तरबंद आदि की पूजा करते हैं। नंतरामजी ने कटासन मंदिर में माँ भवानी की पूजा कर आशीर्वाद लेकर जिस तलवार से रुहेला सरदार का वध किया था, वह तलवार आज भी उस मंदिर में सुशोभित है।

हमारा सौभाग्य है कि ऐसे वीर पुरुष ने भारत भूमि में जन्म लिया। उनकी स्मृति को सँजोकर रखना और आगे हस्तांतरित करना हमारा कर्तव्य है, ताकि आनेवाली पीढ़ियाँ माँ भारती के इस वीर सपूत पर गर्व करती रहें। ऐसे वीर योद्धा और जननायक को शत-शत नमन।

□

पझसी राजा

केरल में हरे-भरे जंगलों से समृद्ध है वायनाड जिला। इस क्षेत्र में कुरुचिया जनजाति निवास करती है। यहाँ के राजा थे—पझसी राजा, जिन्होंने सबसे पहले विदेशी आक्रांताओं के विरोध में हथियार उठाए और लगभग नौ वर्षों तक संघर्ष किया और स्वाधीनता के लिए बलिदान दिया। वायनाड की कुरुचिया जनजाति के स्वत्व और स्वाभिमान की चेतना ठीक वैसी ही थी, जैसी राजस्थान के लुहारों और भीलों की थी। राजस्थान के वनवासियों ने राणा प्रताप के साथ अंत तक आक्रमणकारियों से संघर्ष किया।

इस क्षेत्र के वनवासी गुरिल्ला युद्ध में दक्ष थे। इन्हें गुरिल्ला युद्ध में शूरवीर राजा केरल वर्मा ने पारंगत किया था। राजा केरल वर्मा कोट्टायम वंश के पझसी महल में रहते थे। उस समय पझसी राजा के राज्य में उत्तरी मालाबार के इरीवानाड़, वायनाड और कुरुंबरानाड क्षेत्र शामिल थे।

नेपोलियन को हरानेवाले ड्यूक ऑफ वेलिंग्टन वेलेजली ने पझसी राजा के बारे में कहा था कि पझसी राजा गुरिल्ला युद्ध पद्धति में पारंगत योद्धा हैं। पझसी राजा और वनवासियों के बीच इतना गहरा संबंध था कि उन्होंने राजा के स्वर्गवास के बाद भी इसी गुरिल्ला पद्धति से अंग्रेजों से युद्ध किया।

श्री रंगपट्टनम के युद्ध में टीपू सुल्तान के समर्पण के बाद अंग्रेज इस बात से निश्चिंत हो गए कि भारत में होनेवाला यह अंतिम युद्ध है। अब वे आराम से अपना राज्य विस्तार कर सकते हैं। इस युद्ध के कुछ महीनों बाद ही कोट्टायम के युवा राजकुमार पझसी ने विरोध शुरू कर दिया। जब 1793 में कोट्टायम राज्य के क्षेत्र में अंग्रेजों ने कर लगाना शुरू किया तो पझसी राजा ने राजस्व देने से मना कर दिया। अंग्रेजों के डराने-धमकाने के बावजूद प्रजा अपने राजा के साथ थी। वहाँ के आमजन ने कंपनी को व्यापार के लिए कच्चा माल देना बंद कर दिया। किसानों ने उपज ही नहीं ली। बिना उत्पादन के अंग्रेजों को न कच्चा माल मिला और न ही वे लाभ प्राप्त कर पाए।

लेफ्टिनेंट कर्नल पैट्रिक ने कहा कि—जब तक पझसी राजा जिंदा है, तब तक हममें से किसी का जीवन सुरक्षित नहीं है। अब वे हर हाल में राजा को पकड़कर दंडित करना चाहते थे। योजना अनुरूप अंग्रेज सिपाहियों ने अचानक राजमहल पर हमला किया और लूटपाट मचाई। पझसी राजा जानते थे कि अंग्रेज जरूर घात करेंगे, इसलिए वे परिवार सहित वायनाड के वनों में पहुँच गए। जहाँ वनवासियों ने उनकी सुरक्षा का पूरा ध्यान रखा। राजा ने यह तय किया कि अब प्रत्यक्ष युद्ध के स्थान पर गुरिल्ला युद्ध ही लड़ा जाएगा। वायनाड में जनसेना बनाई गई। कुरुचिया और कुरुमर जनजातियाँ युद्ध कला में पारंगत थीं। राजा के साथ तलक्कर चंदु और नीली जैसे योद्धा थे।

नीली एक कुरुचिया वनवासी महिला थीं, जिन्होंने एक महिला दल निर्मित कर उसे युद्ध कला में दक्ष किया था। स्वाधीनता संग्राम से पूर्व राजा ने वीर वनवासी योद्धाओं को संबोधित करते हुए कहा कि मैं सिंहासन प्राप्त करने का इच्छुक नहीं हूँ, मेरा मुख्य उद्देश्य कंपनी को निकाल बाहर करना है। हमारे मंदिर, हमारे धर्म, हमारी संस्कृति, जीवन शैली, परंपराओं की सुरक्षा करना हमारा लक्ष्य है। हम इस लक्ष्य से पीछे नहीं हट सकते।

राजा ने जो घोषणा की उसका जीवनपर्यंत पालन भी किया। अंग्रेजों ने कई संधि प्रस्ताव भेजे, राजा बनाने का प्रलोभन दिया। लॉर्ड मैनिंगटन ने मद्रास सरकार को सुझाव दिया कि राजा शांति से रहना स्वीकार कर लें तो उसे राजा के रूप में मान्यता, पेंशन, समस्त सुविधाएँ दी जाएँगी।

स्वत्व और स्वाभिमान के पर्याय राजा ने इस प्रस्ताव को सिरे से नकार दिया और क्रांति मोर्चे पर चल दिए। 18 मार्च, 1797 में पझसी राजा के नेतृत्व में वनवासियों ने वायनाड पेरिया दर्रे से जानेवाले ग्यारह सौ अंग्रेज सिपाहियों पर हमला किया। मेजर केमरान की इस सैनिक टुकड़ी के टुकड़े-टुकड़े कर दिए।

सेना की इस पराजय से अंग्रेज भयभीत हो गए। बंबई का गवर्नर जोनाथन डंकन स्वयं स्थिति को देखने के लिए मलाबार पहुँचा। लेफ्टिनेंट कर्नल पैट्रिक और सार्टो रिचेस सभी अपने जीवन को असुरक्षित महसूस कर रहे थे। इसी बीच पझसी राजा ने वायनाड के घने जंगलों में वनवासियों को प्रशिक्षित कर अपनी सेना का विस्तार किया। वर्ष 1800 में बड़ा संग्राम हुआ। इस युद्ध के सेनापति कण्णवत शंकरन, नांबियार, कुगन नायर और तलक्कर चंदु थे।

अंग्रेजों ने अपनी स्थिति मजबूत करने के लिए वहाँ छोटे-छोटे किले बनाना शुरू किया। राजा के हमले निरंतर जारी थे। 16 सितंबर, 1800 को कर्नल वेलेजली

ने कर्नल सरटोलिस को पत्र लिखकर भेजा कि "हमारे सामने इस समय सबसे बड़ी समस्या पझसी राजा का मुकाबला करना है।"

केरल की प्रजा तथा सभी राजा पझसी को पथ प्रदर्शक के रूप में मानने लगी थी। राजा बिना रुके, बिना थके लगातार युद्ध कर रहे थे। उनका एक ही संकल्प था, स्वाधीनता तक मैं संघर्ष जारी रखूँगा।

अंग्रेजों ने युद्ध स्तर पर कार्यवाही शुरू की। राजा के सहयोगी कण्णवत शंकरन, नांबियार, चट्टपन नांबियार, कन्नमचेती नांबियार, चंदू रहमान, कल्लूचमा, कुंडहप्पन को पकड़कर सार्वजनिक रूप से फाँसी दे दी गई। जनवरी 1801 में मेजर मैक्लोड ने पूरे जिले को शस्त्र रहित करने के आदेश दे दिए। अंग्रेजों की अमानवीयता इस स्तर पर जा पहुँची कि उन्होंने जिले के उन सभी तालाबों में जहर घुलवा दिया, जहाँ से पझसी राजा पानी पी सकते थे। इस पर भी क्रांतिकारियों का हौसला बुलंद था।

इस बीच मेजर मैक्लोड ने भूमि संबंधी नया कानून लागू किया। वनवासियों से वनों के अधिकार छीन लिये गए। इससे संपूर्ण क्षेत्र में, जन-जन से विरोध के स्वर गूँजने लगे। अंग्रेजों ने इसे दबाने के लिए 1,200 पुलिसकर्मियों का नया दस्ता बुलवाया। जबकि पझसी राजा की सैनिक संख्या काफी कम थी। राजा ने आह्वान किया कि अपनी महान् परंपरा और आस्था का संरक्षण करो, इसे बचाओ। राजा के साथ समूचा समाज था, सभी लोग भोजन तथा युद्ध सामग्री आदि एकत्र करने में राजा का सहयोग कर रहे थे।

वर्ष 1805 में मालाबार के नए कलेक्टर थॉमस हर्ने बेवर ने दो अधिसूचनाएँ जारी कीं, एक पझसी राजा को किसी भी प्रकार की सहायता का प्रयत्न राजद्रोह घोषित किया गया। दूसरा पझसी राजा की सूचना देनेवाले को तीन हजार पैगोडा (उस समय की प्रचलित मुद्रा) का पुरस्कार दिया जाएगा।

इस पर भी राजा का संघर्ष जारी था। छापामार युद्ध में पारंगत योद्धा हमला कर वन में पलायन करने में सफल हो जाते थे। 30 नवंबर, 1805 को पझसी राजा मैसूर सीमा के पास कांकेर नदी तट पर विश्राम कर रहे थे, तभी कंपनी की सेना ने उन्हें घेर लिया। भीषण युद्ध हुआ। राजा को जब यह अहसास हो गया कि अब पराजय निश्चित है तो उन्होंने अपनी अँगूठी का हीरा खा लिया और अपना बलिदान दे दिया। मानटोड़ी में जिस स्थान पर राजा ने अपने प्राण त्यागे थे, वहाँ कुरुचियाओं ने एक वृक्ष लगाया। यह वृक्ष पझसी राजा के बलिदान के प्रतीक स्वरूप आज भी जीवंत है।

□

पा तोगन एन. संगमा

मेघालय अर्थात् मेघों का घर, सुंदर, सुरम्य पहाड़ीवाला प्रदेश। अंग्रेजों की इस राज्य को हथियाने की बड़ी इच्छा थी। अंग्रेज प्रशासक डेविड स्कॉट ने इस प्रदेश पर अधिकार पाने के लिए निरंतर हमला किया। वीर स्वतंत्रता सेनानी गारो जनजाति के नायक पा तोगन संगमा ने आम जनता के साथ विरोध किया। शूरवीर पा तोगन संगमा को पहला गारो स्वतंत्रता संग्राम सेनानी माना जाता है। मेघालय के स्वतंत्रता सेनानी पा तोगन संगमा ने अंग्रेजी राज को गारो हिल्स क्षेत्र पर अधिकार करने से रोका। जब अंग्रेजी सेना ने 1872 में गारो हिल्स पर हमला किया तो अपनी मातृभूमि की रक्षा के लिए अंग्रेजों से मोर्चा लिया।

पा तोगन संगमा का जन्म सैम गाँव और विलियमनगर के पास ईस्ट गारो हिल्स मेघालय में हुआ। उन्होंने उत्तर-पूर्व भारत में गारो पहाड़ियों में जनजातियों की रक्षा के लिए क्रांति युद्ध का नेतृत्व किया।

अंग्रेजों ने गारो पहाड़ के तुरा में वर्ष 1869 में अपना एक कार्यालय खोला। अंग्रेज अधिकारियों ने गारो पर्वत पर तीन ओर से अधिकार करने की शुरुआत की।

जिलाधिपति डब्ल्यू.जे. विलियम्सन ने 1871 में पश्चिम गारो पहाड़ के 100 गाँवों को अपने अधिकार में ले लिया। यही नहीं, पूर्वी गारो पहाड़ के 60 गाँवों पर भी अधिकार करने के लिए कैप्टन विलियम्सन ने तीन टुकड़ियाँ बनाकर गाँव को घेरा।

गारों जनजाति को किसी भी स्थिति में अंग्रेजों की पराधीनता स्वीकार नहीं थी। पा तोगन संगमा ने एक दल बनाया। आसपास के 50 गाँवों के शूरवीरों को संगठित किया और उन्हें युद्ध का प्रशिक्षण दिया। गारो वीरों ने अपने अस्त्र-शस्त्र एकत्र कर लिये, उन्हें धार देकर तैयार कर लिया। सबने संकल्प लिया कि हम हार नहीं मानेंगे। अंग्रेजों को प्रवेश नहीं करने देंगे।

अंग्रेजों ने वर्ष 1872 में अपनी पूर्ण तैयारी और हथियारयुक्त विशाल सेना के साथ गारो क्षेत्र में प्रवेश किया। वहाँ उन्होंने दक्षिण-पूर्व और पश्चिम से वहाँ के ग्रामीण क्षेत्र में हमला किया। यह हमला बर्बरतापूर्ण था, इसमें घरों को, गाँवों को जलाया गया। आम लोगों पर अत्याचार किए गए। क्रांतिकारी पा तोगन संगमा ने अपने दल के साथ रांगरेग्गिरी नामक स्थान पर अंग्रेजों से मोर्चा लिया। यह अत्यधिक संवेदनशील युद्ध था। एक तरफ अंग्रेजों की बड़ी सेना, वह भी हथियारों से समृद्ध थी, दूसरी ओर पा तोगन संगमा के साथ वनवासी वीर योद्धा थे। जिनके पास धनुष, बाण, शूल, ढाल, तलवार पारंपरिक अस्त्र-शस्त्र थे।

अंग्रेजों ने आक्रामक प्रहार किया। वनवासियों ने भी पूरी क्षमता के साथ मोर्चा लिया। परिस्थितियाँ विषम थीं, पा तोगन संगमा के उत्साह और स्वाधीनता के लिए समर्पण ही था कि गारो वीर सेनानियों ने अंतिम श्वास तक अंग्रेजों से युद्ध किया।

वह 12 सितंबर, 1872 का दिन था जब पा तोगन संगमा ने रणभूमि में अंग्रेजों से पूरी क्षमता के साथ युद्ध किया। अंग्रेजी फौज ने उन पर गोलियों की बौछार कर दी। क्रांतिवीर पातोगन संगमा ने अंतिम क्षणों तक दुश्मन पर वार किया और रणभूमि में ही बलिदान दिया। गारो क्षेत्र के लिए और स्वाधीनता के लिए मोर्चा लेने तथा प्राण न्योछावर करनेवाले पा तोगन संगमा मेघालय के लोगों के मन में आज भी समाए हैं। इसीलिए हर वर्ष 12 दिसंबर को उन्हें श्रद्धांजलि दी जाती है। इस दिन को पा तोगन संगमा दिवस के रूप में मनाया जाता है।

□

साहसी फूकन और बरुआ

भारतीय स्वाधीनता संग्राम में कुछ ऐसे अनचिन्हें वनवासी नायक हैं, जिन्होंने बड़ा संघर्ष किया है। यहाँ तक कि अंग्रेजों को अपने क्षेत्र से निकाल बाहर किया। दमन चक्र और षड़यंत्र के क्रम में बंदी बनाए जाने पर हँसते-हँसते फाँसी के फंदे पर झूल गए। ऐसे वीर अनाम नायकों में शूरवीर रणबाँकुरे हैं फूकन और बरुआ।

इन्होंने असम क्षेत्र में 1857 भारत के प्रथम स्वाधीनता संग्राम से कई वर्ष पहले ही अंग्रेजों से संघर्ष किया। अंग्रेजी राज के असम क्षेत्र में घुसपैठ के समय ही इन वनवासियों ने पराधीनता को नकार दिया। इनके साथ क्षेत्र के सभी लोगों ने संघर्ष में भाग लिया। आरंभ में पियालिअर बरगोहाई की प्रमुख भूमिका रही। अंग्रेजों को असम से उखाड़ फेंकने के संकल्प में शामिल पियालिअर बरगोहाई राजपरिवार के फेना कुँवर के पुत्र गोंगधार कुँवर द्वारा संचालित अक्तूबर 1828 के प्रथम संघर्ष में प्रमुख नायक थे।

पियालिअर बरमोहाई (धनंजय) तथा पियाली बरफूकन ने खामती, नागा, माओमारिया, मारो तथा खासी जनजातियों के नेताओं को पत्र लिखकर इस संघर्ष में शामिल होने और सशस्त्र योगदान देने का आमंत्रण भेजा। इस क्रांति में अन्य सक्रिय योगदान देनेवालों में शामिल थे—जिऊराम दुलिया, बरुआ, देओराम उर्फ जिऊराम, दिहिगिया देका, रूपचंद कुँवर, हरनाथ तथा बोम सिंगयो। फूकन, बरुआ, पियालिअर बरगोहाई ने मिलकर 400 सशस्त्र सैनिकों की सेना खड़ी की। क्रांतिकारियों की योजनानुसार पहले रंगपुर पर कूंच करना था। वहाँ के अंग्रेजों को समाप्त कर शहर पर अधिकार करना निर्धारित किया गया। क्रांतिकारी इस अभियान की सफलता के लिए आश्वस्त थे, क्योंकि रंगपुर की रक्षा के लिए मात्र एक जमादार तथा तीस सिपाही ही तैनात थे।

किसी कार्य को आरंभ करने से पहले वनवासियों में पूजा-अर्चना के अपने

संस्कार होते हैं। इसी के तहत देवपूजा का आयोजन किया गया। शगुन के आधार पर जीत की प्रबल संभावना प्रतीत हुई। नियत तिथि अनुसार 25 मार्च, 1830 की रात्रि को आक्रमण करना सुनिश्चित किया गया। हमले की संपूर्ण योजना बनाई गई, जिसमें सिपाही लाइन के पास पहले शस्त्रागार में आग लगाई जाएगी, फिर दुश्मनों को घेर लेंगे।

समूची योजना के बीच जगह-जगह पत्र व्यवहार का क्रम जारी था। इसी बीच देश के गद्दार चरित्र ने समूची आयोजना, समूचे इतिहास को ही बदल दिया। क्रांतिकारियों ने अपने साथी हरनाथ के द्वारा दो गोपनीय पत्र खामती नेता सादिया खोवा गोहाई के पास भेजे। गोहाई ने देश के साथ गद्दारी की, उसने हरनाथ को पकड़वा दिया और पत्र राजनीतिक एजेंट को सौंप दिए। 20 फरवरी, 1830 को खोबा गोहाई की इस गद्दारी ने समूचा घटनाक्रम ही बदल दिया। क्रांतिकारी कदम आगे बढ़ा चुके थे। उनके लिए आयोजना को बदलना अथवा वापस पीछे लौटना असंभव था। सिर पर कफन बाँध वनवासी क्रांतिकारियों ने शस्त्रागार पर आक्रमण कर दिया।

अंग्रेजों को सूचना मिल चुकी थी। उनके पास पर्याप्त संसाधन भी थे। राजनीतिक एजेंट कैप्टन न्यूविले ने असम लाइट इन्फ्रैंट्री की एक टुकड़ी को सहायता के लिए पहले ही भेज दिया था। इस टुकड़ी ने क्रांतिकारियों पर हमला बोला। इस आक्रमण की वनवासियों को जरा भी कल्पना नहीं थी। इससे क्रांतिवीरों की सेना में भगदड़ मच गई। सभी वनवासी क्रांतिकारियों, उनकी स्त्रियों और बच्चों को कैद कर लिया गया। वनवासी वीरों के अस्त्र-शस्त्र छीन लिये गए।

वनवासियों की सेना में से मात्र पियालिअर बरगोहाई अपने बड़े पुत्र के साथ पलायन कर जंगल पहुँचने में सफल रहे। अंग्रेजों ने सभी वनवासियों पर आतंक और दमन शुरू किया। बंदी बनाए गए वनवासियों पर शिवसागर के सदर पंचायत न्यायालय में मुकदमा चला। मुकदमा क्या न्याय का नाटक भर था। देश की स्वाधीनता के लिए संघर्ष करनेवाले देशभक्तों पर विद्रोह और देशद्रोह करने का आरोप लगाया गया।

न्याय नाटक के निर्णय में मृत्युदंड की सजाएँ सुनाई गईं। चेरापूँजी के कमिश्नर के दांडिक न्यायालय ने वनवासी नेताओं में पियाली बरफूकन और जिऊराम दूलिया बरुआ को फाँसी की सजा सुनाई।

क्रांतिवीर हरनाथ, रूपचंद, कुँवर देओराम उर्फ जिऊराम दिर्हिंगिया देका तथा बोम सिंगपो आदि को ढाका में कैद किया गया। इनकी संपूर्ण संपत्ति जब्त कर ली

गई और यह संपत्ति कंपनी को दे दी गई। वर्ष 1830 अगस्त के अंतिम सप्ताह में पियाली बरफूकन और जिऊराम दूलिया बरुआ को शिवसागर में फाँसी पर लटका दिया गया। साहसी फूकन और बरुआ ने देश की स्वाधीनता के लिए सहर्ष बलिदान दे दिया। वे एक ऐसे वीर वनवासी योद्धा थे, जिन्होंने स्वतंत्रता के सिवा कुछ नहीं चाहा, शायद बहुत कम ही लोग जानते होंगे फूकन और बरुआ को। आज हम जिस स्वतंत्रता में श्वास ले रहे हैं, इसके पीछे इन वीर वनवासियों की तरह कितने ही अनाम श्वासों का बलिदान है। ऐसे अनचिन्हें नायकों को हृदय से स्मरण और कोटिशः नमन।

□

रानी फूलकुँवर

गोंड रानी फूलकुंवर के शौर्य, पराक्रम और बलिदान ने भारतीय इतिहास में एक ऐसा अध्याय लिखा है, जो विरला है, अद्वितीय है, अनूठा है। यह गोंडवाना के इतिहास का गौरव है कि इसी कुल की रानी दुर्गावती ने दासत्व को नकारते हुए मुगलों से युद्ध करना स्वीकारा और रणभूमि में प्राण देकर बलिदान दिया। स्वत्व, स्वाभिमान और स्वाधीनता के लिए बलिदान के इसी क्रम को रानी फूलकुँवर ने 1857 के महासंग्राम में आगे बढ़ाया।

रानी फूलकुँवर का जन्म गढ़ा, गोंडवाना के रियासतदार लोटन सिंह जगेत के यहाँ हुआ था। उनकी दो ही संतानें थीं; एक राजकुमार और राजकुमारी फूलकुँवर। राजकुमारी फूलकुँवर जब मात्र दो वर्ष की थीं, तभी उनके चेहरे का ओज भविष्य का संकेत देने लगा था। राजकुमारी के खेल भी सबसे अलग हुआ करते थे। वे खेल-खेल में दरबार लगातीं। सभा में विचार-विमर्श कर निर्णय सुनातीं। खेल-खेल में तलवारबाजी और घुड़सवारी भी की जाती थी।

यह सब देख श्री लोटन सिंह समझ गए कि उनकी पुत्री साधारण नहीं है। उन्होंने तय किया कि इसकी शिक्षा-दीक्षा राजकुमार की तरह की जानी चाहिए। महल में शिक्षकों की व्यवस्था की गई। यह वह समय था, जब लड़कियों को शिक्षित करना आसान नहीं था।

राजकुमारी फूलकुँवर के पिता ने सभी मान्यताओं को दरकिनार करते हुए बेटी को शिक्षित करने के साथ शस्त्र संचालन की भी दीक्षा दी। दुर्योग से राजकुमार किसी युद्ध के मोर्चे पर वीरगति को प्राप्त हो गए। श्री लोटन सिंह ने अपना सारा ध्यान फूलकुँवर के लालन-पालन पर लगाया। राजकुमारी को घुड़सवारी, तीर कमान चलाना, तलवारबाजी में दक्ष किया गया। वह अपने पिता के साथ शिकार करने भी जाती थीं। राजकुमारी में एक विलक्षण प्रतिभा थी कि वे किसी भी समय अपने आप को युद्ध के लिए तैयार रखती थीं।

कौन जानता था कि राजकुमारी के यही वीरोचित भाव और तेवर भविष्य की संभावना रच रहे थे।

राजकुमारी को अपना सफेद घोड़ा अति प्रिय था। उसका नाम उन्होंने 'चैतन्य' रखा था। समय के साथ राजकुमारी बड़ी हुईं और उनका विवाह गढ़ा—मंडला के मडावी वंश के राजा शंकरशाह से हो गया। राजा शंकरशाह गोंडवाना के सर्वश्रेष्ठ प्रतापी राजा संग्रामशाह के वंशज थे। मडावी वंश ने भारत में सबसे लंबे समय (लगभग 1400 वर्ष) तक शासन किया है। इन्हीं प्रतापी राजा संग्रामशाह के बड़े पुत्र दलपत शाह की पत्नी रानी दुर्गावती ने अकबर से मोर्चा लिया और रणभूमि में बलिदान दिया। रानी दुर्गावती की गौरव गाथा भारतीय स्वाभिमान का स्वर्णिम इतिहास है। रानी दुर्गावती के पुत्र वीरनारायण के वीरगति को प्राप्त होने के पश्चात् अकबर ने अपने शासन के अधीन दलपतशाह के छोटे भाई चंद्रशाह को गढ़ा मंडला का राजा बनाया। राजा चंद्रशाह की 11वीं पीढ़ी में शंकरशाह ने जन्म लिया। रानी फूलकुँवर राजा शंकरशाह के साथ जिस कुल में ब्याही गई थीं, उस कुल के पूर्वजों ने 52 किलों का निर्माण किया था। जिसमें प्रतापगढ़, नामगढ़, रायगढ़, हिरदेगढ़, मढ़ि, बड़बारा, बिजरोहगढ़, सिगौरगढ़, तेजगढ़, पौरागढ़, गढ़ा, पंटगा आदि प्रमुख थे। गोंड वंशजों ने 52 तालों का भी निर्माण किया, जिसमें सुपाताल, फूलसागर, देवताल, मढ़ाताल, संग्रामताल विख्यात हैं।

विवाह के कुछ समय बाद रानी ने सुंदर बालक को जन्म दिया, नाम रखा रघुनाथशाह। अंग्रेजों ने गोंडवंश के अंतिम शासक राजा शंकरशाह को उनके कई अधिकारों से वंचित कर दिया था। राजा शंकरशाह पराक्रमी राजा थे। वे अपनी प्रजा का ध्यान रखते थे। आसपास के जमींदार, ठाकुर और आमजन उनके पास आकर अपनी व्यथा सुनाते थे। राजा शंकरशाह और रानी फूलकुँवर ने एक बड़ा सैनिक संगठन खड़ा कर लिया था। उनके पुत्र रघुनाथशाह अंग्रेजों से युद्ध की तैयारी के इस मोर्चे में पिता के साथ खड़े थे। सबका एक ही उद्देश्य था, अंग्रेजी राज को उखाड़ फेंकना।

यह 1857 के महासंग्राम से पूर्व का समय था। हर तरफ तलवारें भाँजी जा रही थीं। तोपों को पलीते लगाए जा रहे थे। राजा शंकरशाह ने जबलपुर क्षेत्र का नेतृत्व किया। 52वीं रेजिमेंट के सैनिक रानी तथा शंकरशाह की युद्ध योजना में शामिल थे। केन्टोनमेंट पर हमले का दिन भी सुनिश्चित हो गया था, लेकिन गद्दार खुशहाल चंद ने अंग्रेजों तक यह सूचना पहुँचा दी। प्रमाण तलाशने के लिए फकीर वेश में गुप्तचर राजा के यहाँ पहुँचा। उसने संपूर्ण जानकारी एकत्र कर अंग्रेजों को

सारा राज बता दिया। 14 सितंबर, 1857 को डिप्टी कमिश्नर ने राजा शंकरशाह के घर की तलाशी ली, जिसमें क्रांति संबंधी कुछ दस्तावेज और राजा शंकरशाह और रघुनाथशाह लिखित कविता मिली। अंग्रेजों ने इसी कविता को देशद्रोह का साक्ष्य साबित किया।

18 सितंबर, 1857 को राजा शंकरशाह और रघुनाथशाह को तोप के मुँह से बाँधा गया और तोप दाग दी गई। हजारों-लाखों लाल खून के कतरे छा गए। रानी फूलकुँवर ने अपने पति तथा पुत्र के अवशेष एकत्र किए और विधिवत् अंतिम संस्कार किया।

अंग्रेजों ने राजा शंकरशाह और रघुनाथशाह को तोप से बाँधकर मृत्युदंड इसलिए दिया, ताकि लोगों के मन में अंग्रेजी राज का डर बैठ जाए, जैसे ही तोप दागी गई, समूचा जनसैलाब उमड़ पड़ा। 52वीं रेजिमेंट के सैनिकों का खून खौल रहा था। रानी ने अपने पति और पुत्र के दाह संस्कार के बाद योद्धा का वेश धारण किया और सैनिक टुकड़ी का संचालन किया। उसी रात रानी के नेतृत्व में 52वीं रेजिमेंट ने कूच किया। रानी फूलकुँवर खम्हरिया, सोनपुर, बटेली, बीजादांडी में युद्ध करती हुई मंडला पहुँचीं। उन्होंने मंडला किले से युद्ध का मोर्चा लिया।

समूचे महाकौशल क्षेत्र में क्रांति और आक्रोश फैल गया। रानी फूलकुँवर ने मंडला तक क्रांति का नेतृत्व किया। क्रांति की आग मंडला, दमोह, नरसिंहपुर, सिवनी और रामगढ़ तक प्रज्वलित हो गई।

रानी फूलकुँवर और उनके सैनिक तूफान की तरह अंग्रेज सैनिकों को मौत के घाट सुला रहे थे। युद्ध के दौरान रणभूमि में रानी अचानक घोड़े से गिर गईं। अंग्रेजों को अवसर मिल गया, उन्होंने रानी को घेर लिया, रानी परिस्थिति को भाँप गईं। उन्होंने बिना विलंब किए अपनी कटार निकाली और सीने में भोंक ली। रानी फूलकुँवर के शौर्य और पराक्रम की यह वीरगाथा आज भी रोंगटे खड़े कर देती है। धन्य है गोंड वंश, जिसमें रानी दुर्गावती और रानी फूलकुँवर ने राज्य संचालन का अभूतपूर्व उदाहरण प्रस्तुत किया। अंतिम श्वास तक युद्ध किया। रणभूमि में आत्मबलिदान की अनूठी परंपरा स्थापित की।

□

फूलो और झानो

भारतीय स्वतंत्रता संग्राम में स्वाधीनता के लिए शृंखलाबद्ध होनेवाले प्रयासों के मूल में वनवासियों के बहते लहू का इतिहास है। वनांचलों से उठनेवाली वनवासियों की आरंभिक हुंकार और बलिदान ने ही आगे चलकर स्वाधीनता संग्राम का स्वरूप लिया। वनवासियों के बलिदान की अनगिनत गाथाओं में एक ऐसे परिवार की अमर गाथा है, जिसमें एक वनवासी चुनु माँझी ने अपने चार पुत्रों और दो बेटियों की मातृभूमि के स्वाधीनता यज्ञ में आहुति दे दी। उनके चार पुत्र थे सिद्दो, कान्हू, चाँद, भैरव और पुत्रियाँ थीं फूलो और झानो।

फूलो और झानो ने झारखंड राज्य के संथाल परगना क्षेत्र में अपने चारों भाइयों के साथ अंग्रेजों के शोषण और अत्याचार के विरोध में मोर्चा लिया। वनवासी अंचल की नारी शक्ति को जागृत किया। महिलाओं की सैनिक टुकड़ियाँ बनाईं।

अंग्रेज लगान वसूली कर जहाँ वनवासियों के परिश्रम से उपजा अनाज ले

जाते थे। वहीं आए दिन कभी भी, किसी लड़की को उठा ले जाते थे। महिलाओं पर होनेवाले अत्याचार और अनाचार की कहीं कोई सुनवाई नहीं थी।

संथाल परगना क्षेत्र की क्रांति भूमि में फूलो और झानो ने स्त्री शक्ति, शौर्य और पराक्रम का अनोखा इतिहास रचा। उन्होंने संथाल वनवासी महिलाओं में आत्मसम्मान और स्वाभिमान का भाव जगाया। उन्होंने संथाल महिलाओं का नेतृत्व करते हुए आह्वान किया कि अपनी स्वाधीनता के लिए अब हमें आवाज उठानी होगी, अपनी शक्ति से हम अपनी रक्षा करेंगे और अंग्रेजों को देश निकाला करेंगे और जरूरत पड़ी तो हम बलिदान भी देंगे।

चुनुमाँझी की इन वीर वनवासी संथाल बेटियों ने अपने आपको आंदोलन से तब जोड़ा, जब उनके पिता ने पूछ लिया कि क्या किसी को हमारे जल, जंगल, जमीन और बेटियों पर अत्याचार करनेवाले इन आक्रांताओं के दमन में चीख-पुकार सुनाई नहीं देती? बहु-बेटियों और असहाय गरीबों की चीखें बलिदान चाहती हैं। कोई तो होगा जो संथाल आंदोलन का नेतृत्व करेगा। पिता के शब्द सुनकर सिद्दो बोले—मैं करूँगा इसका नेतृत्व और इन गोरों को हमारी पावन भूमि से निकाल बाहर करूँगा। सिद्दो के आह्वान पर कान्हू, चाँद, भैरव तीनों भाई भी उठ खड़े हुए। तभी फूलो और झानो ने स्त्री शक्ति के नेतृत्व का संकल्प लिया और फिर महिलाओं का क्रांति दल बनाना शुरू किया। संथालों की क्रांति, सामाजिक, आर्थिक और सांस्कृतिक अस्मिता की रक्षा के लिए थी। यह जनजातियों की अपनी जीवन-शैली, सामाजिक परंपरा, जीवन मूल्यों तथा चारित्रिक विशेषताओं का उदाहरण है।

फूलो और झानो दोनों बहनें घोड़ों पर बैठकर गाँव के घर-घर में 'सखुआ डाली' का निमंत्रण देती थी। महिलाओं को हूल आंदोलन में आने के लिए कहती थीं। इसके लिए उन्होंने दिन-रात कार्य किया। उन्होंने क्रांतिकारी सभा में महिलाओं को लाने और उनके गाँव तक वापस पहुँचाने का दायित्व सँभाला। इससे महिलाओं में विश्वास जागा और फिर बड़ी संख्या में महिलाएँ आंदोलन से जुड़ गईं। 30 जून, 1855 को संथाल परगने के भगनडीह गाँव में लगभग 10 हजार लोग सभा में शामिल हुए। इस अभियान में कई स्थानों पर अंग्रेजों के साथ संघर्ष भी हुआ, लेकिन दोनों बहनें अपने रणकौशल के बल पर अंग्रेजों से युद्ध करते हुए बाहर निकल जाती थीं। दोनों की क्रांतिकारी गतिविधियों से अंग्रेज सैनिक परेशान थे, उन्हें गिरफ्तार करना चाहते थे, लेकिन यह संभव नहीं हो पा रहा था, क्योंकि फूलो-झानो गुरिल्ला तथा छापामार युद्ध करती थीं, वे अंग्रेजी सेनाओं पर हमला करतीं और फिर अदृश्य हो जाती थीं, उन्होंने अंग्रेजी सेनाओं पर कई हमले किए। सैकड़ों संथाल

युवतियाँ स्वाधीनता संघर्ष में उनके साथ चल पड़ी थीं।

संथाल जनजातियों के झुंड-के-झुंड इस युद्ध में शामिल हुए। फूलो और झानो के नेतृत्व में महिलाओं ने मोर्चा सँभाला। रोंगटे खड़े कर देनेवाला वह दृश्य था। वनवासियों का नगाड़ा बज रहा था। अंग्रेज लगातार गोलियाँ बरसा रहे थे। वनवासी योद्धा पुरुष और महिलाएँ युद्ध करते हुए बलिदान हो रहे थे। संथाल वनवासियों के शवों से धरती पट गई। धरती-पुत्रों का लहू धरा पर फैल रहा था, इसी संघर्ष में चुनु माँझी बलिदान हो गए। फूलो और झानो युद्ध करते हुए बलिदान हुईं। उनके चारों भाइयों का भी बलिदान हुआ। इस प्रकार दोनों बहनों ने नारी-शक्ति का एक आदर्श प्रस्तुत किया। उन्होंने स्त्री शक्ति, स्वाभिमान और देश रक्षा के संकल्प को नवीन चेतना प्रदान की।

□

बाबूराव शेडमाके

वीर बाबूराव शेडमाके गोंड सरदार थे, उन्होंने 1857 में चंद्रपुर जिले में क्रांति का नेतृत्व किया। अंग्रेजों से युद्ध के लिए उन्होंने जंगोम सेना की स्थापना की। सेठ, साहूकारों और अंग्रेजों द्वारा वनवासियों के प्राकृतिक अधिकार और संस्कृति पर अतिक्रमण के विरोध में आवाज उठाई। 7 मार्च, 1858 से श्रृंखलाबद्ध युद्ध में अंग्रेजों को पराजित किया।

वीर बाबूराव शेडमाके का जन्म मोल्लमपल्ली (अहेरी) के श्रीमंत शेडमाके जमींदारी घराने में 12 मार्च, 1833 को हुआ था। उनकी माता का नाम जुरजायाल (जुरजा कुँवर) था और पिता का नाम पुल्लेसर बापु था। बाल्यकाल में ही उन्होंने मल्लयुद्ध, तीर-कमान, तलवार, भाला और शस्त्र चलाना सीखा। रायपुर में प्राथमिक शिक्षा के उपरांत वे वापस आ गए। वापस आकर जब वे आम जनता के बीच गए, उनसे मिले, उनका दु:ख-दर्द जाना तब उन्हें पता चला कि अंग्रेज सरकार इन वनवासियों पर कितना अत्याचार कर रही है। उनकी जमीन छीनी जा रही थी। उनकी वनस्पति, उनके खनिज पर अंग्रेजों ने कब्जा कर लिया था। उत्पीड़ित जनता से मिलकर बाबूराव ने उन्हें हिम्मत दी, हौसला दिया तो वे सबकी उम्मीद बन गए। बाबूराव उम्र के साथ सामाजिक रीति और

नीति मूल्यों को भी सीख गए थे। उनका विवाह आंध्र प्रदेश के अदिलाबाद ज़िले के मड़ावी राजघराने की बेटी राजकुँवर से हुआ था।

उन दिनों क्रिश्चियन मिशनरी द्वारा भोले-भाले वनवासियों का विकास के नाम पर धर्म परिवर्तन किया जा रहा था। सेठ-साहूकारों और अंग्रेजों के शोषण को बाबूराव ने करीब से देखा था। वनवासियों के प्राकृतिक वनाधिकार और उनकी संस्कृति पर अतिक्रमण हो रहा था। यह सब देख उन्होंने संघर्ष का रास्ता चुना। इसके लिए सैनिक दुकड़ी की आवश्यकता थी। उन्होंने 24 सितंबर, 1857 को जंगोम सेना की स्थापना की।

अडपल्ली मोल्लमपल्ली, घोट और उसके आसपास के क्षेत्रों से 400-500 वनवासी और रोहिलों की फौज बनाकर उन्हें विधिवत् प्रशिक्षण दिया गया, उन्होंने अंग्रेजों के विरुद्ध युद्ध की घोषणा कर दी। 7 मार्च, 1858 को बाबूराव ने अपने साथियों के साथ राजगढ़ पर हमला किया और संपूर्ण राजगढ़ को अपने अधिकार में कर लिया।

यह सूचना पाकर अंग्रेज तिलमिला गए, उन्होंने तुरंत कार्यवाही शुरू की और 20 मार्च, 1858 को सुबह 4.30 बजे अंग्रेजी फौज ने पूरे पहाड़ को घेरकर फायरिंग शुरु कर दी। बाबूराव के सैनिकों ने प्रति उत्तर में उन पर पत्थर बरसाए, अंग्रेज बुरी तरह से घायल हो गए। पहाड़ से नीचे उतरकर जंगोम सेना ने वहाँ पड़ी बंदूकें, तोपें जब्त कर लीं और अनाज के गोदाम को आम लोगों के लिए खोल दिया। बाबूराव और उनके सैनिकों की जीत हुई। यह बाबूराव का प्रशिक्षण और सेवा की सक्रियता का परिणाम था कि अंग्रेजी फौज भागने को विवश हो गई।

अंग्रेज इस हार को बर्दाश्त नहीं कर पा रहे थे। उन्होंने दूसरा प्रयास 19 अप्रैल, 1858 को किया। सगणापुर के पास बाबूराव के साथियों और अंग्रेजी फौज में फिर युद्ध हुआ। क्रांतिकारी सेना उत्साह में थी, अपना राज पाने की ऊर्जा थी, इसलिए आक्रामक युद्ध किया, एक बार फिर अंग्रेजी फौज हार गई।

क्रांतिकारियों ने 29 अप्रैल, 1858 को अहेरी जमींदारी के चिचगुड़ी की अंग्रेजी छावनी पर हमला कर दिया। टेलीग्राम ऑपरेटर गार्टलड और होल मारे गए। बाबूराव की क्रांति गतिविधियाँ इतनी प्रखर थीं कि इसकी सूचना इंग्लैंड तक जा पहुँची। इंग्लैंड की रानी विक्टोरिया ने बाबूराव को जिंदा या मुर्दा पकड़ने का आदेश जारी किया।

बाबूराव को अंग्रेज न युद्ध में हरा पा रहे थे और न ही उन्हें सीधा पकड़ना मुश्किल था। चूँकि इंग्लैंड से उन्हें पकड़ने का दबाव था, इसलिए अंग्रेजों ने अपनी

रीति अनुसार छल-बल का सहारा लिया। भारत में यह सबसे बड़ी विसंगति रही है कि जब भी इतिहास के परिणाम बदले हैं तो गद्दारी के कारण। अंग्रेजों ने बाबूराव की रिश्तेदार लक्ष्मीबाई, जो अहेरी की जमींदार थीं, उन्हें लालच देकर अपने साथ मिला लिया। उन्हें बाबूराव की जागीर के गाँव देने का वादा किया। लक्ष्मीबाई उनके जाल में उलझ गई और वीर क्रांतिकारी बाबूराव को पकड़वाने की साजिश में शामिल हो गई। बाबूराव को पकड़ने के लिए कैप्टन शेक्सपियर ने लक्ष्मीबाई, जो अहेरी की जमींदार थीं, उन्हें अपना माध्यम बनाया।

बाबूराव के अहेरी आने की जानकारी लक्ष्मीबाई को मिलते ही उसने बाबूराव को अपने घर पर खाने का निमंत्रण दिया। बाबूराव निमंत्रण स्वीकार कर लक्ष्मीबाई के घर पहुँचे। यह खबर लक्ष्मीबाई ने अंग्रेजों तक पहुँचा दी। अंग्रेजों ने लक्ष्मीबाई के घर को घेर लिया और बाबूराव को पकड़कर बंदी बना लिया।

न्याय नाटक का स्वाँग चला और फैसले में बाबूराव को फाँसी और उनके साथियों को 14 वर्ष के कारावास का दंड सुनाया गया। 21 अक्तूबर, 1858 को चंद्रपुर में पीपल के पेड़ पर लटकाकर क्रांतिवीर बाबूराव शेडमाके को फाँसी दे दी गई।

□

बादल भोई

जनजातीय नायक बादल भोई ने छिंदवाड़ा जिले से जंगल सत्यागह का नेतृत्व किया। अंग्रेजों के अत्याचार के विरोध में सतत संघर्ष किया। स्वाधीनता सेनानियों का दल निर्मित कर श्रृंखलाबद्ध मोर्चा लिया। वनवासियों के जल, जंगल और जमीन के अधिकारों के लिए बड़ा आंदोलन खड़ा किया।

यह वह समय था, जब एक तरफ राजनीतिक सत्ता के लिए संघर्ष चल रहा था तो दूसरी ओर जंगलों पर आश्रित रहनेवाले लोग अपने अस्तित्व को बचाने की लड़ाई लड़ रहे थे। यह भी स्वतंत्रता संग्राम का ही हिस्सा था। स्वत्व, स्वाभिमान और स्वतंत्रताप्रिय वनवासी तो आरंभ से ही अंग्रेजी राज का विरोध कर रहे थे। उनका यही आरंभिक संघर्ष समय के साथ व्यापक होता गया और स्वाधीनता संग्राम का रूप लिया।

जंगलवासियों के अधिकारों की रक्षा करनेवाले इस नायक का जन्म मध्य प्रदेश के छिंदवाड़ा जिले के परासिया कस्बे से लगभग 17 किलोमीटर दूर डुंगरिया ग्राम पंचायत के तीतरा गाँव में एक गोंड परिवार में हुआ था। उनकी माता का नाम विमला परानी और पिता का नाम कल्याण परानी था। बादल भोई का गोत्र परानी है। गोंड परंपरा के अनुसार यह गोत्र सात देवों में एक माना जाता है।

वे एक कुशल नेतृत्वकर्ता थे। उन दिनों मध्य प्रदेश का छिंदवाड़ा जिला लकड़ियाँ और कोयला के लिए जाना जाता था। अंग्रेजों ने इस प्राकृतिक संपदा के दोहन के लिए स्थानीय लोगों को मजदूरी में लगाया। यही नहीं, उन्हें प्रताड़ित करना भी शुरू किया। यह बादल भोई की सहनशक्ति से परे था। उन्होंने अंग्रेजों के विरुद्ध संघर्ष शुरू कर दिया।

यहीं से उनकी क्रांतिकारी गतिविधियाँ आरंभ हो गईं। महात्मा गांधी 6 जनवरी, 1921 को छिंदवाड़ा गए थे। वहाँ बादल भोई गांधीजी से मिले। उनसे मिलने के

बाद सामाजिक मुद्दों और गरीबों के शोषण के विरोध में आवाज उठानेवाले बादल भोई पूरी तरह स्वतंत्रता संग्राम में शामिल हो गए। 1923 में उन्होंने स्वाधीनता सेनानियों का दल बनाया। उनके नेतृत्व में हजारों की संख्या में गोंड जनजाति के लोगों ने छिंदवाड़ा कलेक्टर के बँगले का घेराव किया। पुलिस ने आंदोलनकारियों पर लाठियाँ चलाईं। इस घटना में सैकड़ों की संख्या में लोग घायल हुए। बादल भोई सहित सैकड़ों लोगों को स्थानीय जेल में बंद कर दिया गया। बाद में व्यक्तिगत मुचलके और लिखित आश्वासन के बाद उन्हें छोड़ा गया।

बादल भोई के मन में तूफान चल रहा था। उन्हें रोकना असंभव था, यही नहीं, अंग्रेजों के अत्याचारों से गोंड समुदाय के लोगों के मन में लगी आग भी सुलग रही थी। बादल भोई के नेतृत्व में वनवासियों ने लगातार कई आंदोलन किए। इनमें से एक रेल रोको आंदोलन भी शामिल था। इस आंदोलन से छिंदवाड़ा की अमूल्य वन संपदा और खनिज बाहर भेजने का विरोध किया, बहुमूल्य लकड़ियाँ, कोयला और अन्य वन-संसाधनों से भरी ट्रेन को रोका गया। बादल भोई ने आह्वान किया कि इस वन-संपत्ति पर पहला अधिकार वनवासियों का है। इसे हम बाहर नहीं जाने देंगे। उनका यह संघर्ष लंबे समय तक चला। इससे अंग्रेज सरकार तिलमिला गई। अंग्रेजों ने आंदोलन रोकने के कई प्रयास किए लेकिन वे असफल रहे। दूसरी ओर बादल भोई के आंदोलन का क्रम बढ़ता जा रहा था। जब भी अंग्रेजों की छानबीन और धर-पकड़ मुहिम तेज होती, तब बादल भोई परासिया से कुछ दूर गुफा में चले जाते और वहीं से आंदोलन का नेतृत्व करते थे।

21 अगस्त, 1930 को बादल भोई और उनके साथियों ने छिंदवाड़ा से लगभग 45 किलोमीटर दूर रामकोना नामक स्थान पर अंग्रेजों के वनाधिकार कानून को तोड़ा, वनवासियों के साथ जंगल में प्रवेश किया और वहाँ के वन उत्पादों को लेकर निकले। इसी बीच अंग्रेज पुलिस ने उन्हें बंदी बना लिया। इन क्रांतिकारियों में बादल भोई के साथ सहरा भोई, अमरू भोई, इमरत भोई, लोटिया भोई, टापरू भोई और झंका भोई जैसे जनजाति नायक शामिल थे। बादल भोई को उनके अन्य साथियों से अलग महाराष्ट्र के चंद्रपुर स्थित चांदा सेंट्रल जेल भेज दिया गया। वहाँ अंग्रेज पुलिस ने उन्हें बहुत प्रताड़ित किया।

बादल भोई छिंदवाड़ा में वनवासियों के बीच अपने अधिकार और स्वतंत्रता के लिए जो आंदोलन शुरू कर गए थे, वह उनके जेल जाने के बाद भी चलता रहा। बादल भोई पर जेल में अंग्रेजों द्वारा किए गए अत्याचारों की सूचना जब गाँव

पहुँचती तो यह आंदोलन और प्रखर हो जाता। यह देख अंग्रेज सरकार की परेशानी बढ़ती जा रही थी। वे यह जान गए थे, जब तक बादल भोई का मानसिक संबल है, आंदोलन नहीं रुकेगा। इसलिए अंग्रेज पुलिस ने जेल में ही 1940 में बादल भोई को खाने में जहर देकर मार डाला। वन संपदा रक्षक बादल भोई ने वन-अधिकारों की रक्षा और स्वाधीनता संघर्ष करते हुए बलिदान दिया।

□

बिरसा मुंडा

वीर बलिदानी बिरसा मुंडा 19वीं सदी में हुए स्वतंत्रता संग्राम के वनवासी जननायक थे। जनजातियों के जल, जंगल, जमीन और स्वत्व की रक्षा के लिए उन्होंने लंबा संघर्ष किया। उलगुलान क्रांति का आह्वान किया। जनजातीय संस्कृति, स्वाभिमान और स्वतंत्रता की रक्षा के इस संघर्ष ने आधे दशक से भी अधिक समय तक अंग्रेजी राज को हिलाकर रख दिया था।

क्रांतिकारी चिंतन से जनजातीय समाज को नई दिशा देनेवाले, देश की स्वतंत्रता के लिए अपने प्राणों का उत्सर्ग करनेवाले इस महान् क्रांतिकारी बिरसा मुंडा का जन्म 15 नवंबर, 1875 को राँची जिले के उलिहातु गाँव में हुआ था।

बृहस्पतिवार को जनमे इस बालक का नाम मुंडा रीति रिवाज अनुसार 'बिरसा' रखा गया। उनके पिता का नाम 'सुगना मुंडा' और माता का नाम 'करमी' था।

बिरसा का परिवार रोजगार की तलाश में घुमक्कड़ जीवन जीने के लिए विवश, बिरसा के जन्म के बाद वे उलिहातु से करुमब्दा, फिर चलकाद आकर बस गए। कुछ समय खेतों में काम किया और फिर काम के लिए बंबा चले गए।

बिरसा का बचपन सामान्य वनवासी बालक की तरह धूल में लोटते हुए, वनों में विचरते हुए या फिर पशु चराते हुए बीता। बचपन के प्रसंग बताते हैं कि

बिरसा में अनोखी विशेषताएँ थीं, वह बाँसुरी इतनी मधुर बजाते थे कि पशु-पक्षी भी एकाग्र हो रागिनी में खो जाते थे। वे जब वनवासी नृत्य करते तो लगता, कोई अलौकिक आकृति मंगल मना रही है। कलात्मकता ऐसी कि उन्होंने कद्दू से एक तारवाला वादक यंत्र तुइला बनाया था।

परिवार की गरीबी के कारण बिरसा को उनके मामा के गाँव अयुभातु भेज दिया गया। यहीं पास के एक गाँव में जयपाल अध्यापक की पाठशाला में पढ़ना शुरू किया। यह पाठशाला शासकीय मान्यता प्राप्त नहीं थी, इसलिए बुर्ज की जर्मन मिशन पाठशाला में दाखिला लिया, फिर आगे की पढ़ाई के लिए चाईबासा के लूथरन मिशन भेजा गया।

बिरसा के जीवन में बड़ा परिवर्तन उनकी स्कूल शिक्षा के समय आया। 1886 से 1890 के बीच उन्हें यह स्पष्ट हुआ कि गरीब वनवासियों को स्कूल शिक्षा के नाम पर ईसाई धर्म के प्रभाव में लाया जा रहा है। उन्होंने अपने धर्म के संकट को महसूस किया।

यह वह समय था जब वनवासियों के अधिकारों और धर्म की रक्षा के लिए ईसाई स्कूलों के विरोध में सरदार आंदोलन शुरू हुआ था। बिरसा उस आंदोलन में शामिल हो गए।

बिरसा ने बचपन से मुंडा आदिवासियों के शोषण को करीब से देखा था। आए दिन जनजातियों की जमीन छीनना, युवतियों को उठा ले जाना, रोटी के लिए लोगों को ईसाई बनाने जैसे अंग्रेजी राज के अनाचार से उनके मन में क्रांतिकारी ज्वाला प्रज्वलित हो गई।

बिरसा ने स्वाध्याय, चिंतन और साधना से स्वयं को परिष्कृत किया और फिर समाज को, अपना धर्म, अपनी मिट्टी और अपनी संस्कृति का परिचय कराया। धर्म परिवर्तन का विरोध किया। अपने धर्म के सिद्धांतों को समझाया। कुरीतियों को पाटने और अपनी संस्कृति बचाने के बिरसा के सामाजिक आंदोलन से लोगों में चेतना जागी, विश्वास जागा। उन्हें अपने पूर्वजों की श्रेष्ठ परंपरा का आभास हुआ और जो लोग जोर-जबरदस्ती, शोषण के डर से ईसाई हो गए थे, उनकी अपने घर वापसी होने लगी।

बिरसा की चमत्कारी शक्ति और सेवा भावना के कारण लोग उन्हें भगवान् का अवतार मानने लगे। वे उन्हें 'धरती आबा' कहकर पुकारते।

तभी वर्ष 1893-94 में सिंभूम, मानभूम, पलामू और अन्य क्षेत्रों में खाली पड़ी भूमि को अंग्रेज सरकार ने भारतीय वन अधिनियम के तहत आरक्षित वन

क्षेत्र घोषित किया। इसके अंतर्गत जनजातियों के अधिकारों को कम कर दिया गया। जंगलों पर सरकारी कब्जा कर लिया गया। बिरसा के नेतृत्व में वनवासियों ने याचिका दायर कर अपने अधिकारों की माँग की।

बिरसा ने अपने स्वत्व, स्वाभिमान और स्वतंत्रता के लिए नारा दिया—

'अबुआ दिशोम-अबुआ राज अपना देश अपनी माटी' के इस क्रांतिकारी नारे ने विदेशी आक्रांताओं के विरोध में वनवासी बंधुओं में अलख जगाई। बिरसा ने लोगों को किसानों का शोषण करनेवाली कृषि व्यवस्था के विरोध में उठ खड़ा किया।

वनांचल के प्राकृतिक अधिकारों को बहाल करने और लगान माफी के लिए अंग्रेजों के विरोध में मोर्चा खोला। बिरसा को गिरफ्तार करके हजारीबाग जेल में डाल दिया। बिरसा का अपराध यह था कि उन्होंने वनवासियों को अपने अधिकारों के लिए संगठित किया था।

दो वर्ष बाद बिरसा जेल से छूटे और फिर दिसंबर 1899 में बिरसा मुंडा का आंदोलन शुरू हो गया।

बिरसा ने वनवासी अस्मिता, स्वायत्तता और संस्कृति बचाने के इस महासंग्राम को नाम दिया 'उलगुलान क्रांति'। 5 हजार जनजाति वीरों ने तीर-कमान उठा लिये। बिरसा के नेतृत्व में क्रांतिकारियों ने राँची से लेकर चाईबासा तक पुलिस चौकियों को घेर लिया। पुलिस थानों पर आक्रमण से शुरू हुआ यह संघर्ष अंग्रेजी सेना से सीधे मुकाबले तक जा पहुँचा। अंग्रेजी सेना के पास बंदूक, बम आदि आधुनिक हथियार थे, जबकि वनवासी क्रांतिकारियों के पास मात्र तीर-कमान थे। बड़ी संख्या में क्रांतिकारी मारे गए।

दुर्योग से दो गद्दार अंग्रेजों से जा मिले, उन्होंने 3 जनवरी, 1900 को चक्रधरपुर के जंगल से बिरसा मुंडा को गिरफ्तार करवा दिया। बिरसा को जंजीरों में जकड़कर राँची जेल भेज दिया गया, जहाँ उन्हें कठोर यातनाएँ दी गईं। 9 जून, 1900 को जेल में ही जहर देकर बिरसा को मार डाला गया।

आदिवीर बलिदानी बिरसा मुंडा ने अंग्रेजी राज के धर्म और राष्ट्र को तोड़ने के षड़यंत्र को लोगों तक पहुँचाया, उनके उलगुलान के संदेश से भयभीत होकर अंग्रेजों ने जमीन अधिग्रहण और नई जमींदारी रोकने के लिए छोटा नागपुर टेनेंसी कानून पारित किया। वनवासियों के अधिकारों को बहाल कर दिया गया। बिरसा की जनजातीय चेतना ने लोगों को धर्म और राष्ट्र विरोधी विदेशी आक्रांताओं को भारत से बाहर निकालने का मार्ग प्रशस्त किया।

बिरसा मुंडा का व्यक्तित्व और संघर्ष जनजाति समाज के लिए धर्म, संस्कृति और राष्ट्र–रक्षा का प्रतीक है।

वे भारतीय जनजातियों के गौरवशाली इतिहास का प्रतिनिधित्व करते हैं, इसीलिए उनके जन्मदिवस को राष्ट्रीय जनजाति गौरव दिवस के रूप में मनाया जाता है।

धर्म, संस्कृति और समाज की रक्षा करनेवाले अमर वीर स्वाधीनता सेनानी वनवासियों के धरती आबा बिरसा मुंडा को कोटिशः नमन। □

बीहू राम बोरो

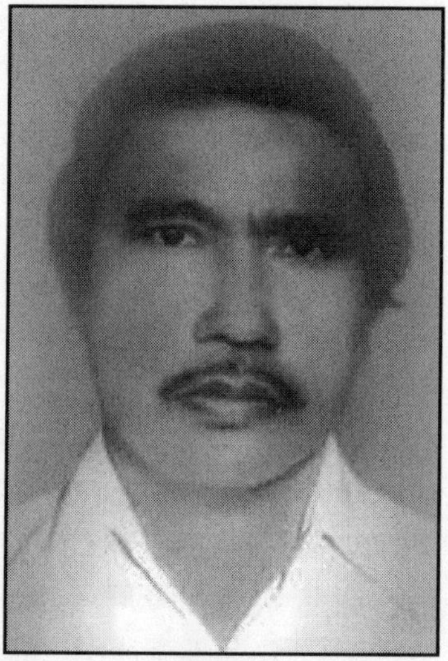

अपना देश, अपनी संस्कृति, अपनी भाषा और अपने धर्म को लेकर हमने कई आख्यान सुने, अपनी भाषा और धर्म को बचाने के लिए बीहू राम बोरो ने अपना जीवन लगा दिया। उनके इस प्रयास का ही परिणाम है कि बोडोलैंड आंदोलन से स्वतंत्र बोडोलैंड का निर्माण आम जनता ने नकार दिया। उनके लेखन, प्रबोधन और चर्चा से लोगों में वैचारिक परिवर्तन आया। असम में उन्होंने न सिर्फ अपने धर्म को बचाया, बल्कि बोडो भाषा को रोमन लिपी देने के षड्यंत्र का विरोध करते हुए देवनागरी में मान्यता दिलवाई। साहित्यकार, समाजसेवी बीहू राम बोरो एक ऐसे अनन्य राष्ट्रभक्त थे, जिन्होंने असम में 1968 में बोडो साहित्य सभा के माध्यम से बोडोलैंड आंदोलन का विरोध किया। नेशनल डेमोक्रेटिक फ्रंट ऑफ बोडोलैंड के धर्मांतरण के षड्यंत्र को ध्वस्त किया। बोडो भाषा के लिए देवनागरी लिपि को मान्यता प्रदान करने में अहम भूमिका निभाई।

असम के बोडो जनजाति के बीहू राम बोडो का जन्म 1 सितंबर, 1940 को उदालगुड़ी जिले के रौता चारीआली के पास बेंग सीमारी गाँव में हुआ था। पिता का नाम चंद्रकांत बागलरी तथा माता मौराई बागलरी थीं। प्राथमिक शिक्षा वहीं की शाला में और स्नातक की शिक्षा मंगलदोई में हुई। इनका विवाह ललिता से हुआ था।

वे पहले वाकतपारा हाई स्कूल में सहायक अध्यापक बने। आगे चलकर रीता चारीआली में जयभद्र हजगर मेमोरियल हाई स्कूल की स्थापना की तथा इसी

विद्यालय में संस्थापक अध्यापक बने। वे साहित्यकार, पत्रकार, स्तंभ लेखक और समाजसेवी थे। बोडो भाषा तथा अंग्रेजी दोनों में साहित्य लिखते थे। दोनों ही भाषाओं में उनकी पुस्तकें प्रकाशित हैं। उन्होंने बोन्जार नामक बोडो भाषा में उदालगुडी से प्रथम बोडो दैनिक समाचार-पत्र शुरू किया। उनकी साहित्यिक कृतियों में 'गीबि बिथाई' तथा 'आसरण' प्रसिद्ध है।

बीहू रामजी वर्ष 1968 से ही बोडो साहित्य सभा के सक्रिय कार्यकर्ता थे। उन्होंने 1971 से 1990 तक लगभग 4 कार्यकाल द्वारा बोडो साहित्य सभा के महामंत्री पद का दायित्व सँभाला। वे जब बोडो साहित्य सभा के सचिव बने तो देवनागरी लिपि के पक्ष में मजबूत आंदोलन खड़ा किया। इस आंदोलन से जहाँ धर्मांतरण को लेकर लोग सतर्क हो गए, वहीं नेशनल डेमोक्रेटिक फेडरेशन ऑफ बोड़ोलैंड (एन.डी.एफ.बी.) की अलगाववादी माँग का विरोध होने लगा। बीहूराम बोडो के नेतृत्व में बोडो साहित्य सभा का स्पष्ट मत था कि बोडो क्षेत्र भारतवर्ष का अभिन्न अंग है, स्वतंत्र बोडोलैंड की माँग गलत है। बोडो क्षेत्र की समस्या का समाधान भारतीय संविधान के अंतर्गत ही करना चाहिए। उन दिनों स्वतंत्र बोडोलैंड की माँग, बोडो भाषा के लिए रोमन लिपि की माँग तथा निर्विघ्न ईसाई धर्मांतरण इन तीन उद्देश्यों को पूरा करने के लिए विदेशी धन द्वारा पोषित एन.डी.एफ.बी. खूनी सशस्त्र आंदोलन चला था। बीहूराम बोडो ने गाँव-गाँव प्रवास करके जनसभाएँ कीं। बोडो समाज को एन.डी.एफ.बी. के देश विरोधी आंदोलन के खिलाफ खड़ा किया, जनजागृति के लिए यथोचित लेख लिखे तथा बड़े स्तर पर साहित्य बाँटा। इस तरह एन.डी.एफ.बी. के आंदोलन की वास्तविकता स्पष्ट कर दी।

राष्ट्रवादी कार्यों के कारण बीहूराम एन.डी.एफ.बी. और चर्च के लिए दुश्मन बन गए थे। अत: एन.डी.एफ.बी. के आतंकवादियों ने 27 सितंबर, 1990 को गोली मारकर उनकी हत्या कर दी। मात्र 50 वर्ष की आयु में ही देश, धर्म और भाषा के लिए बीहूराम ने अपना बलिदान दिया। समय के साथ राष्ट्रभक्त बीहूराम के संघर्ष को स्वरूप मिला और फरवरी 2000 में बोडो भाषा के लिए देवनागरी लिपि को मान्यता मिल गई। राष्ट्रभक्त बीहूरामजी को कोटिश: नमन।

□

बुधु भगत

जनजाति समाज स्वातंत्र्य वीर समाज है। उनमें प्राकृतिक स्वत्व और स्वाभिमान के गुण होते हैं। इसीलिए अंग्रेजों के विरोध में 1857 की क्रांति से पूर्व ही उन्होंने संघर्ष शुरू कर दिया था। बुधु भगत का बचपन अंग्रेजों के शोषण और दमन को देखते हुए बीता। बुधु भगत एक ऐसे वीर नायक थे, जिन्होंने अंग्रेज और उनके चाटुकारों का विरोध किया और संघर्ष शुरू किया। झारखंड के इस अमर वीर वनवासी क्रांतिकारी बुधु भगत ने 1828 में सबसे पहले क्रांति आंदोलन की शुरुआत की। अंग्रेजों और उनके चाटुकार साहूकारों के शोषण-दमन के विरोध में आवाज उठाई। गुरिल्ला युद्ध में दक्ष बुधु भगत ने वनवासियों का क्रांतिदल बनाया। उन्हें गुरिल्ला युद्ध सिखाया। छोटानागपुर के वनवासियों के साथ मिलकर लरका आंदोलन और कोल विप्लव का नेतृत्व किया।

बुधु भगत का जन्म 17 फरवरी, 1792 को गाँव सिलागाईं, राँची, झारखंड में हुआ। बुधु भगत बचपन से ही आम बालकों से अलग थे, वे घंटों अकेले तलवार चलाते और धनुर्विद्या में निपुणता हासिल किया करते थे। कुछ लोग तो उन्हें शक्तियों के स्वामी के नाम से भी बुलाते थे। प्रतीकस्वरूप कुल्हाड़ी सदैव उनके पास रहती थी। बुधु भगत बचपन से ही जमींदारों और अंग्रेजी सेना की निर्दयता को देखते आ रहे थे। वे कोयल नदी के पास बैठकर घंटों अंग्रेजों और जमींदारों को भगाने के बारे में सोचते रहते थे, चिंतन-मनन किया करते थे।

बुधु भगत ने एक क्रांतिकारियों का दल निर्मित किया, उन्हें गुरिल्ला युद्ध करने का प्रशिक्षण दिया, जब सभी साथी प्रशिक्षित हो गए तो उनके आह्वान पर सभी वनवासी तीर, धनुष, तलवार, कुल्हाड़ी इत्यादी लेकर संघर्ष के लिए उठा खड़े हुए गए। अंग्रेजों ने कई भोले-भाले ग्रामीणों को कैद कर लिया था। बुधु भगत ने अंग्रेज कैप्टन द्वारा बंदी बनाए गए सैकड़ों ग्रामीणों को छुड़वा लिया।

बुधु भगत ने अंग्रेजों के चाटुकार साहूकारों के अन्याय के विरुद्ध शृंखलाबद्ध आंदोलन किए। जिसमें से लरका आंदोलन एक ऐतिहासिक आंदोलन है। अंग्रेजी राज में छोटानागपुर वनवासी इलाकों में अंग्रेज बहुत ही निर्दयता से लोगों की हत्या कर दिया करते थे। मुंडा जनजाति ने अंग्रेजों के चाटुकार जमींदार और साहूकारों के विरुद्ध अपना विरोध शुरू कर दिया था। इसके अलावा उराँव जनजाति ने भी क्रांति के तेवर अपना लिये थे।

बुधु भगत छोटानागपुर के प्रथम क्रांतिकारी थे, जिन्हें पकड़ने के लिए अंग्रेजों ने 1 हजार रुपए के पुरस्कार की घोषणा की थी, परंतु कोई भी इस पुरस्कार के लालच में आकर उन्हें पकड़वाने को तैयार नहीं था। आम जनता बुधु भगत के साथ थी। उन्होंने बड़े स्वरूप में क्रांति मोर्चा लिया। वर्ष 1828 से 1832 तक कोल विप्लव का भी नेतृत्व किया। अंग्रेजी राज और शोषण, अत्याचार के विरुद्ध किया गया यह सबसे पहला स्वतंत्रता आंदोलन था। इस क्रांति के बाद अंग्रेजों को घुटने टेक देने पड़े।

13 फरवरी, 1832 को बुधु भगत को उनके साथियों के साथ कप्तान इम्पे की अंग्रेजी फौज ने सिलागाँई गाँव में घेर लिया। क्रांतिकारियों पर निरंतर गोलियाँ चलाई गईं, जिसमें लगभग 300 से अधिक ग्रामीण और क्रांतिकारी मारे गए। बुधु भगत और उनके दोनों बेटे हलधर एवं गिरधर ने मोर्चा थामा, पूरी शक्ति के साथ युद्ध किया। लेकिन अंग्रेजों की फौज विशाल थी। बुधु भगत और उनके दोनों बेटे हलधर और गिरधर अंग्रेजों से युद्ध करते हुए बलिदान हो गए।

□

भगोजी नाईक

महाराष्ट्र के भगोजी नाईक एक ऐसे जनजाति नायक हैं, जिन्होंने 1857 से पूर्व नासिक क्षेत्र में क्रांति का नेतृत्व किया। नासिक जिले के सिन्नर तालुका के नांदूर शिंगोटे गाँव के मूल निवासी भगोजी नाईक ने ही भारत के प्रथम मुक्ति संग्राम 1857 में इस क्षेत्र से युद्ध का मोर्चा थामा। यहाँ अंग्रेजों के शोषण और अत्याचार का सिलसिला तब शुरू हुआ, जब अंग्रेजों ने 3 अप्रैल, 1818 को नासिक जिले के वनवासी क्षेत्र में अपकाई-ढपकाई किलों पर अधिकार कर लिया। इसके साथ ही जुन्नर क्षेत्र के महादेव कोलियों के सभी अधिकार छीन लिए गए। धीरे-धीरे भील और कोलियों में असंतोष बढ़ने लगा। आरंभ में विरोध से शुरू होकर भगोजी नाईक के नेतृत्व में बड़ा विप्लव हुआ।

चालीस गाँव के भील भी क्रांतिकारियों के साथ थे। अंग्रेज इस विरोध से इतने परेशान थे कि उन्होंने भगोजी नाईक को मारने अथवा कैद करवानेवाले को पुरस्कृत करने की भी घोषणा कर दी। भगोजी नाईक ने शृंखलाबद्ध युद्ध किए। उनका यह संघर्ष 1857 के महासंग्राम में चरम पर था। भगोजी नाईक ने नांदूर शिंगोटे की पहाड़ी में 50 भील योद्धाओं का दल गठित किया। भगोजी नाईक के नेतृत्व में जिस घाट पर संघर्ष हुआ, उसे आज भी भगोजी नाईक घाट के नाम से जाना जाता है।

यह वह समय था जब भगोजी नाईक की क्रांति दवानल बन गई थी। उन्होंने

अंग्रेजों के चाटूकार सिन्नर, संगमनेर और पारनेर के मामलेदारों को कहा कि वे उसके सामने आत्मसमर्पण कर दें। इसकी प्रतिक्रियास्वरूप नगर का पुलिस अधीक्षक जे.डब्ल्यू. हेंड्री पुलिसकर्मियों के साथ क्रांतिकारियों से युद्ध के लिए पहुँचा। उसने भगोजी नाईक को हथियार डालने और आत्मसमर्पण करने का आदेश दिया। भगोजी नाईक ने दोनों बातें सिरे से नकार दी और युद्ध की चुनौती को स्वीकारा। दोनों सेनाओं के बीच संघर्ष हुआ।

भगोजी नाईक से युद्ध के दौरान अंग्रेज सेना का नेतृत्व करनेवाले हेंड्री की हार हुई और हेंड्री मारा गया। इससे जनजातियों का उत्साह कई गुना बढ़ गया।

18 अक्तूबर, 1857 को रमेशरपुर (नगर) में भगोजी नाईक के साथियों और अंग्रेजों के बीच आमना-सामना हुआ। संघर्ष में कर्नल कैमन, लेफ्टिनेंट ग्राहम चैपमन आदि मारे गए।

भील उत्साह में थे, अकोला तहसील के भील और महादेव कोली सुरगुणा के पवार राजा के पास सहायता के लिए गए थे, तभी कैप्टन नूताल ने 150 सैनिकों और 50 घुड़सवारों के साथ हमला कर दिया। धर-पकड़ की मुहिम चलाई और पहाड़ी क्षेत्र के ठाकुर तथा महादेव कोलियों को फाँसी पर लटका दिया गया।

क्रांतिकारियों को भला कौन रोक सकता था? 12 नवंबर, 1857 को हरसूल पर हमला कर खजाना प्राप्त किया और सरकारी कागज जला दिए। 14 नवंबर को नूतल वहाँ पहुँचा, तब तक क्रांतिकारी धरमपुर चले गए।

अंग्रेज कैप्टन तिलमिला गए। उन्होंने लोगों को पकड़ने का अभियान चलाया। कैप्टन गलासपूल, कैप्टन वकर और बोस्वेल ने फाँसी का क्रम शुरू किया। 19 दिसंबर को पेठ महल के राजा भगवत राव भाऊराजा को क्रांतिकारियों की सहायता करने के अपराध में फाँसी दी गई। भगोजी नाईक की क्रांति योजना के तहत क्रांतिवीर सभी दिशाओं में क्रांति मोर्चे पर थे।

कैप्टन नूतल दमन के लिए जैसे ही दक्षिण की ओर मुड़ा, उसे 500 वनवासी क्रांतिवीरों के साथ संघर्ष करना पड़ा। भगोजी नाईक के भाई महिपति ने नूतल के साथ युद्ध किया। इस युद्ध में महिपति ने प्राणों का उत्सर्ग किया।

भगोजी नाईक के क्रांति मोर्चे, भील तथा महादेव कोली जनजाति के क्रांतिकारियों के संघर्ष और सक्रियता से अंग्रेज परेशान थे। उन्हें हर हाल में भगोजी नाईक को पकड़ना था। इसकी जिम्मेदारी मेजर फ्रांसाचर को दी गई। चारों ओर गुप्तचर भेजे गए। कुछ लोगों को भी साथ में मिला लिया गया। खुफिया लोगों से

यह पता चल गया कि भगोजी नाईक और उनके साथी सिन्नर की माठ-सागर पहाड़ियों में हैं।

मेजर फ्रांसाचर दल-बल के साथ वहाँ पहुँचा और पहाड़ी को घेर लिया। भगोजी नाईक और उनके साथी विश्राम कर रहे थे। अंग्रेजों ने अचानक हमला किया और आत्मसमर्पण के लिए कहा। भगोजी नाईक ने संघर्ष स्वीकारा और मोर्चा लिया। भगोजी नाईक सहित 45 क्रांतिकारी रणभूमि में बलिदान हो गए और 15 घायल हुए। अंग्रेजों ने भगोजी नाईक के प्राणोत्सर्ग के बाद उनके परिवार के सभी सदस्यों को मार डाला। नांदूर शिंगोटे से एक किलोमीटर दूरी पर स्थित भगोजी नाईक की समाधि आज भी उनके बलिदान की गाथा व्यक्त कर रही है।

□

भीमा नायक

भारत में स्वाधीनता संघर्ष का अंकुर वनों और पर्वतों में रहनेवाले वनवासियों के बीच ही अंकुरित हुआ है। इन वनवासियों के मन में अपनी माटी के प्रति समर्पण की अटूट भावना थी। उन्होंने स्वाधीनता के लिए एक ऐसा निर्लिप्त संघर्ष किया, जिसे आगे चलकर संपूर्ण राष्ट्र ने स्वीकारा। स्वाधीनता संघर्ष और जनजातीय चेतना का एक ऐसा ही भील नायक हुआ है—'भीमा नायक'। मध्य प्रदेश के निमाड़ क्षेत्र के इस नायक ने 1840 से 1864 तक अंग्रेजों के विरुद्ध भीलों की क्रांति का नेतृत्व किया। तात्या टोपे से प्रेरित इस नायक ने 1857 स्वातंत्र्य समर में निमाड़ में अंग्रेजों को हिलाकर रख दिया।

पश्चिम मध्य भारत के भील वनवासियों का नेतृत्व करनेवाला भीमा नायक बड़वानी रियासत के पंचमोहली गाँव का रहनेवाला था। 1857 के स्वातंत्र्य समर में अंग्रेजों से सीधी भिड़ंत के बाद अंग्रेजों ने खानदेश भील कोर उसके पीछे लगा दी, लेकिन पकड़ न सके। भीमा अपने साथियों मोवासिया, रेवलिया नायक और दस हजार क्रांतिकारियों के साथ डटा रहा।

1857 में निमाड़ के भीलों को जगानेवाला यह योद्धा लगभग 1815 में जन्मा था। मात्र 10 वर्ष की आयु में बालक भीमा तीर-कमान-गोफन चलाने में दक्ष हो गया। भीमा के क्रांतिकारी बनने में परिवार के संस्कारों की मुख्य भूमिका रही। पिता रामा ने हथियार चलाना सिखाया तो माँ सुरसी बेटे के हर क्रांतिकारी मोर्चे पर साथ खड़ी रही।

अंग्रेजों के शोषण और अत्याचारों से मुक्ति के लिए भीमा ने 1837 में सैनिक टुकड़ी बनाना शुरू किया। मात्र एक वर्ष में उसके पास प्रशिक्षित 500 सेनानी थे। भीमा की फौज में भील, भिलाला, मकरानी सैनिक थे। इनकी सुरक्षा के लिए धानाबावड़ी में भीमा ने एक गढ़ी का भी निर्माण करवाया। अंग्रेजों ने छल से भीमा के साथी दौलतसिंह को मार डाला। इस अवसाद के समय में बड़वानी के खाज्या नायक ने फिर से मोर्चा थामने का संबल दिया।

अकाल के समय अंग्रेजों ने लगान के लिए जोर-जबरदस्ती, घूसखोरी और हिंसा का तांडव रचा। भीमा ने सूदखोर, बनियों, सामंत, साहूकारों और सरकारी खजाने का सामान छीनकर गरीबों में बाँट दिया। उसने अपनी कुलदेवी नागरी माता के सामने भीलों का शोषण करनेवाले अंग्रेजों को निकाल बाहर करने की शपथ ली और अभियान में जुट गया। माँ सुरसी ने 150 महिलाओं को युद्ध कला में प्रशिक्षित किया।

गुजरात से अंग्रेजों ने भील नायकों को कुचलने के लिए ब्रिटिश फौज बुलवाई, तथा भीमा सहित सभी क्रांतिकारी सेंधवा क्षेत्र की ओर बढ़ गए। खानदेश के मजिस्ट्रेट ने सेंधवा के व्यापारियों से उनका धन ब्रिटिश संरक्षण में डलवाया। आम जनता और व्यापारी भीमा नायक के साथ थे, उन्होंने धन का कुछ अंश ही कोश में जमा किया। अंग्रेज सैनिक एकत्र किए गए कोष को गोपनीयता के साथ सेंधवा से सुरक्षित स्थान पर ले जा रहे थे, तभी भीमा ने हमला कर वह धन छुड़ा लिया। उसने कहा कि "ये लोगों की मेहनत की कमाई है, इस पर सिर्फ उन्हीं का अधिकार है।" इधर भीमा ने जनता का धन छीनकर अंग्रेजों के होश उड़ा दिए, उधर बड़वानी के राजा राणा जसवंत सिंह ने भीमा से मिलकर गुप्त समर्थन के लिए आश्वस्त किया।

भीमा क्रांति की मशाल थामे अपनी ही तरह की क्रांति कर रहा था, तभी 3 नवंबर, 1858 को क्रांति के महानायक तात्या टोपे निमाड़ आए। उनके आने से क्रांतिकारियों का उत्साह बढ़ गया, गाँव-गाँव में तात्या टोपे की गूँज होने लगी। तात्या टोपे को दक्षिण की तरफ बढ़ने से रोकने के लिए अंग्रेजों ने अपने आधा दर्जन जनरल दौड़ा रखे थे। तब भीमा नायक के अलावा रेवलिया नायक, खाज्या नायक, खोजेबसिंह, कालू बाबा का सेंधवा घाट से महाराष्ट्र तक प्रभाव था। उसी दौरान क्रांतिनायक तात्या टोपे से भीमा नायक की मुलाकात हुई। तात्या टोपे ने भीमा के कार्य और संगठन शक्ति से प्रभावित होकर अपने प्रशिक्षित 200 क्रांतिकारी साथी भीमा के साथ कर दिए। जब भीमा ने तात्या टोपे को नर्मदा पार करवाने में सहयोग किया तो तात्या टोपे ने जाते समय कहा था, "अगर हम अभियान में सफल हुए तो इस उपकार का बदला जरूर चुकाएँगे।"

अब तक अंग्रेजों ने देश भर में क्रांति को लगभग दबा दिया था, लेकिन भीमा की क्रांतिकारी गतिविधियों से अंग्रेज परेशान थे। कैप्टन आर.एच. केटिंग ने कर्नल से सहायता माँगी। 4 फरवरी, 1859 को केटिंग के नेतृत्व में अंग्रेज टुकड़ी ने धोलाबावड़ी पर धावा बोल दिया और फिर 13 फरवरी, 1859 को भीमा के गाँव पंचबावली में युद्ध हुआ। भीलों को जंगल का रुख करना पड़ा। इस भीषण संग्राम

में भीमा के 10 साथी बलिदान हुए। कई साथी गिरफ्तार कर लिये गए। भीमा के क्रांतिकारी साथियों और भीमा की माँ सुरसी को मंडलेश्वर जेल में डाल दिया गया। भीमा की सूचना पाने के लिए खोजेबसिंह और माँ सुरसी को अनेक यातनाएँ दी गईं।

अंततः भूख-प्यास से तड़पते हुए 28 फरवरी, 1859 को भीमा नायक की माँ सुरसी ने जेल में ही प्राण त्याग दिए। सुरसी के बलिदान से क्रांतिकारियों का सब्र टूट गया। क्रांतिकारियों ने जेल पर कब्जा कर लिया।

मंडलेश्वर जेल में भीषण युद्ध हुआ, जेल से बाहर निकाल लिये गए कुछ क्रांतिकारी बाद में पकड़े गए। निमाड़ के पॉलिटिकल एजेंट कैप्टन ई. थॉमसन ने मुकदमे की सुनवाई की। खजब बुंदिस, शेख मोहम्मद, हाजी अमीन, झग्गा, दिलशेर खान, नरसिंह निहाल को सजा-ए-मौत दी गई। क्रांतिकारियों को सार्वजनिक स्थानों पर फाँसी से लटका दिया गया। मायाराम, महबूब उल्ला, गुलाब खाँ, जवाहर सिंह, फुत्ता, कईम खाँ, बहादुर सिंह, नूना देवी, मंजूशाह और सरजुद्दीन को काले पानी भेज दिया गया।

कड़ी सजाओं से भील नेता भयभीत नहीं हुए। अंग्रेजों का दमन चक्र बढ़ता गया, पर स्वाभिमानी भीलों ने हथियार नहीं डाले। सारे भारत में अंग्रेजों ने सत्ता हासिल कर ली, पर भील योद्धा अपने मोर्चे पर डटे रहे। 1861 तक अंग्रेजों से लगातार संघर्ष किया। निमाड़ में सभी नायकों ने मिलकर 16 दिसंबर, 1866 को आक्रमण किया, अंग्रेजों को बड़ा नुकसान हुआ। धर-पकड़ में बड़वानी के भील क्रांतिकारी पकड़े गए। अंग्रेजों को तलाश थी भीमा नायक की, चप्पा-चप्पा छान मारा, पर भीमा का कहीं पता न चला।

इस बीच भीमा को कैद भी कर लिया गया, लेकिन वह वहाँ से निकलने में सफल हुआ। भीमा की क्रांतिकारी गतिविधियाँ निरंतर जारी रहीं। अंग्रेज उसे सीधे गिरफ्तार करने में पूरी तरह असफल हो गए थे, इसलिए उन्होंने षड्यंत्र रचा। भीमा को 2 अप्रैल, 1867 को गद्दार की सूचना पर घने जंगल में सोते हुए कैद कर लिया गया।

भीमा नायक ने अंतिम क्षणों तक समझौता नहीं किया। उसने भीलों के स्वातंत्र्य-प्रिय स्वाभिमान को बनाए रखा। इस महानायक से प्रेरित होकर अनेक भील नायक आगे आए और वनवासी क्षेत्रों से स्वातंत्र्य की अलख जगाते रहे, जो स्वतंत्रता के बाद ही थम सकी।

□

महादेव कोली

भारतीय स्वाधीनता संघर्ष में कई आख्यान ऐसे हैं, जिनका बड़ा योगदान होने के बावजूद उनका कहीं कोई स्थान नहीं है। यहाँ तक कि उल्लेख भी नहीं है। इसका मूल कारण है कि भारतीय इतिहास लेखन का कार्य उस पक्ष के द्वारा किया गया, जो जिन बातों को उजागर करना चाहते थे, वही तथ्य सामने आए।

कई अनचिन्हें संग्राम हैं, अनगिनत अनचिन्हें नायक हैं, जिन्हें कोई जानता तक नहीं, जबकि स्वराज्य प्राप्ति में उनकी महती भूमिका रही है। ऐसा ही ओजस्वी इतिहास है महाबलिदानी महादेवी कोली का। स्वराज्य प्राप्ति के लिए उनका दिया गया बलिदान रोंगटे खड़े कर देता है।

छत्रपति शिवाजी महाराज ने जब हिंदू पदपादशाही का संकल्प लिया, तब कई क्षेत्रों में स्वराज्य की गूँज बने वनवासी वीर महादेव कोली। मुगलों के अत्याचार-दमन से जब समाज पीड़ित-शोषित था, मानवता कराह रही थी, उस समय समर्थ स्वामी रामदासजी की प्रेरणा से शिवाजी महाराज आक्रांताओं को परास्त करने चल पड़े थे। अपनी मिट्‌टी, अपने देश में स्वराज्य स्थापना के लिए भगवा ध्वज आँधी की तरह फरफरा रहा था। शिवाजी महाराज का एक ही स्वप्न था—हिंदवी स्वराज्य की स्थापना। ऐसे समय में उन्हें देशभक्त स्वाभिमानी योद्धाओं की आवश्यकता थी। भारत माता की पीड़ा को दूर करने के संकल्प में संयोग भी कुछ ऐसा ही बन पड़ा।

छत्रपति शिवाजी महाराज उस समय शिवनेरी किले में कैद थे। तभी उनका संपर्क महादेव कोलियों से हुआ। शिवाजी महाराज को यह समझते देर नहीं लगी कि यही वे जनजाति वीर हैं, जिनमें स्वत्व है, स्वाभिमान है, शौर्य है और सबसे बड़ी बात देशकाज के लिए समर्पण भी है। छत्रपति शिवाजी को तेजस्वी वीर जनजाति सैन्य बल मिल गया। वर्ष 1657 में महादेव कोली शिवाजी महाराज के साथ जुड़ गए। महादेव कोली वीरों का सैनिक दल जुन्नर प्रांत में खड़ा किया गया। महादेव कोली नायक और सरदारों ने युद्ध में मोर्चा लिया। उनकी विशाल संगठित शक्ति थी,

जिसे हराना आसान नहीं था। इस शक्ति के बल पर शिवाजी महाराज ने उस क्षेत्र में स्वराज्य स्थापना की योजना बनाई थी।

राष्ट्र को समर्पित इन महादेव कोलियों ने अंतिम श्वास तक मुगलों के आगे मुजरा नहीं किया। शिवाजी महाराज के नेतृत्व में महादेव कोली की सेना ने जुन्नर की मुसलमान सत्ता को हराने में सफलता प्राप्त की। वर्ष 1656 और 57 में किए गए हमलों में शिवाजी महाराज को 3 लाख 11 हजार मुद्राएँ, 220 घोड़े और अन्य मूल्यवान वस्तुएँ प्राप्त हुईं थीं, जो तत्समय काफी महत्त्वपूर्ण थीं।

मुसलमान सत्ता को हराने के बाद छत्रपति शिवाजी ने जुन्नर प्रांत के महादेव कोली वीरों को सहयाद्री की खाइयों में मोर्चे के लिए खड़ा कर दिया। यह बादशाह की बर्दाश्त से बाहर था। वे फौज लेकर महादेव कोलियों की शक्ति को समाप्त करने पहुँचे और फिर महादेव कोली के वीरों को मौत के घाट उतारना शुरू किया। कोलियों का नेतृत्व करनेवाले खेमी वीर का कत्ल कर उसका धड़ चबूतरे पर डाला गया। ऐसे असंख्य वीर महादेव कोलियों का सिर काट-काटकर उन्हें चबूतरे पर डाल दिया गया।

असंख्य महादेव कोलियों का नरसंहार हुआ। अंतिम श्वास तक ये वीर योद्धा संघर्ष करते रहे, सिर कटाते रहे, पर पीछे नहीं हटे। धन्य है वह वीर जनजाति, जिसने राष्ट्र गौरव के लिए प्राण न्योछावर कर दिए। हम सभी जलियाँवाला बाग नरसंहार को जानते हैं, उसके स्मरण मात्र से शिराओं की धमनियों में रक्त खौलने लगता है। महादेव कोलियों का जो रक्तपात हुआ था, वह जलियाँवाला बाग हत्याकांड से भी भीषण हत्याकांड था। कैसे किसी ने राष्ट्र के लिए अपना बलिदान देनेवाले वीरों, मातृभूमि पर शीश चढ़ानेवाले अनाम योद्धाओं का स्मरण तक नहीं किया… आश्चर्य है… !

यही नहीं, शिवशाह के स्वराज्य के उद्घोष को आधार प्रदान करनेवाले वनवासियों का मुगलों द्वारा जगह-जगह जो हत्याकांड हुआ, उसका कहीं कोई उल्लेख नहीं है। इनके पराक्रम और शौर्य की गाथाएँ लुप्त हैं। आइए, आजादी के इस अमृत महोत्सव वर्ष में हम महादेव कोलियों और उन्हीं की तरह अनाम वनवासी जनजातियों के शौर्य और पराक्रम को खँगालने का संकल्प लें। जहाँ जो संदर्भ हो, आंशिक ही सही, उसका उल्लेख जरूर करें, यही भारत के स्वत्व, स्वाभिमान और स्वराज के बलिदानियों को सच्ची श्रद्धांजलि होगी।

□

महुआ कोल

जब भी विदेशी आंक्रांताओं ने भारत पर आक्रमण किया, वन-बंधुओं ने तीर-कमान लेकर मोर्चा साधा। एक समय था जब पिंडारियों ने आतंक मचा रखा था। भारतीय जन परेशान थे, तब महुआ कोल ने लोगों की पिंडारियों से रक्षा की। शूरवीर क्रांतिकारी महासिंह कोल जनजाति के ऐसे वीर नायक हुए हैं, जिन्होंने राष्ट्ररक्षा के लिए कई मोर्चों पर युद्ध किया। जहाँ पिंडारियों के आंतक से लोगों को बचाया, वहीं बुंदेला क्रांति में उनकी अग्रणी भूमिका रही। बुंदेला क्रांति से लेकर 1857 की क्रांति तक शृंखलाबब्द्ध युद्ध किए, स्वाधीनता संग्राम का यह लंबा समय रहा है।

शूरवीर और पराक्रमी महासिंह ने पिंडारियों से लोगों को बचाया, बुंदेला क्रांति में उनकी सक्रिय भूमिका रही। बुंदेला क्रांति से लेकर 1857 के महासंग्राम तक उन्होंने क्रांति धारा को आगे बढ़ाया। रणबाँकुरे महासिंह के बचपन का नाम महुआ कोल था। जब वे लगभग 15 वर्ष के थे, तभी उनका कद 6 फीट से अधिक था। उनके माता-पिता बगदरी फाल के पास के जंगल में रहते थे। उन दिनों वहाँ कोल जनजातियों की लगभग 20 झोंपड़ियाँ हुआ करती थीं। सभी कोल जनजाति के वनवासी वनोपज और पशुओं के मांस से जीवनयापन करते थे। वन ही उनका जीवन था, वन ही पूजा और वन ही नैसर्गिक संसाधन। प्रकृति पूजा के साथ महुआ कोल का गुरु गोवर्धन सिंह के सान्निध्य में प्रशिक्षण चलने लगा। उनकी ऊँचाई 8 फीट के करीब हो गई थी। बड़े-बड़े पत्थरों को सहज ही उठा लेना, सीधी-सीधी चट्टानों पर आसानी से चढ़ जाना, घंटों हिरण नदी में तैरना उनकी विशेषताएँ थीं। उनके साथी जहाँ प्रशिक्षण से थककर विश्राम करने लगते, वहीं गुरुजी को उन्हें कार्य से वापस बुलाना पड़ता था। दो वर्षों के प्रशिक्षण के बाद हथियार चलाने के लिए जंगलों में प्रशिक्षण हुआ। तीर, कमान, भाला सभी चलाने में दक्ष किया गया।

वर्ष 1830 के आसपास कराम खाँ पिंडारी के एक साथी जालिम खाँ ने अपना अलग दल बना लिया था। जालिम खाँ वहाँ लूटपाट करने लगा था। कंपनी सरकार से बचने के लिए वह जगह बदलकर बस्तियों पर हमला करता था। सन् 1840 के आसपास उसने हिरण नदी के तट पर कोनीजी के पास अपना डेरा जमाया था।

जागीरदार ने गाड़ाघाट की जागीर की सुरक्षा के लिए फौज गठित की थी। उसमें पाँच सौ फौजी नियुक्त किए गए थे। उन दिनों जबलपुर जिला सहित पाटन तहसील ईस्ट इंडिया कंपनी के शासन में थी। इसके अंतर्गत आनेवाले गाँवों के लगान आदि की वसूली जागीरदार ही करते थे।

महासिंह बुंदेला क्रांति की शुरुआत से अंत तक राजा हिरदेशाह के साथ रहे। उन्होंने गोंड राजा के साथ मिलकर चाँवरपाठा किले की स्थिति मजबूत की तथा बाद में तेंदूखेड़ा पर हमला किया।

बुंदेला क्रांति शांत हो गई। उस क्रांति से भयभीत हुई ईस्ट इंडिया कंपनी की सरकार ने केवल उन्हीं को दंड देने का फैसला किया, जो सीधे तौर पर शामिल पाए गए थे। महासिंह का नाम ही नहीं आया। बुंदेला क्रांति में महासिंह को युद्ध का अनुभव था। शौर्य और पराक्रम वे पहले ही साबित कर चुके थे। जब देश में 1857 महासंग्राम शुरू हुआ, महासिंह भी सक्रिय भूमिका के साथ शामिल हुए। स्वाधीनता प्राप्ति ही उनका एकमात्र लक्ष्य था। वे अंग्रेजों के दमन-शोषण को सदा के लिए समाप्त करना चाहते थे। स्वाधीनता संग्राम के समय 1857 की क्रांति में अंग्रेजी सेना ने उन्हें गिरफ्तार कर जबलपुर जेल में बंद कर दिया। वहाँ रहस्यमय परिस्थिति में उनकी मृत्यु हो गई।

□

मर्रि कामय्या

विशाखापट्टनम जिले में अंग्रेज लगान के लिए लगातार यातनाएँ दे रहे थे। उनके शोषण को सहते-सहते लोग प्राण त्याग देते थे। कोंडा दोरा जनजाति के मर्रि कामय्या लोगों पर होनेवाले अत्याचार से व्यथित थे। उन्हें लगा, आखिर कब तक ये भोले-भाले वनवासी भूखे पेट रहकर लगान देते रहेंगे। महिलाएँ असुरक्षित थीं। यदि किसी ने गलती से मुँह खोल दिया तो हंटर की मार पड़ती थी। अंग्रेजों के अत्याचार और अनाचार की विकट परिस्थिति में लोगों का जीना मुश्किल था। न अच्छी सड़कें, न शिक्षा के लिए स्कूल, ऊपर से निरंतर यातनाएँ दी जाती थीं। यह सब मर्रि कामय्या और नहीं सह सकते थे।

आंध्र के मन्नेम योद्धा मर्रि कामय्या ने विशाखापट्टनम जिले में 1936 में अंग्रेजों के विरुद्ध युद्ध छेड़ा। अंग्रेजों के लगान और शोषण के विरोध में वनवासियों को जागृत किया। वनवासियों का दल खड़ा किया और अंग्रेजों से युद्ध शुरू कर दिया। 7 वर्षों तक वनवासियों के जंगल अधिकार को लेकर युद्ध करते रहे। उन्हें कई बार जेल भेजा गया, यातनाएँ दी गईं। अंग्रेज सरकार ने 1940 में असहयोग आंदोलकारी के रूप में बंदी बनाया।

1936 से विशाखापट्टनम जिले में अंग्रेजों के विरुद्ध लड़नेवाले मर्रि कामय्या कोंडा दोरा जनजाति के अग्रणी योद्धा थे। विशाखापट्टनम जिले के पाड़ेरू क्षेत्र में हुकुमपेट मंडल के गुरुडापल्ली नामक गाँव के निवासी मर्रि कामय्या, अल्लूरी सीताराम राजू द्वारा 1924 में किए गए रम्पा विप्लव से प्रेरित हुए।

उन्होंने भी अंग्रेजी शासन के विरुद्ध आवाज उठाने का निर्णय लिया। सबसे पहले कामय्या ने वहाँ के पिछड़े वनवासी गाँवों में कोंडा जनजाति के समूह को संगठित करके ग्राम समितियों का निर्माण किया। वे जानते थे कि जब लोग शिक्षित होंगे तभी उनमें जागृति आएगी, इसलिए उन्होंने समितियों के लाभ से गाँव में विद्यालय शुरू किया। स्थानीय कार्यों से वनवासियों की आजीविका में बढ़ोतरी हुई।

वनवासियों में अज्ञानता और व्यसन मुक्ति के लिए प्रयास किया। वनवासी समाज मानवीय कमजोरियों से मुक्त हुआ तो उनमें अंग्रेजों के दमन के विरुद्ध लड़ने की क्षमता का निर्माण हुआ।

उन्होंने नवीन पद्धति से बौद्ध धर्म को अपनाकर 'अलेख' नाम के सात्त्विक मार्ग को अपनाया। इसे रोकने के लिए अंग्रेज सरकार और जमींदारों ने मिलकर कामय्या के गाँव गरुडापल्ली में आग लगाकर उसे जला दिया था। कामय्या की जमीन, पशु और संपत्ति को भी हड़पकर नीलाम कर दिया।

भूमिगत होकर कामय्या अपने साथियों को लेकर जंगलों में भटकते हुए अंग्रेजों के विरुद्ध आंदोलन चलाने लगे। जले हुए अपने गाँव के 360 परिवारों के लिए बीटागरुदु नाम से दूसरा गाँव बसाया। उसी का नाम बाद में 'कामय्यापेटा' बन गया। वहाँ भी अंग्रेज सरकार ने जमींदारों की सहायता से कामय्या के परिवारजनों पर अत्याचार किए। उनकी झोंपड़ियों को जला दिया।

कामय्या के नेतृत्व में ग्रामीण जनता ने 50 दल बनाकर संघर्ष शुरू किया। इसका नेतृत्व करने के आरोप में कामय्या को कैद कर लिया गया। उन्हें 11 दिनों तक साथियों के साथ कठोर कारावास की यातनाएँ दी गईं। जेल से छूटने के बाद कामय्या को बंदी बनाना मुश्किल था, इसलिए कामय्या पर असहयोग आंदोलन में शामिल होने का आरोप लगाया गया और अंग्रेजी सरकार ने उन्हें बंदी बना लिया। कामय्या जब जेल से बाहर आए तो उन्होंने देखा कि वनवासी अति कष्टकर जीवन जी रहे हैं, तब किसानों को अपनी खेती की उपज का दाम भी नहीं मिलता था।

कामय्या पुनः भूमिगत हो गए। उन्होंने बार-बार अपने केंद्र बदले। अंग्रेजों और जमींदारों के विरुद्ध 7 वर्षों तक जंगल पर अधिकार पाने के लिए संघर्ष किया। एक दिन उनकी आँखों के सामने नदी पार करते समय उनकी लड़की नदी के प्रवाह में डूब गई। पारिवारिक संकट होने के बावजूद भी वह अंग्रेजों से युद्ध करते रहे। यह युद्ध भारत की आजादी तक चला। 1959 को इस योद्धा ने अंतिम श्वास ली। इस तरह मर्रि कामय्या ने वनवासियों के जीवन का निर्माण, संस्कृति का निर्माण, आत्मबल का विकास और स्थानीय संग्राम सभी पक्षों पर एकसाथ काम किया। ऐसे पथदृष्टा और क्रांतिवीर नायक विरले ही होते हैं। धन्य है यह धरती, जिसने ऐसे अद्भुत नायक को जन्म दिया।

□

मोजे रीबा

भारत को स्वतंत्र कराने में भारतीय समाज के सभी वर्गों की भागीदारी रही है। देश की स्वाधीनता के लिए साधु-संत और संन्यासियों ने अपनी तरह का आंदोलन छेड़ा। भारत के स्वाधीनता संग्राम में ऐसे ही एक संत मोजे रीबा की महत्त्वपूर्ण भूमिका रही है। गालो जनजाति के मोजे रीबा गृहस्थ संत थे। उन्होंने अपना धर्म, अपनी संस्कृति और परंपरा के लिए आजीवन कार्य किया। गांधीजी के साथ स्वाधीनता संग्राम से जुड़े। अरुणाचल प्रदेश के वे पहले व्यक्ति थे, जो असहयोग आंदोलन में शामिल हुए। उन्होंने दारिंग ग्राम के तथा आसपास के क्षेत्र को स्वाधीनता आंदोलन से जोड़ा। अरुणाचल इकाई का गठन किया।

भारत तपस्वियों की भूमि है, महर्षियों की भूमि है, साधु-संतों की साधना स्थली है। यहाँ कई संत ऐसे हुए हैं, जिन्होंने अपने पारिवारिक दायित्व का निर्वहण करते हुए भारत की स्वतंत्रता के लिए कार्य किया है। ऐसे ही महान् संत थे—मोजे रीबा।

अरुणाचल प्रदेश के पश्चिमी सियांग क्षेत्र के बसार मंडल के दारिंग नामक ग्राम में मोजे रीबा का जन्म हुआ। इनके पिताजी का नाम गोमो रीबा था। जन्म से ही मोजे रीबा असाधारण प्रतिभा के धनी थे। हृदय में देश के प्रति समर्पणवाले मोजे रीबा अपने धर्म और संस्कृति की रक्षा के लिए लोगों को प्रेरित करते थे। वे

ईश्वर में आस्था और नि:स्वार्थ भाव से लोगों की सेवा में लगे रहे। यही कारण है कि दारिंग गाँव के लोगों ने सर्वसम्मति से इन्हें अपना गाँव-बूढ़ा चुन लिया। गाँव-बूढ़ा, अर्थात् गाँव के निर्णयों में इनकी सलाह ली जाती थी।

अपना परिवार चलाने के लिए कृषि कार्य के साथ बेंत का व्यापार करते थे। इसके लिए वे ब्रह्मपुत्र पार कर डिब्रुगढ़ जाते थे। वहाँ कुछ हिंदी भाषी लोगों के साथ व्यापार होता था।

किसे पता था कि आर्थिक उपार्जन के लिए होनेवाला यही व्यवहार उनके जीवन के वास्तविक उद्देश्य का द्वार खोल देगा। एक बार व्यवसाय के सिलसिले में वे डिब्रुगढ़ गए थे। वहाँ उन्होंने गांधीजी के असहयोग आंदोलन और स्वतंत्रता आंदोलन के बारे में सुना। मोजे रीबा को मानो मार्ग मिल गया। उनके मन में स्वाधीनता आंदोलन से जुड़ने की इच्छा आरंभ से थी। भारत की पराधीनता को लेकर वे विचलित थे। अपनी स्वतंत्रता के लिए क्या करना चाहिए, इसका उनके मन में मनन-चिंतन भी चलता रहता था।

उन्हें स्वाधीनता आंदोलन का मार्ग मिला जिस पर चलकर वे स्वतंत्रता संग्राम से जुड़ गए। असहयोग आंदोलन में शामिल होनेवाले वे अरुणाचल प्रदेश के पहले व्यक्ति थे। भारत की स्वतंत्रता तक संघर्ष करने का संकल्प लेकर वे वापस अपने गाँव लौटे। यहाँ आकर उन्होंने असहयोग आंदोलन के सक्रिय स्वरूप निर्माण का कार्य किया।

मोजे रीबा ने दारिंग ग्राम के लोगों की एक सभा बुलवाई। लोगों को असहयोग आंदोलन के उद्देश्य बताए और हम कैसे अपने देश को पराधीनता की बेड़ी से मुक्त करा सकते हैं, इस पर विस्तार से चर्चा की। उन्होंने अपने क्षेत्र में सदस्य बनाए और कुछ प्रमुख प्रतिनिधियों का चयन किया। इन सभी प्रतिनिधियों का नेतृत्व करते हुए वे सदिया गए, वहाँ प्रमुख स्वतंत्रता सेनानी गोपीनाथ बरदोलोई तथा ललित हजारिका से मिलकर असहयोग आंदोलन द्वारा स्वतंत्रता संग्राम में भाग लिया और अपने क्षेत्र के लोगों को स्वाधीनता संग्राम से जोड़ा।

इनके कार्य को देखकर स्वाधीनता आंदोलन की अरुणाचल इकाई का गठन किया गया और इन्हें वहाँ का संस्थापक अध्यक्ष का दायित्व दिया गया। इन्होंने स्वतंत्रता संग्राम का अरुणाचल प्रदेश में नेतृत्व किया। लोगों में स्वतंत्रता के लिए उठ खड़े होने के लिए चेतना जगाई। धीरे-धीरे लोग असहयोग आंदोलन से जुड़ते गए। उनके नेतृत्व में ही अरुणाचल प्रदेश में स्वतंत्रता संग्राम को नई गति मिली।

वर्ष 1972 में अपने पैतृक ग्राम दारिंग में उनका स्वर्गवास हुआ। मोजे रीबा देहावसान के बाद अरुणाचल की स्वातंत्र्य चेतना के ज्योति पुंज बन गए। यह उन्हीं की अलख का परिणाम था कि अरुणाचल प्रदेश में स्वाधीनता संग्राम की धारा प्रज्वलित हुई। वे अरुणाचल के ऐसे आबो निजी, अर्थात् बापू थे, जो आज भी लोगों की चेतना में संत ज्योति के रूप में समाए हैं, उनके प्रेरणा पुंज हैं।

□

यू कियांग नोंगबा

यू कियांग नोंगबा मेघालय के जयंतियापुर क्षेत्र के जयंतिया क्रांति के नायक थे। उन्होंने 1835 में अंग्रेजों के जयंतिया साम्राज्य पर कब्जे के बाद जनजातियों की सेना निर्मित की। जयंतिया क्रांति की गुरिल्ला युद्ध नीति से अंग्रेज सैनिकों के सात स्थानों पर लगातार 20 माह तक हमले किए।

मेघालय के क्रांतिवीर यू कियांग नोंगबा का जन्म जवाई के तपेप्पले में रिमाई नंगबाह के यहाँ हुआ। यू कियांग, अर्थात् योद्धा। जैसा नाम वैसा ही परिणाम निकलकर आया। उनके जन्म की सही तारीख ज्ञात नहीं है। यू कियांग नोंगबा को अपने मामा यू केसन सजर नंगबाह के साहस से राष्ट्रभक्ति की प्रेरणा मिली। बचपन से ही उन्हें निशानेबाजी, घुड़सवारी, तैराकी, पहाड़ों पर चढ़ने की शिक्षा दी गई।

मेघालय की पहाड़ियों में 18वीं सदी तक वनवासी, खासी और जयंतिया जनजाति स्वतंत्र थे, वहाँ अंग्रेजी राज नहीं पहुँचा था। यह वह क्षेत्र है, जहाँ वर्तमान बांग्लादेश और सिल्चर के 30 छोटे-छोटे राज्य शामिल थे। इन्हीं में से एक था जयंतियापुर। जनजाति समुदाय सदा मिल-जुलकर रहता है, उनके एकत्व को तोड़ना

आसान न था, इसलिए अंग्रेजों ने 'फूट डालो और राज करो' की नीति अपनाई। जयंतियापुर को पहाड़ी और मैदानी भागों में बाँट दिया। साथ ही जनजातियों को प्रलोभन और भय दिखाकर धर्मांतरण शुरू कर दिया। राजा ने भयवश अंग्रेजों के भौगोलिक विभाजन को मान लिया। भारतीय वनवासी पराधीनता को स्वीकार कर ही नहीं सकते थे, यह उनकी प्रकृति के विरुद्ध है। राजा के इस निर्णय को जनता और मंत्रिपरिषद् ने नकार दिया।

वर्ष 1835 में अंग्रेजों ने संपूर्ण जयंतिया साम्राज्य पर कब्जा कर लिया। उस समय यू कियांग नोंगबा की आयु कम थी, फिर भी वे जनजाति वीरों की सेना बनाने में जुट गए। राजा का साथ न होने पर भी वनवासी आम जनता ने साम्राज्यवादी ताकत से युद्ध करने की ठानी। वनवासी समाज के दमन और शोषण को कुचलने के लिए उन्होंने सांकेतिक योजना बनाई। यू कियांग नोंगबा बंसी बजाकर लोकगीत गाते थे और गीत के माध्यम से वनवासी समाज को तीर-तलवार उठाने के लिए प्रेरित करते थे। उनके आह्वान पर वनवासी संगठित होकर अंग्रेजों से संघर्ष में शामिल हो गए।

यू कियांग की संगठन शक्ति अद्भुत थी, उन्होंने युद्ध के लिए गुरिल्ला युद्धनीति अपनाई। उनकी कार्य व्यवस्था अत्यंत व्यवस्थित थी, उन्होंने कई दलों का संगठन किया और इन दलों को अलग-अलग कार्य सौंप दिए। महिलाएँ भोजन की व्यवस्था को देखती थीं, जो भोजन बनाने से लेकर भोजन को पहुँचाने का भी कार्य करती थीं। गुप्तचरों का एक अलग संगठन था। उनकी क्रांतिकारी सेना में 50,000 ऐसे पराक्रमी वीर योद्धा थे, जो देश की स्वतंत्रता के लिए बलिदान देने को हर क्षण तैयार थे।

युद्ध की सारी तैयारी करने के बाद 20 जनवरी, 1862 में यू कियांग के नेतृत्व में क्रांतिकारियों ने जोवई थाने पर आक्रमण किया और उसे जला डाला। जोवई की अंग्रेज चौकी भी उन्होंने अपने अधिकार में ले ली।

जोवाई में अंग्रेजों पर आक्रमण शुरू किया गया, थाने को जलाया गया। जयंतिया पहाड़ के मिनसो, सांगपुंग, रेलियाँ, नाहरियांग, बोरेटो, मुकाइओ, सुरंगा आदि स्थानों में युद्ध चरम पर था। अंग्रेजों की गोलाबारी का जवाब क्रांतिकारी परंपरागत धनुष-बाण, शूल, ढाल-तलवार आदि अस्त्र-शस्त्रों से दे रहे थे।

यू कियांग नोंगबा के नेतृत्व में शूरवीरों की सेना, सिर पर कफन बाँधकर अंग्रेज सरकार की सेना से संघर्ष कर रही थी। अंग्रेजों की विशाल सेना से सीधा संघर्ष संभव नहीं था, इसलिए नोंगबा ने गुरिल्ला युद्ध शुरू किया। क्रांतिवीरों के

प्रभावी हमलों से संघर्ष के लिए अप्रैल 1862 में जनरल बी.जी. शोवर्स को 2000 सैनिकों की टुकड़ी और पड़ोसी राज्यों की सेनाओं के साथ भेजा। इन सेनाओं ने अत्याचार शुरू किए। गाँव-के-गाँव जला दिए गए। असहनीय यातनाएँ दीं, अन्न भंडार और फसलें जला डालीं। यह भयावह युद्ध 1860 से 1862 तक चला।

इस संघर्ष के बाद भी क्रांतिकारियों ने हार नहीं मानी, यू कियांग नोंगबा ने योजना बनाई और अंग्रेजों के सात सैनिक स्थानों पर हमला बोल दिया। वनवासियों की गुरिल्ला पद्धति का हमला लगभग 20 महीने चला। वनवासी अंग्रेजों पर वार करते और पहाड़ियों में छिप जाते थे। अंग्रेज उन्हें पकड़ नहीं पा रहे थे। आखिरकार अंग्रेजों ने अपनी प्रवृत्ति अनुरूप यू कियांग नोंगबा को पकड़ने के लिए साजिश रची। उनके साथी उदोलाई को चंद पैसे देकर खरीद लिया। लगातार युद्ध के दौरान जब यू कियांग नोंगबा बहुत घायल हुए तो उन्हें इलाज के लिए मुंशी गाँव में रखा गया। गद्दार उदोलाई ने अंग्रेजों को यह सूचना दे दी। अंग्रेजों ने घायल यू कियांग नोंगबा को कैद कर लिया। अंग्रेजों ने संधि का प्रस्ताव दिया। क्रांतिकारी नोंगबा ने इसे सिरे से नकार दिया। उन्हें दिसंबर 1862 में पश्चिम जयंतिया हिल्स जिले के जोवाई के इवामुसियांग में सार्वजनिक रूप से फाँसी दे दी गई। मेघालय के वनवासी वीर यू कियांग नोंगबा को श्रद्धांजलिस्वरूप असंख्य वनवासियों की आँखों से अश्रुधाराएँ बह रही थीं।

□

रघुनाथ सिंह मंडलोई

भारतीय स्वाधीनता संग्राम के 200 वर्ष चले संघर्ष में वनवासी वीर योद्धाओं ने लंबा संघर्ष किया। वनवासियों ने कभी पराधीनता को नहीं स्वीकारा, इसीलिए अंग्रेजों ने जब 1757 में अपना पहला झंडा गाड़ा, उसके कुछ वर्षों बाद ही वनांचलों से विरोध शुरू हो गया। स्वाभिमान और स्वतंत्रता की रक्षा के लिए वनवासियों के देशभर में होनेवाले छोटे-बड़े विप्लव ने ही बड़े युद्ध का आधार निर्मित किया और जब 1857 का महासंग्राम हुआ तो देश के वनवासी नायकों ने रणभूमि में मोर्चा थामा। ऐसे ही एक नायक थे भिलाला जनजाति के रघुनाथ सिंह मंडलोई। 1857 महासंग्राम के समय इन्होंने बड़वानी क्षेत्र में संघर्ष किया, शोषण के विरुद्ध मोर्चा लिया और क्रांति युद्ध जारी रखा। अपने अंतिम समय तक वे स्वत्व और स्वाभिमान की रक्षा करते रहे।

उस समय मध्य भारत प्रांत के पश्चिमी क्षेत्र में होलकर रियासत का शासन था। प्रशासनिक दृष्टि से इसकी कई इकाइयाँ थीं। 20-30 गाँवों की इकाई या मंडल की जवाबदारी मंडलोई के ऊपर रहती थी। ये मंडलोई होल्कर राज्य के लिए भू-राजस्व वसूलकर वहाँ जमा करते थे और सुरक्षा के लिए आवश्यकतानुसार सैनिक टुकड़ी नियुक्त करते थे। पश्चिम में बरूद ग्राम के मंडलोई परिवार में रघुनाथ सिंह मंडलोई का जन्म उन्नीसवीं शताब्दी के पूवार्ध में हुआ। उनके पिता मंडलोई थे, वे कुशल प्रशासक व न्यायप्रिय थे। पुत्र रघुनाथ सिंह में भी ये सारे गुण आ गए। वे

आकर्षक व्यक्तित्व के धनी और शूरवीर थे। जब 1857 की क्रांति उत्तर से होती हुई मध्य भारत तक पहुँची तो केंद्रीय नेतृत्वकर्ता के अलावा यहाँ वनवासी योद्धाओं ने मोर्चा लिया। मालवा निमाड़ क्षेत्र के नायकों की विशेषता यह थी कि युद्ध में एक नायक के बलिदान होने पर दूसरा नायक मोर्चा थाम लेता था। इससे संघर्ष अनवरत चलता रहा। 1857 की क्रांति में मालवा, निमाड़ के वनवासी क्षेत्र भी शामिल हुए। भीमा नायक और खाज्या नायक के नेतृत्व में सारा क्षेत्र संगठित होने लगा। मालवा-निमाड़ के वनवासी क्षेत्र से रघुनाथ सिंह मंडलोई भी इसमें शामिल हुए।

यहाँ भील नायकों के बाद भिलाला नायक रघुनाथ सिंह मंडलोई ने मोर्चा थामा। 30 सितंबर, 1858 को क्रांतिकारियों ने बालमुकुंद चौकी पर अधिकार कर लिया तथा जागुनी चौकी को जला दिया गया। 8 अक्तूबर, 1858 को जनजातीय नायक सीताराम कँवर, रघुनाथ सिंह मंडलोई के गाँव बरूद पहुँचे। क्रांतिकारियों के साथ अंग्रेजों का बंड नामक स्थान पर युद्ध हुआ। इसमें क्रांतिकारियों की हार हुई, वे जंगल की ओर बढ़ गए, जिसमें सीताराम कँवर और हवलदार ज्वाला भी थे। सीताराम कँवर के बलिदान होते ही अक्तूबर 1858 के आसपास टांडा बरूद के रघुनाथ सिंह मंडलोई भिलाला ने अपनी गतिविधियाँ बढ़ा दीं। अंग्रेजों ने अनेक योजनाएँ बनाईं, पर वे रघुनाथ सिंह मंडलोई को पकड़ न सके। रघुनाथ सिंह अपने अभियान के बाद बीजागढ़ पहुँचे, उन्हें पकड़ने के लिए मेजर कीटिंग ने हमला बोला। बड़वानी में 8 अक्तूबर की शाम को होल्कर राज्य की सेना भी आ गई। रघुनाथ सिंह मंडलोई के आक्रामक हमले से अंग्रेज सरकार तिलमिला गई। उन्हें पकड़ने के सभी प्रयास विफल हुए। आखिर अंग्रेजों ने कुटिल चाल चली। जब भी किसी नायक को सीधे पकड़ना संभव नहीं हुआ तो वहाँ अंग्रेजों ने साजिश रचकर उन्हें कैद किया। यहाँ भी वही हुआ। मेजर ने बीजागढ़ किले में रघुनाथ सिंह मंडलोई के पास संदेश भेजा कि वे बातचीत के लिए आए हैं। इस पर रघुनाथ सिंह मंडलोई कीटिंग के पास पहुँचे और शस्त्र रखने तथा अपने-अपने क्षेत्र में जाने की माँग की।

मेजर कीटिंग ने धोखे से रघुनाथ सिंह मंडलोई को बंदी बना लिया। भिलाला नायक रघुनाथ सिंह मंडलोई के पास बंदी अवस्था में प्राण त्यागने के सिवाय कोई विकल्प न था। इस वनवासी अमर वीर नायक ने भारत की स्वतंत्रता के लिए अपना जीवन बलिदान किया।

□

राणा पूंजा भील

महाराणा प्रताप के नेतृत्व में हुए स्वाधीनता संग्राम में, उनके विजय अभियान में यदि किसी की महत्त्वपूर्ण भूमिका है तो वह है भील जनजाति के वीर योद्धाओं की। भील वीरों ने जहाँ रणभूमि में शौर्य दिखाया, वहीं राणा को आश्रय और संगठन की सुविधा भी दी और अपना संपूर्ण जीवन राणा को समर्पित कर दिया। राणा के प्रति भीलों के समर्पण के अनूठे-अनोखे उदाहरणों में एक है पूंजा भील।

विश्व की सबसे प्राचीन अरावली पर्वत शृंखला में वाकल, सोम व साबरमती नदियों के उद्‌गम स्थलों के संघीय भोमट के पठार में जन्मा था भारतीय संस्कृति का जनजाति रक्षक पूंजा भील। उन्होंने महाराणा प्रताप के साथ हल्दीघाटी के युद्ध में मोर्चा लिया। मेवाड़ के सभी भील वनवासी योद्धाओं को साथ लेकर राणाजी के साथ मिलकर लंबा संघर्ष किया। राणा प्रताप ने उन्हें राणा की उपाधि दी और वे राणा पूंजा भील कहलाए।

राणा पूंजा भील का जन्म 5 अक्तूबर को मेरपुर मुखिया दूंदा होलंकी के परिवार में हुआ था। उनकी माता का नाम केहरी बाई था। उनके पिता का देहांत होने के बाद मात्र 13 वर्ष की आयु में उन्हें मेवाड़ की मेरपुर रियासत का मुखिया बना दिया गया। यह स्थान अब आधुनिक गुजरात राज्य की सीमा पर स्थित भील और

गरासिया जनजाति बाहुल्य क्षेत्र है।

दुर्गम पहाड़ी क्षेत्र में संगठनात्मक शक्ति, स्वामीभक्ति, राष्ट्र के प्रति प्रतिबद्धता, प्रतिभा और कर्तव्य के प्रति समर्पण को देखते हुए महाराणा उदय सिंह ने उन्हें भोमट का राजा बना दिया। अपनी संगठन शक्ति और जनता के प्रति स्नेह और सेवा भाव के चलते वे वीर भील नायक बने।

उनकी ख्याति संपूर्ण मेवाड़ में फैल गई। हल्दीघाटी का युद्ध 18 जून, 1576 को हुआ था। इस युद्ध में राणा प्रताप की सेना के धनुर्धारी दस्ते के रूप में भील जनजातियों ने भाग लिया था। इन भीलों के सरदार थे पूंजा, जो झाडोल तहसील स्थित मोपट परगने के पानखा गाँव के रहनेवाले थे। यह संपूर्ण क्षेत्र गिरि-कंदराओं से आच्छादित है।

पूंजा भील के पास लगभग चार सौ भीलों का एक ऐसा हरावल दस्ता था, जिसमें धनुर्विद्या में पारंगत और पराक्रमी कुशल योद्धा थे। पूंजा की गुप्तचर व्यवस्था भी कुशल थी। उनके गुप्तचर हल्दीघाटी के युद्ध से पहले और बाद में मेवाड़ की अरावली पहाड़ियों के घाटों, नाकों और अन्य रास्तों पर इस प्रकार नियत थी कि शत्रुपक्ष की प्रत्येक गतिविधि का उन्हें पता रहता था। जिसे वे सांकेतिक प्रणाली से कुछ ही पलों में मीलों दूर बैठे अपने सरदार तक पहुँचा देते थे। ये संकेत पहाड़ी की चोटी पर विशेष प्रकार की आग जलाने, धुआँ उठाने, ढोल बजाने आदि के थे। गुरिल्ला युद्ध में कुशल इन भील जनजातियों का मुगल सेना पर इतना आतंक था कि अकबर के दरबारी इतिहासकार अलबरुनी, जो स्वयं हल्दीघाटी के युद्ध में उपस्थित था, उसने लिखा है कि "सेना के सरदारों और सिपाहियों को यह सोचकर बहुत भय लग रहा था कि कहीं रात में उन पर हमला न हो जाए, वे सो नहीं पाते थे। इसलिए अपनी रक्षार्थ नगर (गोगुंदा) के सब मोहल्लों में हाड़ें बनवा दी गईं और नगर के चारों ओर खाइयाँ खुदवाकर इतनी ऊँची दीवार बनवाई गई कि घुड़सवार उसे फाँद न सकें।"

हल्दीघाटी युद्ध के समय पूंजा भील के नेतृत्व में धुनर्धारी भीलों का जाल चारों ओर इस तरह बिछा हुआ था कि अगर युद्ध का पासा पलट भी जाए तो भी मुगल सेना पर घात लगाकर भील हमला कर सकें और उन्हें आगे न बढ़ने दें। युद्ध में घायल हुए राणा प्रताप के सैनिकों की सेवा कोलियारी गाँव में इन्हीं भीलों द्वारा की गई थी। यह गाँव पूंजा भील के पैतृक गाँव पानखा के निकट था। महाराणा की पराजय के बाद मुगलों ने आगे बढ़ने के लिए पड़ाव डाला पर भीलों ने शाही, फौज तक पहुँचनेवाले सभी मार्ग बंद कर दिए थे। इसलिए मुगल सैनिक रसद के

अभाव में कच्चे आम और पशु मांस खाने के लिए विवश हुए। यही वजह थी कि अधिकांश सैनिक बीमार पड़ गए और रणभूमि में उनका कौशल कमजोर पड़ गया।

हल्दीघाटी युद्ध के पश्चात् महाराणा प्रताप के परिवार की सुरक्षा भी वनवासी भीलों ने ही की थी। भीलों का साथ, समर्पण और चौकसी के कारण ही अकबर अनेक प्रयत्नों के बाद भी अंत तक मेवाड़ को विजित न कर सका।

वर्ष 1558 में राणा प्रताप ने भील बाहुल्य चावंड में अपनी नई राजधानी स्थापित की और मेवाड़ राज्य की पुनर्व्यवस्था के आयाम विकसित हुए। इसके पीछे पूंजा भील की स्वामीभक्ति, शौर्य और पराक्रम का बड़ा योगदान है।

□

रामा हब्शी

भारत के स्वाभिमान की रक्षा के लिए होनेवाले युद्ध में सेनापतियों की केंद्रीय भूमिका रही है। शिवाजी महाराज ने जब विदेशी आक्रांताओं के विरोध में संघर्ष किया और हिंदू पदपादशाही का ध्वज लेकर चले, तब उनके सेनापतियों ने इसे आगे बढ़ाया।

भारत के प्रथम मुक्ति संग्राम में सेनापति तात्या टोपे ने युद्ध की आयोजना से लेकर रणभूमि में कीर्तिमान स्थापित किया। वे एक ऐसे विलक्षण सेनापति थे, जिन्होंने अंग्रेजों के 11 जनरलों को धरती नपा दी थी। महाराणा प्रताप के साथ वनवासी वीर योद्धाओं और सेनापतियों के रणकौशल का ही परिणाम था कि उन्होंने मुगलों को अपनी धरती में प्रवेश नहीं करने दिया। ठीक इसी तरह दक्षिण में एक ऐसे ही अमर वीर सेनापति हुए हैं—रामा हब्शी। रामा हब्शी कर्नाटक की महापराक्रमी रानी चेन्नम्मा के सेनापति थे। सिद्धि जनजाति के इस सेनापति के शौर्य और पराक्रम से अंग्रेज थर्राते थे। उन्होंने कर्नाटक में स्वाधीनता के लिए कई युद्धों का संचालन किया।

भारत में स्वतंत्रता के लिए जब महासंग्राम चल रहा था, तब कर्नाटक में एक ऐसी महापराक्रमी रानी हुईं, जिनका नाम था चेन्नम्मा। रानी चेन्नम्मा कर्नाटक के कित्तूर प्रांत के महाराज मल्लसर्ज की पत्नी थीं। राजा की मृत्यु के बाद अंग्रेजों ने कित्तूर राज्य पर अपना अधिकार जमाने का प्रयास किया। रानी के दत्तक पुत्र गुरुलिंग मल्लसर्ज को कित्तूर राज्य का उत्तराधिकारी मानने से मना कर दिया और राज्य हड़प नीति के तहत राज्य को विलय करने की योजना बनाई। उस समय अंग्रेजों द्वारा राज्यों को विलीन करने का क्रम चरम पर था। रानी ने कोई समझौता नहीं किया और 23 सितंबर, 1824 को युद्ध की चुनौती स्वीकारी।

रानी ने योद्धा का वेश धारण किया और अंग्रेजों से संघर्ष की तैयारी कर ली। उनकी सेना में एक सेनापति था, जिसका नाम था—रामा हब्शी। अफ्रीका के अबेसिनिया से जो लोग आए थे, उनको 'हब्शी' कहते थे। वही आज सिद्धि

जनजाति के रूप में परिचित हैं। कर्नाटक के उत्तर कर्नाटक बेल्लारी और धारवाड़ जिलों में सिद्धि जनजाति का प्रमुख निवास है। आज भी यह समाज जंगलों में रहता है और छोटी-मोटी खेती कर अपना जीवन व्यतीत करता है। कुछ लोग बड़े किसानों की खेती पर मजदूरी भी करते हैं। सिद्धि लोग वैसे अफ्रीका के हैं, लेकिन भारत में जब पोर्तुगीज आए, तब वे उनके जहाज पर काम करने के लिए सिद्धि लोगों को यहाँ लाए। भारत के स्वतंत्र होने के बाद वे जब वापस गए, तब सिद्धि लोगों को यहीं छोड़कर चले गए थे। तब से यह समाज जंगलों में निवास कर रहा है। रामा हब्शी भी इसी सिद्धि समाज से थे।

इस तरह सिद्धि समाज मूलतः वनवासी समाज है। जंगल में निवास करनेवाले यह प्रकृति पुत्र प्रकृति से प्रेम करते हैं, स्वतंत्रता प्रिय जनजाति पराधीनता स्वीकार नहीं करती। उन्हें दासता में बाँधना संभव नहीं है। साहस और स्वाभिमान उनके रक्त में है। वे अपने राजा के प्रति स्वामिभक्त, ईमानदार और श्रद्धानिष्ठ हैं, लेकिन स्वाभिमान के साथ। इतिहास साक्षी है कि राणा प्रताप की सेना में भीलों ने प्राणपण से अंत तक युद्ध किया। यह उनकी राजनिष्ठा ही थी कि राणा ने उन्हें भिल्लराज का स्थान दिया है। रामा हब्शी का जन्म उत्तर कर्नाटक के हल्लियात तहसील में हुआ।

रानी चेन्नम्मा की सेना में शामिल रामा हब्शी जिस युद्ध की कमान सँभालते थे, उस युद्ध में विजय निश्चित थी। अंग्रेज यह जानते थे कि रानी चेन्नम्मा के साथ मिलकर रामा हब्शी ने कई युद्धों का नेतृत्व किया और उसमें विजयी भी हुए। ब्रिटिश सेना के साथ रानी चेन्नम्मा का युद्ध हुआ। ब्रिटिश की ओर से तब थैकरे इस युद्ध का नेतृत्व कर रहा था। रानी की ओर से सेनापति के रूप में रामा हब्शी ने इस युद्ध का नेतृत्व किया। दोनों सेनाओं में युद्ध हुआ। रामा हब्शी की सेना ने शौयर्ता का परिचय देते हुए ब्रिटिश सेना को परास्त किया। इस युद्ध में अंग्रेज सेनापति थैकरे भी मारा गया, जिससे रामा की सेना इतनी उत्साहित हुई कि उन्होंने इस अंग्रेज सेनानी का सिर भाले में घुसाकर उसको पूरे गाँव में घुमाया। यह एक अद्‌भुत घटना मानी जाती थी, जो रामा हब्शी की सेना के विजय का संकेत था।

शायद कम ही लोग जानते हैं कि रानी चेन्नम्मा के विजय अभियान में श्रृंखलाबद्ध विजय का आधार रामा हब्शी ही थे। दुर्भाग्य से जनजाति वीरों की पराक्रम की कथाएँ इतिहास में उपेक्षित रही हैं। उसी प्रकार रामा हब्शी के शौर्य की जानकारी इतिहास में बहुत कम उपलब्ध है।

□

राघोजी भांगरे

भारत में स्वाधीनता संग्राम के विविध चरणों में 1857 भारत का पहला महासंग्राम है, लेकिन जनजाति समाज ने इससे कई वर्षों पूर्व स्वाधीनता के लिए संघर्ष शुरू कर दिया था। इसमें एक संघर्ष इतना असाधारण था कि जिसमें पिता-पुत्र दोनों ने बलिदान दिया, अर्थात् दो पीढ़ियों ने भारत की स्वतंत्रता के लिए जीवन दे दिया। इतिहास में ऐसा ही एक उदाहरण है बलिदानी राघोजी भांगरे और उनके पिता श्री रामजी भांगरे।

क्रांतिनायक राघोजी भांगरे ने महाराष्ट्र के महादेव कोली समाज पर होनेवाले अत्याचारों के विरोध में मोर्चा थामा। अंग्रेजों के बढ़ते दमन-शोषण को रोकने के लिए 1827 में जनजाति योद्धाओं की टोलियाँ निर्मित कीं। कभी प्रत्यक्ष तो कभी अप्रत्यक्ष युद्ध किया।

महादेव कोली जनजाति के क्रांतिवीर राघोजी भांगरे का जन्म महाराष्ट्र, अहमद नगर के देवगाँव में हुआ। उनके पिता राजुर प्रांत के सूबेदार के रूप में यहाँ नौकरी करते थे। जब सन् 1818 में अंग्रेजों ने महाराष्ट्र में अपना राज्य स्थापित किया। राज्य विस्तार के साथ सूबे को हथियाना शुरू किया। महाराष्ट्र के महादेव कोली समाज के पास सह्याद्रि पर्वतमाला के सभी किलों को सुरक्षा के अधिकार थे, वे छीन लिये गए। शिलेदार, वतनदार जैसे शब्द समाप्त कर दिए गए, सबका वेतन कम कर दिया गया। इससे समाज में असंतोष बढ़ने लगा। वर्ष 1828 में कृषि कर भी बढ़ा दिया। उत्पादन कम और अधिक कर की मार से किसान त्रस्त थे। किसानों को साहूकारों से कर्ज लेना पड़ता था। समय पर पैसा न लौटा पाने की स्थिति में साहूकारों ने गरीब किसानों की भूमि हस्तगत करना शुरू कर दिया।

महादेव कोली समाज में साहूकार और अंग्रेजों के विरुद्ध गुस्सा बढ़ता गया। राघोजी भांगरे के पिताजी श्री रामजी भांगरे ने रतनगढ़ के किलेदार गोविंदराव खाड़े के साथ मिलकर विरोध करना प्रारंभ किया। उस समय राघोजी छोटे थे, परंतु उन्हें

सब कुछ समझ आ रहा था। बाल वय में ही उनके अंतस में स्वाधीनता चेतना समा गई। वे अपने पिता के विरोध को समझने लगे। रामजी द्वारा जो आंदोलन शुरू किया गया था, उसका दमन करते हुए अंग्रेजों ने कइयों को जेल भेज दिया। रामजी को आजन्म कारावास की सजा देते हुए कालापानी भेज दिया गया।

रामजी भांगरे द्वारा प्रारंभ किए आंदोलन में उनका पुत्र राघोजी सक्रिय न हो, इसलिए अंग्रेजों ने उन्हें नौकरी पर रख लिया। कुछ समय पश्चात् राघोजी पर डकैती का आरोप लगाया गया। उनकी माँ, भाई-भाभी को भी पकड़ा गया। वे अंग्रेजों के अनुकूल बयान दें, इसलिए उन पर कई प्रकार के अत्याचार किए गए। राघोजी को यह सब कुछ असहनीय हो गया। उन्होंने स्वयं को मुक्त किया और अंग्रेजों से सीधा संघर्ष शुरू कर दिया। राघोजी ने पुलिस थाने की सारी बंदूकें हस्तगत कर लीं और घोड़े पर सवार होकर चले गए। उन्होंने माँ का आशीर्वाद लेकर घर छोड़ा और जंगल का रास्ता पकड़ा।

राघोजी एक अच्छे संगठक थे। कुछ दिनों में मुला नदी के तटीय प्रदेश, प्रवरा नदी का तटीय क्षेत्र, रतनगढ़, हरिचंद्र गढ़, अलंग, कुलंग, कलसुबाई, अकोले, राजूर, संगमनेर जैसे कई क्षेत्रों से हजारों युवक स्वाधीनता के लिए उनके साथी बन गए। इस समूह में समाज के सभी जातियों के लोग थे, जिन्हें राघोजी भांगरे और बापू भांगरे का नेतृत्व प्राप्त हुआ। सह्याद्रि की पर्वतमालाओं में 'हर-हर महादेव' का उद्घोष गूँज उठा।

सन् 1827 तक कई युवा इस क्रांतिपथ पर राघोजी के साथ चलने के लिए तैयार हुए। राघोजी की शक्ति जैसे-जैसे बढ़ने लगी, आसपास के साहूकारों पर छापे मारना शुरू हो गया। संघर्ष में मिला अनाज और धन तुरंत गरीबों के बीच वितरित किया जाने लगा। राघोजी सबके तारणहार बन गए।

वर्ष 1845 में अंग्रेजों से सीधा युद्ध हुआ। हजारों लोग मारे गए। अनेक साथी पकड़े गए। कुछ समय बाद पंढरपुर में राघोजी को अंग्रेजों ने बंदी बना लिया। 2 मई, 1848 को ठाणे के कारागृह में भारत माता के इस अमरवीर को फाँसी दे दी गई।

□

रामजी गोंड

तेलंगाना के आदिलाबाद जिले सोनखास गाँव में जनमे वीर योद्धा रामजी गोंड ने 1857 के क्रांति युद्ध में निर्मल शहर और आसपास के क्षेत्र से मोर्चा लिया। तात्या टोपे के मार्गदर्शन में क्रांतिकारियों की सेना खड़ी की। निजाम अंग्रेजों के साथ होने के बावजूद रामजी गोंड ने वनवासियों के साथ मिलकर अंग्रेजों को वहाँ से मार भगाया। 9 अप्रैल, 1860 को अंग्रेज और निजाम की सेना ने मिलकर क्रांतिकारियों पर हमला किया, जिसमें बड़ी संख्या में वनवासी बलिदान हुए। रामजी गोंड को हजार वटवृक्ष पर फाँसी दे दी गई।

आंध्र प्रदेश में निजाम के राज्य में वनवासी ज़िला है, आदिलाबाद, जो विदर्भ और मराठवाड़ा को जोड़नेवाले रास्ते पर है, इस जिले में निर्मल नामक शहर से पाँच किलोमीटर की दूरी पर एक विशाल वटवृक्ष था। स्थानीय जनता इसे हजार फाँसीवाले वटवृक्ष के नाम से जानती है। इसी वटवृक्ष पर फाँसी के फंदे से झूलकर बलिदान हुए थे रामजी गोंड।

वीर तेजस्वी, शूरवीर, बुद्धिमान और आकर्षक व्यक्तित्व के रामजी गोंड का जन्म आदिलाबाद जिले के सोनखास गाँव में हुआ था। वर्ष 1857 के तीस दिसंबर के 'इंग्लिश-मैन' में छपा था कि राव साहब पेशवा स्वयं निजामशाही के निर्मल शहर में आए थे। वेंकटराव के घर पर रुके थे। यहाँ कुछ दिन रुककर आसपास

के कई गाँववालों से मिले थे। उन्होंने अंग्रेजों और निजाम की सेना पर आक्रमण करने के लिए स्थानीय गोंड, मराठों और पठानों को प्रेरित किया। उल्लेखनीय है कि उस कालखंड में जनजाति और गैर-जनजाति के नाम अस्तित्व में नही थे। जातियों, भाषाओं और संप्रदायों के आधार पर देश को विभाजित करने का षड्यंत्र अंग्रेजों ने जान-बूझकर किया।

निर्मल शहर में जब रामजी गोंड राव साहब पेशवा से मिले थे तो पेशवा की बातों से प्रभावित होकर उन्होंने अंग्रेजों को भगाने का संकल्प लिया। गाँवों में घूम-घूमकर वह युवकों को स्वाधीनता संग्राम में भाग लेने के लिए प्रेरणा देने लगे और उन्हें संगठित करने लगे। उनके आह्वान पर गोंड, मराठा, महार, पठान सभी युवक और ग्रामीण सम्मिलित होने लगे। 1857 के महासंग्राम के वीर सेनापति तात्या टोपे ने इन युवकों को प्रशिक्षित करने के लिए उत्तर प्रदेश से दो ब्राह्मण युवकों को रामजी गोंड के पास भेजा था।

युद्ध का शंखनाद हुआ। बैरकपुर छावनी में अमरवीर मंगल पांडे के बलिदान के बाद यह युद्ध मेरठ, दिल्ली, झाँसी, कानपुर, बंगाल सभी स्थानों पर दवानल बन गया। इस युद्ध का समाचार वीर रामजी गोंड को भी मिला। उन्होंने अपनी सैनिक टुकड़ी के साथ हमला किया। निर्मल शहर और उसके आसपास का क्षेत्र स्वतंत्र कर लिया। निजाम ने अंग्रेजों का पक्ष लिया। कई अंग्रेज और निजाम के सैनिक मार डाले गए। तभी हिंगोली के कर्नल रॉबर्ट के नेतृत्व में 47वीं रेजिमेंट और कर्नाटक के बेल्लारी से एक दूसरी रेजिमेंट मदद के लिए पहुँच गई। संघर्ष व्यापक होता गया।

1857 में रामजी गोंड ने जब अंग्रेजों के विरुद्ध क्रांति युद्ध किया, तब वे मात्र 24 वर्ष के थे। प्रारंभिक अवस्था में ग्रामवासी और अन्य युवा बंधुओं के सहयोग से उन्होंने अंग्रेजों को मार भगाने में सफलता प्राप्त की। रामजी गोंड निर्मल शहर और आसपास के क्षेत्र के सार्वभौमिक राजा हो गए। उनके राज्य में प्रजा सुखी और संतुष्ट थी। सभी के हृदय में आनंद और उत्साह था। रामजी गोंड लोकप्रिय शासक थे। वे 3 वर्ष तक अंग्रेजों के विरुद्ध युद्ध करते रहे।

वर्ष 1860 की 9 अप्रैल को पूरी तैयारी करके कर्नल रॉबर्ट ने निर्मल शहर पर आक्रमण कर दिया। वीर रामजी तब वहीं थे, परंतु उनके पास सैनिक कम थे, फिर भी लगभग एक हजार रणबाँकुरों को लेकर रामजी गोंड कर्नल रॉबर्ड की सेना पर टूट पड़े। उनका सिर धड़ से अलग कर दिया गया।

रक्त से धरती भीग गई। अंग्रेजों की फौज पीछे हटने लगी। तब तक बेल्लारी की सेना अंग्रेजों के पास पहुँच गई, निजाम की भी अतिरिक्त टुकड़ी आ पहुँची।

निर्मल शहर को अंग्रेजों ने फिर से घेरा। अंग्रेजों ने निरापराध ग्रामीणों को मार डाला। क्रांतिकारी सैनिक और रामजी गोंड पकड़े गए। उन्हें हजार फाँसीवाले वटवृक्ष पर फाँसी दे दी गई।

रामजी गोंड ऐसे अमर वीर जननायक थे, जिन्होंने निजाम के अंग्रेजों के साथ होने के बाद भी आम जनता के साथ मिलकर अंग्रेजों से युद्ध का मोर्चा थामा। रामजी गोंड की स्वाधीनता चेतना इतनी प्रखर थी कि उनके आह्वान पर आमजन रणभूमि में अंग्रेजों के विरोध में खड़ी थी। जब बात राष्ट्र की हो तो आमजन ऐसे वीर को अपना नायक बना देती है। भारत माँ के ऐसे ही जननायकों के बलिदान से हम स्वतंत्र हुए। ऐसे जननायक को लोकमानस आज भी नमन करता है। रामजी गोंड लोकगीतों में, शौर्य गाथाओं में, आख्यानों में सदा के लिए अमर हो गए।

□

राजमोहिनी देवी

राजमोहिनी देवी जनजाति अंचल की एक ऐसी समाज सेविका हैं, जिन्होंने समाज उद्धार के सिवा कुछ नहीं चाहा। गांधीवादी विचारों से प्रभावित राजमोहिनी देवी ने एक जन-आंदोलन चलाया। यह आंदोलन इतना व्यापक था कि इसमें लगभग 80 हजार से भी ज्यादा लोग जुड़ गए। संन्यासी स्वरूप में उन्होंने धर्म, कर्म, सत्य, अहिंसा के सूत्रों की रचना की। स्वाधीनता चेतना, समाज विकास और राष्ट्र उत्थान में राजमोहिनी देवी के अभूपूर्व योगदान के लिए 1989 में उन्हें भारत सरकार द्वारा 'पद्मश्री' से सम्मानित किया गया।

समाज कल्याण के लिए समर्पित राजमोहिनी देवी का जन्म 7 जुलाई, 1914 को ग्राम सरसेड़ा शारदापुर, वर्तमान में वाड्रफ नगर, छत्तीसगढ़ में हुआ था। माँझी जनजाति के पिता श्री वीरसाय तथा माता श्रीमती शीतला देवी ने उनका मूल नाम 'राजमनदेवी' रखा था। तीन भाइयों और एक बहनवाले परिवार में वे सबसे छोटी थीं। उनका बाल्यकाल अत्यंत विपन्नता में बीता। अभाव की स्थिति में उन्हें शिक्षा भी प्राप्त नहीं हो सकी और लगभग 14-15 वर्ष की आयु में उनका विवाह हो गया। पति श्री रंजीत गोंड के साथ गृहस्थ जीवन के लगभग 20 वर्ष गृहिणी के रूप में

व्यतीत किए। इस बीच इनके घर दो पुत्र श्री बलदेव, श्री मुंदेव तथा पाँच पुत्रियाँ श्रीमती लखमन, घासी देवी, निरासो देवी, रामोदेवी और बेचनी देवी का जन्म हुआ।

जब 1951 में उस क्षेत्र में भीषण अकाल पड़ा, तब उन्हें अपने गाँव के पास विरान नदी तट पर आत्मज्ञान की प्राप्ति हुई। बस तभी से उनके जीवन की दिशा बदल गई। यहाँ तक कि उन्होंने गृहस्थ जीवन त्याग दिया। स्वयं को धर्म-कर्म, समाज-उत्थान के लिए समर्पित कर दिया। वे गांधीवादी विचारों से प्रभावित थीं। आत्मज्ञान की प्राप्ति के बाद उन्होंने अध्यात्म, सत्य, अहिंसा के मार्ग से समाज को दिशा देना शुरू किया। उन्होंने एक जन-आंदोलन चलाया, जिसे 'राजमोहिनी आंदोलन' के नाम से जाना जाता है। इस आंदोलन का मुख्य उद्देश्य था, जनजातीय महिलाओं की स्वायत्तता सुनिश्चित करना, समाज की कुरीतियों को दूर कर समाज का उत्थान करना।

उन्होंने बापू धर्म सभा आदिवासी मंडल की स्थापना कर समाज चेतना का आंदोलन चलाया। यह संगठन छत्तीसगढ़, बिहार और उत्तर प्रदेश राज्यों में स्थापित कई आश्रमों के माध्यम से कार्य करता है।

राजमोहिनी देवी ने समाज को अपने संदेश के माध्यम से दिशा दी। उन्होंने अपने संदेश में कहा कि संत धर्म में चलो, चरखे से सूत कातकर खादी पहनो, ईश्वर के प्रति आस्था रखो, नित्य स्नान कर स्वच्छ रहो, गऊ माता की सेवा करो, शराब का सेवन न करो, अंधविश्वास न करें, मच्छ-कच्छ, मांस-मदिरा त्याग दें, सुर्ती, बीड़ी न पिएँ, किसी जीव को न मारे, महुआ को बाजार में न बेचें, सबसे प्रेम करें।

राजमोहिनी देवी के इन संदेशों में सत्य, अहिंसा, परमार्थ, सद्चरित्र निर्माण के भाव थे। उनके इन आदर्शों का लोगों पर प्रभाव पड़ा। हजारों की संख्या में लोग उनके अनुयायी बने।

उन्होंने एक ऐसी संस्था को खड़ा किया, जो आज भी कार्य कर रही है। व्यक्ति से विराट् को व्यवहार में स्थापित करनेवाली राजमोहिनी देवी का 6 जनवरी, 1994 को देहावसान हो गया। इस महान् हुतात्मा ने धर्म, कर्म, सत्य, अहिंसा का समाज को जो मार्ग दिया, वह आज भी प्रासंगिक है।

□

रेवजी भाई चौधरी

वनवासी समाज जितना निर्भीक, स्वतंत्र समाज है, अंग्रेजों ने उतने ज्यादा उन पर अत्याचार किए। उन्होंने वनवासियों को डरा-धमकाकर धर्म परिवर्तित करने का अभियान चलाया। अंग्रेजों की पूरी कोशिश थी कि जनजातीय लोग शिक्षित न हों, इसलिए वहाँ स्कूल नहीं खोले जाएँ। विशेषकर बालिकाओं को शिक्षा से वंचित रखा गया। रेवजी भाई चौधरी ने वनवासी क्षेत्र में बालिका विद्यालय और आश्रमशाला खोलकर बच्चियों की शिक्षा का मोर्चा खोला।

रेवजी भाई चौधरी एक ऐसे स्वतंत्रता सेनानी और समाजसेवी थे, जिन्होंने देश के लिए अपना संपूर्ण जीवन लगा दिया। स्वाधीनता संघर्ष करते हुए जेल गए। वनवासियों के विकास और कल्याण के लिए सतत प्रयत्न किया। जनजाति बालिकाओं के निवास और शिक्षा के लिए आश्रमशालाएँ शुरू कीं। समाज में व्याप्त कुरीतियों और व्यसन-मुक्ति के लिए उन्होंने निरंतर कार्य किया। सामाजिक दृष्टि से पिछड़े समाज के विकास के लिए हरसंभव प्रयास किया। शारीरिक, सामाजिक, मानसिक अत्याचार भी सहा, लेकिन अपने उद्देश्य से कभी विचलित नहीं हुए।

स्वतंत्रता सेनानी और समाजसेवी कोकणा जनजाति के रेवजी भाई का जन्म 26 अप्रैल, 1910 को महाराष्ट्र की जव्हार तहसील के खरवंद गाँव में हुआ था। परिवार की आर्थिक स्थिति ठीक नहीं थी। इसलिए स्कूल छोड़कर वे पशु चराने

लगे। उन्हें जव्हार तहसील कार्यालय में नौकरी भी मिल गई। पर नौकरी में भी ज्यादा दिन टिक नहीं पाए। वे बैलगाड़ी पर लकड़ी का ड्रम रखकर घर-घर पानी पहुँचाने का भी कार्य करते थे।

मेहनत-मजदूरी करते हुए 1932 में वे पुणे पहुँच गए। वहाँ उन्होंने देखा कि ऐतिहासिक शनिवारवाड़ा इमारत पर यूनियन जैक लहरा रहा है। उन्हें वह असह्य लगा। वे तेजी से ऊपर चढ़ गए, उन्होंने यूनियन जैक खींचकर नीचे उतार दिया और वहाँ तिरंगा फहरा दिया। पहरे पर जो पुलिस थी, उन्होंने रेवजी भाई को पकड़ लिया, उन्हें 6 महीने की जेल हुई। जेल से छूटकर वे समाजकाज के साथ असहयोग आंदोलन से जुड़ गए। 1946 में रेवजी भाई जव्हार संस्थान की विधानसभा में निर्विरोध चुने गए। गांधी टोपी पहनकर उन्हें विधानसभा में प्रवेश करने से रोका गया, लेकिन रेवजी भाई की जिद को देखकर आखिरकार सरकार को उन्हें गांधी टोपी के साथ ही प्रवेश की अनुमति देनी पड़ी।

समाज में फैली कुरीतियों से रेवजी भाई बड़े दुःखी थे। उन्होंने शराबबंदी और व्यसन-मुक्ति के लिए निरंतर कार्य किया। लोगों को उसके दुष्परिणाम समझाए। उन्होंने जव्हार में पुर्तगीजों के विरुद्ध सत्याग्रह का नेतृत्व किया। पुलिस के अमानवीय अत्याचार, लाठी-डंडे सहे। मातृभूमि की स्वतंत्रता के सामने न दुःख की चिंता की, न परिवार की। आजादी के बाद भारत सरकार ने उन्हें ताम्रपत्र और सम्मान-पत्र देकर सम्मानित किया।

उन्होंने जनजाति समाज की बालिकाओं के लिए आश्रमशालाएँ और विद्यालयों की स्थापना की। अपनी स्वयं की बेटी को उस आश्रम में भेजकर उन्होंने जनजाति बुंधुओं को यह विश्वास दिलाया कि आश्रम बालिकाओं के लिए सुरक्षित है। उन्होंने गाँवों में, जनजाति बस्तियों में जनजाति महिला मंडल, भजन मंडलियों की स्थापना करके व्यसन-मुक्ति के काम में सफलता प्राप्त की। किसानों के लिए उन्होंने खरीदी-बिक्री संघ की स्थापना की और किसानों को आश्वस्त किया।

अपनी अटूट ध्येय निष्ठा, देश भक्ति, समाज के प्रति अपने कर्तव्य की भावना के बल पर एक अकेला व्यक्ति कितना और क्या कुछ कर सकता है। रेवजी भाई चौधरी ने यह अनोखा उदाहरण प्रस्तुत किया है। वे अंतिम समय तक देशकाज में लगे रहे। 12 सितंबर, 1999 को उनका स्वर्गवास हुआ।

□

रानी रोपुइलियानी

मिजोरम की धरती मेरी माँ है और मैं अपनी माँ का व्यापार नहीं करती—यह उद्घोष करनेवाली रानी रोपुइलियानी ने अपनी मातृभूमि की रक्षा के लिए दक्षिण मिजोरम में अंग्रेजों के विरुद्ध स्वाधीनता संग्राम छेड़ा। उन्होंने अपने राज्य में अंग्रेजों को प्रवेश नहीं करने दिया, न ही कोई संधि की और न ही अपनी प्रजा का अंग्रेजों द्वारा शोषण होने दिया। उनके नेतृत्व में मिजोरमवासियों ने हथियार उठा लिये थे।

रानी रोपुइलियानी का जन्म 1828 में आइजोल के राजा लालसाबुड़ा के यहाँ हुआ था। वर्ष 1848 के आसपास उनका विवाह दक्षिण मिजोरम के राजा रौलुरहुआ के भतीजे वानदुला से हुआ। विवाह के बाद दोनों पत्नी-पत्नी ने राज्य की नींव मजबूत करने की योजना बनाई। जिसके तहत वे बेलपुई, कोमजोल, बाइची, रालवोड, आईथूर, न्हाहिथयाल और देनलुड गाँवों में 5 से 7 वर्ष तक रहे और शासन को प्रबल किया।

वे स्थान-स्थान पर रहकर राजपाट की व्यवस्था को सुव्यवस्थित करते। अपने विश्वसनीय जन एकत्र करते और उन्हें कार्य सौंप अगले गाँव चल देते थे।

आरंभ में अंग्रेज और मिजो समुदाय के बीच कोई तनाव नहीं था। वहाँ अंग्रेजों के बागान थे। अंग्रेजों ने सह-अस्तित्व का स्वाँग रचा और फिर धीरे-धीरे मिजो समुदाय के रीति-रिवाज, परंपराओं में दखल देने लगे। यहाँ तक कि सीमा विस्तार

कर मिजोरम की पहाड़ियों पर कब्जा करने लगे।

अंग्रेजों ने रानी रोपुइलियानी के भाई साइकुंआ से जोर–जबरदस्ती कर उत्तरी मिजोरम के संधि प्रस्ताव पर हस्ताक्षर करवा लिये। अंग्रेज दक्षिण मिजोरम के राजा, रोपुइलियानी के पति वानदुला के पास संधि प्रस्ताव लेकर गए। वे डेंगलूम गाँव की पहाड़ियों पर से सेना के आने–जाने का रास्ता बनाना चाहते थे। राजा ने इस संधि को नकार दिया और दो टूक कह दिया, हमें अंग्रेजों का आधिपत्य स्वीकार नहीं है। लगभग 1889 में देबलुड प्रवास के समय उनके पति का स्वर्गवास हो गया। रानी को अपने पिता तथा पति के साथ राजपाट चलाने की समझ थी। रोपुइलियानी को रानी बनाया गया। उस समय अंग्रेज अधिकारी जनरल ट्रीगर आइथूर आसपास के छोटे गाँवों को कब्जे में लेकर साजिश करने में लगा था। रानी के पुत्र दौतोना ने उससे संघर्ष किया, लेकिन जनरल की बड़ी सेना के आगे वह संकट में आ गया। जनरल ने षड्यंत्र रचकर उसकी हत्या कर दी।

यह वह समय था, जब अधिकांश मिजो प्रमुख अंग्रेजों से जा मिले थे। रानी रोपुइलियानी ने अंग्रेजों के आदेश को नकार दिया और अपनी प्रजा से अंग्रेजों को कर तथा नजराना देना बंद करने के लिए कहा। उन्होंने अंग्रेजों को दो टूक कहा कि न मेरे लोगों ने और न मैंने कभी किसी को कर दिया है और न किसी के यहाँ जबरदस्ती मजदूरी की है। हम अपनी जमीन के स्वयं स्वामी हैं। रानी का मानना था कि अपनी जमीनें और अपनी प्रजा की रक्षा करना मेरा कर्तव्य है।

उन्होंने लोगों को एकत्र किया और युद्ध कला में पारंगत होने का आह्वान किया। रानी ने जब अंग्रेजों के प्रस्ताव को नहीं माना, तब 8 अगस्त, 1893 को कैप्टन जे. शेक्सपियर, कैप्टन आर.ए.एस. यूथेसन के आदेश पर कुक ने 80 सैनिकों को लेकर डेंगलूम गाँव पर हमला बोल दिया। रानी और उनके सैनिक पूरे मनोयोग तथा वीरता से लड़े, किंतु आधुनिक हथियारों से लैस अंग्रेजी सेना के सामने वे टिक नहीं पाए। रानी के पास पुनः संधि प्रस्ताव रखा गया, पर उन्होंने इसे अस्वीकार कर दिया और कहा कि मिजोरम की धरती मेरी माँ है और मैं माँ का व्यापार नहीं करती। रानी को बंदी बना लिया गया, उन्हें चींटगाँव जेल में अनेक यातनाएँ दी गईं। जेल में ही 3 जनवरी, 1895 को स्वराज रक्षक पराक्रमी रानी रोपुइलियानी ने अंतिम श्वास ली।

□

लक्ष्मण नायक

"यदि सूर्य सत्य है और चंद्रमा भी है, तो यह भी उतना ही सच है कि भारत स्वतंत्र होगा", यह उद्घोष करनेवाले भुमिया जनजाति के वीर नायक थे—लक्ष्मण नायक। उन्होंने दक्षिण ओडिशा में वनवासियों के वन अधिकारों के लिए अंग्रेजों से संघर्ष किया, वे गांधीजी के स्वतंत्रता आंदोलन से जुड़े। 21 अगस्त, 1942 को उन्होंने गांधीजी के आह्वान पर मलकानगिरि के मैथिली पुलिस स्टेशन पर प्रदर्शन किया। लोग उन्हें मलकानगिरि का गांधी भी कहते थे।

लक्ष्मण नायक का जन्म 22 नवंबर, 1899 को कोरापुट में मलकानगिरि के तेंटुलिगुमा में हुआ था। इनके पिता पदलम नायक गाँव के मुखिया थे। पिता की मृत्यु के उपरांत लक्ष्मण नायक को मुखिया बनाया गया। गाँव के लोग उन्हें अपना नेता और मार्गदर्शक मानते थे।

अंग्रेज सरकार की बढ़ती दमनकारी नीतियाँ जब भारत के जंगलों तक पहुँचीं और जंगल के निवासियों से उनकी संपत्ति पर लगान वसूला जाने लगा, तो लक्ष्मण नायक ने जनजातियों को एकजुट करने का अभियान शुरू कर दिया।

उन्होंने अंग्रेजों से युद्ध के लिए एक क्रांतिकारी दल तैयार किया। वे गरीबों और जनजातियों के लिए नेता बनकर उभरे। उनके क्रांति कार्यों से पूरे देश में उन्हें जाना जाने लगा।

सभाओं के दौरान वे गांधीजी के संपर्क में आए। वे गांधीजी से प्रभावित थे। उन्होंने जहाँ वनवासियों की रक्षा के लिए संघर्ष किया वहीं स्वतंत्रता के लिए संघर्ष छेड़ा।

यह वह समय था, जब द्वितीय विश्वयुद्ध प्रारंभ हो चुका था, भारत में असहयोग आंदोलन तथा 'भारत छोड़ो' का नारा भी गूँज रहा था। इसी समय ओडिशा राज्य के बोइपाड़ी गुड्डा थाने के अंतर्गत तैतुली गुम्मा गाँव में निवास करनेवाली भूमिया जनजाति के पादलम नायक के घर 22 नवंबर, 1899 को जनमे लक्ष्मण नायक भी इस क्रांति की चिनगारी बन गए। इनके पिता गाँव के मुखिया थे। अपने पिता की मृत्यु के पश्चात् लक्ष्मण नायक को मुखिया बनाया गया। गाँव में लक्ष्मण नायक का सभी सम्मान करते थे।

स्वतंत्रता संग्राम के लिए चल रहे आंदोलन में लक्ष्मण नायक ने ओडिशा की जनजातियों को संगठित कर संघर्ष के लिए तैयार किया।

वनवासियों द्वारा स्थान-स्थान पर आंदोलन तथा सत्याग्रह किए जाने लगे। सरकार के विरुद्ध जनता में असंतोष फैलाने के आरोप में लक्ष्मण नायक को बंदी बनाकर जेल भेज दिया गया, किंतु इससे विचलित हुए बिना जेल से छूटने के बाद लक्ष्मण नायक ने फिर से वनवासियों को संगठित कर मैथिली नामक स्थान पर आंदोलन की तैयारी की तथा एक विशाल जुलूस का नेतृत्व किया। अंग्रेज सरकार ने वनवासियों के इस जुलूस पर काबू पाने के लिए भीषण लाठी चार्ज किया, जिससे जुलूस तितर-बितर हो गया। पुलिस लक्ष्मण नायक को बंदी बनाने की कोशिश में लग गई, किंतु लक्ष्मण नायक बचकर मैथिली लौट गए।

मैथिली लौटकर फिर से लक्ष्मण नायक ने वनवासियों को एकत्रित कर मैथिली थाने पर आक्रमण करके तिरंगा फहराने की योजना बनाई। तिरंगा फहराने की इच्छा से वनवासियों ने लक्ष्मण नायक की आगुवाई में 21 अगस्त, 1942 को मैथिली थाने पर आक्रमण कर दिया। पुलिस के भीषण लाठी-प्रहार के कारण ध्वज फहराने की योजना सफल नहीं हो पाई। लाठी-प्रहार से बहुत से लोग घटनास्थल पर मारे गए तथा कुछ घायल हुए। लक्ष्मण नायक भी सिपाहियों की बंदूक के बोनेट लगने से बेहोश होकर गिर पड़े, परंतु उनके कुछ साथियों ने उन्हें बचा लिया। बाद में पुलिस ने मृतकों सहित कई लोगों को जिंदा ही जला दिया।

लक्ष्मण नायक एक बार फिर बचकर तैतुली गुम्मा लौट गए। इधर अंग्रेजों ने लक्ष्मण नायक तथा उनके साथियों की गाँव-गाँव में तलाशी करनी शुरू की।

कुछ ही समय पश्चात् अंग्रेजों की सशस्त्र सेना तैतुली गुम्मा पहुँच गई तथा लक्ष्मण नायक के घर पर छापा मारकर सभी परिवारजनों को बंदी बना लिया।

सब प्रकार से असफल हो जाने पर अंत में अंग्रेजों ने जमींदारों की सहायता ली। लक्ष्मण नायक पर रमय्या की हत्या का झूठा आरोप लगाया गया। अंत में चंद गद्दारों की सहायता से लक्ष्मण नायक को गिरफ्तार कर लिया गया।

सरकार ने लक्ष्मण नायक पर लूटमार और सरकारी अधिकारियों की हत्या के झूठे आरोप लगाकर पटना उच्च न्यायालय में मुकदमा दायर किया। न्याय का नाटक चला। पटना हाईकोर्ट ने लक्ष्मण नायक को मृत्युदंड तथा अन्य बंदियों को आजीवन कारावास की सजा सुनाई। 29 मार्च, 1943 को क्रांति वीर लक्ष्मण नायक को बेरहामपुर जेल में फाँसी दे दी गई।

□

लीपा

भारतीय स्वाधीनता संग्राम के आख्यानों में अंडमान के ग्रेट अंडमानियों के बलिदान को बहुत कम ही लोग जानते होंगे। यह वह अमर गाथा है, जिसमें अनगिनत अंडमानियों ने अपने जंगल, अपने स्वाभिमान और स्वतंत्रता के लिए बलिदान दिया। इन्हीं बलिदानियों में एक अमर वीरांगना है लीपा ग्रेट अंडमानी। अंडमान निवासियों के युद्ध एबरडीन वॉर में लीपा ने गद्दार पति के अंश को जीवन देने के स्थान पर अपने मातृत्व का बलिदान दिया और बलिदानी अमर गाथा लिख दी।

अंडमान निकोबार के गहरे नीले समुद्र और समुद्र तट की मोतियों की तरह सफेद चमकीली रेत की तलहटी में हुए स्वाधीनता संग्राम और बलिदानियों की रक्तरंजित अमर गाथा आज भी रोंगटे खड़े कर देती है।

यह वह समय था, जब 1857 के भारतीय स्वाधीनता सेनानियों को काला पानी की सजा के तहत अंडमान भेज दिया जाता था। सेल्यूलर जेल में मृत्युतुल्य यातनाएँ सहते हुए भी हमारे क्रांतिवीर योद्धाओं ने स्वाधीनता युद्ध को निरंतर रखा। उन अमर वीरों ने अंतिम श्वास तक भारत की स्वतंत्रता के सिवा कुछ नहीं चाहा।

उस काल में ग्रेट अंडमानी जनजाति समाज पर भी अंग्रेजों के अत्याचार और अनाचार के बादल छाने लगे। उन्होंने वनवासियों के जंगलों को काट-काटकर कॉलोनियाँ स्थापित कर लीं। जल, जंगल, जमीन के रक्षक ग्रेट अंडमानियों के लिए यह असहनीय था।

अंग्रेजों का यह अभियान चल ही रहा था, तभी अचानक अंग्रेजों का एक सिपाही दूधनाथ तिवारी रॉस आईलैंड से भागकर बर्मा में शरण पाने के उद्देश्य से निकला और वह बर्मा न जाकर अंडमान की जनजातियों के बीच जा मिला। लगभग 1 साल 24 दिनों में ग्रेट अंडमानियों के बीच रहते हुए वह अंडमानियों का विश्वासपात्र हो गया। यहाँ तक कि उसने वहीं के पुत्तिया की कन्या लीपा से विवाह भी कर लिया। कौन जानता था कि यह अंग्रेजों की साजिश के तहत हो रहा था। शादी के बाद लीपा गर्भवती हो गई।

दूधनाथ तिवारी की गद्दारी का घटनाक्रम तब शुरू हुआ, जब अंग्रेजों ने लगातार अंडमान के जंगलों को काटना शुरू किया। ग्रेट अंडमानियों ने आम सहमति के साथ यह तय किया कि अब हम और नहीं सहेंगे, हम इसका विरोध करेंगे, चाहे जो भी हो जाए। अंततः वनवासियों ने युद्ध की चुनौती को स्वीकार किया। सिपाही दूधनाथ मूक दर्शक बना रहा। वह तो वहाँ मात्र जासूसी करने आया था। लीपा के साथ विवाह तो एक स्वाँग भर था, लेकिन क्या कोई विश्वासघात इतना बड़ा हो सकता है, जो मातृत्व को भी मजबूर कर दे कि वह मातृत्व की बलि चढ़ा दे।

पूरा अंडमानी समाज अंग्रेजी हुकूमत के विरुद्ध जाग उठा था। 6 अप्रैल, 1859 को 200 ग्रेट अंडमानियों ने योजना को अंतिम रूप दिया और अप्रैल 1859 में 1500 अंडमानियों ने अंग्रेजों के साथ रह रहे स्वतंत्रता संग्राम के कैदियों को जंगलों को काटने से रोका। यह वही स्वतंत्रता सेनानी थे, जिन्हें काले पानी की सजा देकर, उनके द्वारा जंगल काटने का काम करवाया जाता था।

एक तरफ अपनी स्वाधीनता का युद्ध था, दूसरी तरफ लीपा और उसके गर्भस्थ शिशु का जीवन। लीपा से विचार-विमर्श करने पर लीपा ने दो टूक उत्तर दिया—अपनी स्वतंत्रता के लिए मैं अपना और गर्भस्थ शिशु का बलिदान दूँगी। मेरे मातृत्व से बढ़कर हमारी स्वाधीनता है, वैसे भी मुझे उस गद्दार के बीज से धरती पर एक और गद्दार को नहीं बढ़ाना है। जो गद्दारी करे, बेईमानी करे, उसे मृत्युदंड मिलना ही चाहिए। लीपा के निर्णय ने यह साबित कर दिया कि भारतीय स्त्री राष्ट्र के लिए अपने गर्भस्थ शिशु का भी बलिदान दे सकती है। यदि उस समय लीपा यह निर्णय नहीं लेती तो अंडमानियों के लिए युद्ध करना मुश्किल हो जाता। लीपा की रणनीति तय हो गई, तब अंडमानी अंग्रेजों के विरुद्ध अंतिम युद्ध की तैयारी में जुट गए। 17 मई, 1859 को लगभग 15,000 ग्रेट अंडमानियों ने निर्णायक युद्ध के लिए कूच कर दिया।

गद्दार दूधनाथ तिवारी ने 1 वर्ष 24 दिन के ग्रेट अंडमानियों के साथ और विश्वास को तोड़कर अंग्रेजों को ग्रेट अंडमानियों की युद्ध योजना और युद्ध की समूची व्यूह रचना बता दी। अंग्रेजों ने दूधनाथ की जानकारी के आधार पर हमले की योजना बनाई।

एबरडीन के युद्ध में ग्रेट अंडमानियों की हार हुई। अनगिनत मौतों से अंडमान की सुनहरी रेत लाल हो गई। शेष अंडमानियों को कभी न खत्म होनेवाले कालापानी की सजा दे दी गई। बच्चे, बूढ़े सभी को युद्धबंदी बना लिया गया। अंग्रेजी हुकूमत ने दूधनाथ को शाबाशी दी। दूधनाथ की गद्दारी से लीपा के साथ पूरा ग्रेट अंडमानी समाज का जीवन समाप्त हो गया। लीपा को पुनः परीक्षा देनी थी। क्या ऐसी कोई परीक्षा हो सकती है, जहाँ पर मातृत्व को चढ़ावा चढ़ाना हो, लेकिन राष्ट्रवाद की वनवासी संस्कृति को विजयी होना ही था। लीपा ने अपने भीतर पल रहे देशद्रोही के अंश को नष्ट करना बेहतर समझा। मातृत्व का बलिदान बहुत कठिन होता है। वनवासी अपने सांस्कृतिक मूल्यों से कभी समझौता नहीं करते, इसलिए लीपा ने मातृत्व का बलिदान दिया।

अंडमानी वनवासी समाज एबरडीन युद्ध को कभी नहीं भूल पाया। अमर वीर बलिदानियों के साथ सर्वप्रथम लीपा के बलिदान की गाथा को स्मरण किया जाता है। धन्य हैं वे ग्रेट अंडमानी, जिन्होंने राष्ट्र रक्षा के लिए अपना बलिदान दिया। पराधीनता को नकारते हुए युद्ध किया और बलिदान हुए। लीपा ग्रेट अंडमानी और अंडमान के अनगिनत अनाम योद्धाओं को कोटिशः नमन।

□

वीरप्पा और पट्टुवसप्पा

एक समय था, जब जनजातियों का अपना क्षेत्र, अपना कबीला और अपना शासन हुआ करता था। उनका अपना धर्म, अपनी परंपराएँ, अपनी मान्यताएँ और अपनी समृद्ध संस्कृति थी। वे प्रकृति संग सह-अस्तित्व के साथ स्वतंत्र जीवन जीते थे।

भारत में अंग्रेजी राज आने के बाद उन्होंने वनवासियों की प्राकृतिक, पारंपरिक जीवन-शैली पर हस्तक्षेप किया। उनकी रीति-नीति में बदलाव लाने के नियम बनाए गए। यह दखल देश भर में हर उस क्षेत्र में हुआ, जहाँ वनवासी जनजातियाँ निवास करती थीं। अंग्रेजों ने जिन जनजातीय क्षेत्रों में हस्तक्षेप किया, उनमें से एक था वर्तमान कर्नाटक राज्य का कुर्ग भाग। यहाँ कुछ जनजातियाँ अपने पारंपरिक परिवेश में कार्य व्यवहार के साथ जीवनयापन करती थीं।

अंग्रेजों ने जैसे-जैसे राज्य विस्तार किया, वैसे-वैसे देश में अत्याचार बढ़ते गए। वनवासी स्वतंत्र और स्वाभिमानी होते हैं। स्वराज उनका स्वभाव है, इसलिए अंग्रेजों ने सर्वप्रथम वनवासी जनजातियों को कुचलने का प्रयास किया, ताकि वे स्वाधीनता के लिए आवाज न उठा सकें। अंग्रेज वनवासियों के शौर्य और पराक्रम को जानते थे, क्योंकि जैसे ही अंग्रेजों ने अपने राज का झंडा गाड़ा, सबसे पहले इसका विरोध वनवासियों ने ही किया।

वनवासियों को कमजोर करने की सोची-समझी साजिश के तहत अंग्रेजों ने कुर्ग क्षेत्र के वनवासियों के सारे वन अधिकार छीन लिये। वन, वनवासियों की आय संपदा, जीवन सब कुछ होते हैं। अंग्रेजों ने एक तरफ वनवासियों की वनसंपदा को छीना, दूसरी ओर उनके रीति-रिवाजों में दखल देना शुरू किया। जब-तब कर वसूली की मार, अपमानित करना और नित नए तरीके से उत्पीड़ित किया जाने लगा। लगातार अमानवीय व्यवहार और शोषण से परेशान वनवासियों के मन में विरोध की चिनगारी भड़क उठी।

वनवासियों के संघर्ष का नेतृत्व किया कुर्गी जनजाति के वीरप्पा ने। वीरप्पा ने वनवासियों को विश्वास दिलाया कि ये जंगल तुम्हारे अपने हैं, ये देश अपना है। ये हमारा अधिकार है, हम अपना अधिकार नहीं छोड़ेंगे। पहले वीरप्पा ने अंग्रेज प्रशासकों से वनवासियों के अधिकारों की माँग की, लेकिन उन्होंने अस्वीकार कर दिया। क्रांतिवीर वीरप्पा ने हार नहीं मानी और संघर्ष का रास्ता अपनाया।

वीरप्पा के नेतृत्व में अंग्रेजों के साथ कभी प्रत्यक्ष तो कभी अप्रत्यक्ष युद्ध हुए। अंग्रेज अधिकारियों की प्राथमिकता वीरप्पा को कैद करना था। उन्होंने निर्णय लिया कि यदि वीरप्पा को गिरफ्तार कर लिया तो इन भोले-भाले वनवासियों को दबाना आसान रहेगा। वीरप्पा भी इस बात को जानते थे। उन्होंने अपना वेश बदला और अपरंपार स्वामी के रूप में लोगों को जागृत किया, संगठित किया और नेतृत्व प्रदान किया। अंग्रेजों ने वीरप्पा को पकड़ने के लिए सघन अभियान चलाया पर सफलता नहीं मिली।

जब वीरप्पा को सीधे पकड़ना संभव नहीं हुआ, तो अंग्रेजों ने छल-बल की राह चुनी। कुर्गी जनजाति में से कुछ लोगों को प्रलोभन देना शुरू किया। वनवासी राष्ट्र को समर्पित होते हैं, वे किसी भी प्रलोभन में नहीं आए। अंग्रेजों ने उन पर दबाव डाला, यहाँ तक कि रिश्तेदारों को कैद कर प्रताड़ना शुरू कर दी। कुछ वनवासियों का सब्र टूट गया, उनके सहयोग से वीरप्पा को कैद कर लिया गया।

वीर योद्धा वीरप्पा को कैद कर बैंगलोर जेल में रखा गया, वहाँ असहनीय यातनाएँ दी गईं। जेल में ही रहस्यमय परिस्थिति में अमर वीर वनवासी नायक वीरप्पा बलिदान हुए।

जनयोद्धा वीरप्पा की गिरफ्तारी और जेल में बलिदान को कुर्गी जनजाति भूल न सकी। उनके मन में प्रतिशोध की अग्नि और प्रज्वलित हो गई। अब वीरप्पा की प्रेरणा और बलिदान से प्रेरित कुर्गियों की उपजाति गौदास में जन्मे पट्टुवसप्पा ने मोर्चा थामा। पट्टुवसप्पा ने संकल्प लिया कि वह वीरप्पा द्वारा शुरू किए स्वाधीनता संघर्ष को जारी रखेगा और उनके लक्ष्य को पूर्ण करेगा। अंग्रेजों द्वारा वनवासियों के छीने गए वैभव और प्रतिष्ठा को पुनः स्थापित करेगा।

वनवासी नायक पट्टुवसप्पा ने वनवासियों को एकत्र किया, उन्हें संगठित कर दल बनाना शुरू किया। आह्वान किया कि हमें फिर से अपना राज स्थापित करना है, वीरप्पा के स्वप्न को पूरा करना है। सारा वनवासी समाज पट्टुवसप्पा के साथ हो लिया। तीर-कमान, भाले निकल गए, औजारों की धार तेज कर ली गई।

संपूर्ण तैयारी के बाद पट्टुवसप्पा ने अंग्रेजों के विरुद्ध युद्ध की घोषणा कर

दी। पट्टुवसप्पा के नेतृत्व में वनवासी योद्धा विजय अभियान पर चल दिए, उन्होंने पट्टुर, वतवाल आदि स्थानों पर कब्जा कर लिया। इससे उनका आत्मविश्वास बढ़ गया और फिर वनवासियों की सेना ने मंगौली पर भी अधिकार कर लिया। स्वत्व, स्वाभिमान, स्वजाति की रक्षा और संस्कृति बचाने के लिए संघर्षरत वनवासियों में उत्साह था। वे पूरी तरह से अंग्रेजों को निकाल बाहर करना चाहते थे।

दुर्योग से भारत के दूसरे पक्ष ने स्वाधीनता चेतना का इतिहास बदल दिया। कुर्गियों में छिपे कुछ गद्दारों ने अंग्रेज सेना के अधिकारियों को स्वाधीनता संघर्ष की योजना बता दी। वीर नायक पट्टुवसप्पा को पकड़ने में मदद की। आखिर इस वीर नायक को कैद कर लिया गया। वनवासी वीर नायक पट्टुवसप्पा को मंगलौर में फाँसी दे दी गई। उन्होंने अपनी धरती, अपनी माटी और संस्कृति के लिए बलिदान दिया।

□

कर्नाटक

राजा वेंकटप्पा नायक

भारत के इतिहास में अंग्रेजों के विरुद्ध युद्ध करनेवालों में सुरपुर राजाओं (कर्नाटक) का प्रमुख स्थान है। सुरपुर बेड़ा जनजाति के राजाओं से स्थापित राज्य है। गड्डी पिड्ड नायक ने वागणघेरे किले से आरंभ करके सुरपुर को स्वतंत्र राज्य बनाया। लगभग 250 वर्ष तक सुरपुर राज्य का अपना विशेष इतिहास है। धर्म और परंपरा को कायम रखने और रक्षा करने में सुरपुर राजाओं का बड़ा योगदान रहा है।

सुरपुर में ग्यारह अप्रतिम राजाओं ने शासन किया, इनमें चौथे राजा वेंकटप्पा नायक थे। इनके पिताजी का जब देहांत हुआ, तब वे मात्र 8 वर्ष के थे। माँ रानी ईश्वरम्मा ने स्वयं संस्थान का कार्यभार सँभाला, इसी संदर्भ में कैप्टन ग्रेस्लैक ने सुरपुर की आंतरिक राजनीति में हस्तक्षेप करने की कोशिश की, लेकिन असफल रहे। इसके बाद कैप्टन मडोस टेलर सुरपुर आया। वह कुशल राजनीतिज्ञ था। उसने संस्थान में शांति की स्थापना भी की। राजकुमार को अच्छी शिक्षा दिलाई और बालक चतुर्थ वेंकटप्पा नायक का सिंहासन रोहण किया।

राजकुमार के चाचा पिड्ड नायक को संतुष्ट करने में भी टेलर सफल हुए। सन् 1853 में ब्रिटिश सरकार की ओर से वेंकटप्पा नायक को अधिकार हस्तांतरित

हुआ, लेकिन राजनीतिक प्रतिनिधि के रूप में मडोल्स टेलर का दखल रहा। राजा वेंकट्प्पा को शासकीय प्रतिनिधि का हस्तक्षेप पसंद नहीं था। राजा वेंकटप्पा नायक ने गवर्नर जनरल लॉर्ड डलहौजी को पत्र लिखकर राजनीतिक प्रतिनिधि की नियुक्ति को नकार दिया। इस तरह राजा वेंकटप्पा ने अपने बाल्यकाल में ही स्वत्व और स्वाधीनता की चेतना को स्पष्ट कर दिया।

बेड जनजाति अपने स्वतंत्र स्वभाव के लिए जाने जाते हैं। किसी की पराधीनता को वे पसंद नहीं करते हैं। जब राजा वेंकट्प्पा नायक ने सिंहासन सँभाला, तब (13 जून, 1853) उत्तर और दक्षिण भारत में स्वतंत्रता की चिनगारियाँ स्पष्ट दिखाई दे रही थी। सुरपुर के शत्रु हैरदराबाद के निजाम और अंग्रेजों की निकटता के कारण सुरपुर के विरुद्ध कई षड्यंत्र चल रहे थे। संकट की इस स्थिति में आसपास के मुंडरगी भीम राव, नरगुंद के बाबासाहेब आदि प्रमुखों ने सहायता करने का वचन दिया। अक्कलकोट, कोल्हापुर, मिरज, जत्त, जमखंडी, आनीगुंदी, मुधोल, हुनगुंद, सिरहट्टी आदि के राजाओं ने वेंकटप्पा नायक से इस क्रांति का नेतृत्व करने का आग्रह किया।

सभी का मानना था देश-धर्म की रक्षा, स्वाभिमान गौरव की रक्षा करने में है। उस समय के गाँवों में स्वतंत्रता सेनानियों को अंग्रेज निर्दयता से फाँसी पर चढ़ा रहे थे, रास्तों के पेड़ों पर शव लटकाकर देशवासियों को भयभीत कर रहे थे। यह देख वेंकट्प्पा तिलमिला गए उन्होंने स्वाधीनता का संकल्प लिया और संघर्ष शुरू किया। राजा वेंकटप्पा नायक से भयभीत अंग्रेजी शासक उनके विरोध में साक्ष्य एकत्र कर रहे थे। वेंकटप्पा नायक ने अपनी सेना में अरब-रोहिले सैनिकों को स्थान दिया। फरवरी 1858 में कैप्टन विल्हेम ने सुरपुर के पास हमला बोल दिया। युद्ध के समय सुरपुर के कुछ अधिकारियों के साथ षड्यंत्र रचकर हैदराबाद के सालारजंग के घर में राजा वेंकटप्पा नायक को कैद करवा दिया और सिकंदराबाद जेल में रखा।

अंग्रेजों ने न्याय का नाटक किया। वे जानते थे दक्षिण भारत में राजा वेंकटप्पा नायक अपनी युद्ध कुशलता, संपर्क क्षमता और संस्कृति रक्षक के रूप में लोकप्रिय थे, अतः उन्हें तोप से उड़ाना बड़ा खतरा था। इसलिए उन्हें 4 वर्ष तक मद्रास के पास चंगलपेट्टा के दुर्ग में रखा गया। उनकी हत्या के लिए साजिश रची गई, जेल से उन्हें सिकंदराबाद ले जाने की घोषणा की गई। सिकंदराबाद ले जाने के रास्ते में जब रात रुकने के लिए शिविर डाला गया तो धोखे से राजा को गोली मार दी और प्रचार किया गया कि राजा ने आत्महत्या की है। इस तरह 222 वर्ष से अधिक के बेड़ गोशल वंश का राज्य समाप्त हो गया। बेड़ जनजाति के लोग अपने राजा के

बलिदान से भयभीत थे। राजा वेंकट्प्पा वहाँ की प्रजा के राजा होने के साथ उनकी संस्कृति, उनके स्वाभिमान के रक्षक भी थे। राजा वेंकट्प्पा के नेतृत्व में अंग्रेजों पर अंकुश था, उनके बलिदान के बाद वहाँ की जनता पर जो अत्याचार हुए, वे देश की स्वाधीनता के बाद ही रुके।

□

शंकरशाह और रघुनाथशाह

वर्तमान में जबलपुर नगर का हिस्सा बना पुरवा ग्राम, जो जबलपुर से चार मील दूर स्थित था, इसी गाँव में राजा शंकरशाह और रघुनाथशाह का निवास था। यहीं रहकर उन्होंने गुप्त रूप से 1857 के महासंग्राम में सैनिकों को क्रांति में भाग लेने के लिए प्रेरित किया। इस योजना में क्षेत्र के ठाकुर भी शामिल थे। क्रांति योजना राजा शंकरशाह के निवास पर ही बनी। जबलपुर की 52वीं रेजिमेंट के सिपाही इस सिलसिले में राजा शंकरशाह के घर जाया करते थे। अपने क्रांतिकारी साथियों और 52वीं रेजिमेंट के सैनिकों के साथ मिलकर पिता-पुत्र ने क्रांति योजना बनाई। मुहर्रम के दिन केन्टोनमेंट पर आक्रमण करना सुनिश्चित किया गया, लेकिन भारतीय इतिहास का नकारात्मक पक्ष पुनः प्रभावी हुआ। देश के गद्दार ने यह सूचना अंग्रेजों तक पहुँचा दी।

जबलपुर डी.ब.क. पॉलिटिकल केस फाइल क्रमांक 19, 1857 पृ. 246-247, पैरा 2-3 संदर्भ अनुसार डिप्टी कमिश्नर ने बताया कि "जबलपुर का

खुशिहाल चंद सेठ पहला देसी व्यक्ति था, जिसने मुझे यह सूचना दी कि राजा शंकरशाह और उसका बेटा रघुनाथशाह कई जमींदारों, उनके अनुयायियों और 52वीं रेजीमेंट के कुछ सिपाहियों के साथ मिलकर मुहर्रम के दिन केन्टोनमेंट पर आक्रमण करके उसे जलाने व खजाने को हथियानेवाले हैं।"

गद्दार खुशहाल चंद के अलावा अन्य दो जमींदारों ने भी गद्दारी की। कुल मिलाकर योजना में सेंध लगी और डिप्टी कमिश्नर ने षड्यंत्र रचा। उसने एक तरफ सुरक्षा बढ़ाई, दूसरी ओर सैनिकों के असंतोष के स्रोत का पता लगाने के लिए गुप्तचरों का जाल बिछाया, तीसरा राजा शंकरशाह के विरुद्ध प्रमाण तलाशना शुरू किया।

एक सुनियोजित योजना बनाकर फकीर वेश में एक गुप्तचर राजा के पास भेजा। चूँकि 1857 के महासंग्राम में संन्यासी फकीरों की महत्त्वपूर्ण भूमिका थी, अतः राजा ने उस फकीर को क्रांति मार्ग का पथिक मान अपनी संपूर्ण योजना बता दी।

गुप्तचार से सूचना मिलते ही 14 सितंबर, 1857 को डिप्टी कमिश्नर अपने लाव-लश्कर के साथ राजा शंकरशाह के गाँव पुरवा पहुँचा। कमिश्नर के साथ आए 20 सवारों और अन्य सिपाहियों ने गाँव की घेराबंदी कर राजा, उनके पुत्र व अनुयायियों सहित 13 लोगों को गिरफ्तार किया। राजा के घर की तलाशी ली गई। इसमें क्रांति संगठन के दस्तावेजों के साथ राजा शंकरशाह द्वारा लिखित एक कविता मिली। यह कविता अपनी आराध्य देवी को संबोधित कर लिखी गई थी। वह कविता थी—

मूँद मुख डंडिन को चुगलौ को चबाई खाई
खूँद डार दुष्टन को शत्रु संघारिका
मार अँगरेज, रेज का देई मात चंडी
बचै नाहिं बैरी-बाल-बच्चे संघारका॥
संकर की रक्षा कर, दास प्रतिपाल कर
दीन की पुकार सुन, आय मात कालका
खाइले मलेछन को, देर ना करौ मात
भच्छन तत्च्छन कर बैरिन कौ कालिका

इसी तरह की प्रार्थना उनके बेटे रघुनाथशाह की हस्तलिपि में भी थी। दोनों क्रांतिवीर पिता-पुत्र को बंदी बनाकर सैनिक जेल में रखा गया। राजा शंकरशाह और रघुनाथशाह की गिरफ्तारी से सैनिकों और जनता में आक्रोश बढ़ गया। उन्हें

छुड़ाने की कोशिश भी की गई, लेकिन सफल नहीं हो सके। अंग्रेजों को भय था कि यदि राजा शंकरशाह मुक्त हो गए तो उनके नेतृत्व में क्रांतिकारी पुनः एकत्र हो जाएँगे, तुरंत डिप्टी कमिश्नर और दो ब्रिटिश अधिकारियों की एक औपचारिक सैनिक अदालत बैठाई गई। अदालत में न्याय का नाटक चला। अदालत में देशद्रोही रूपी कविता लिखने के अपराध में राजा शंकरशाह और रघुनाथशाह को मृत्युदंड की सजा सुनाई गई।

दुनिया में साहित्य सृजन को लेकर दी जानेवाली यह अमानवीय, अनोखी सजा थी। क्रांतिकारी राजा और उनके पुत्र को मृत्युदंड फाँसी पर चढ़ाकर नहीं, बल्कि तोप से उड़ाना सुनिश्चित किया गया। इसे लेकर इतिहासकार चार्ल्स बाल ने लिखा है कि "फाँसी देने के बदले तोप से उड़ाने का फैसला इसलिए लिया गया क्योंकि जबलपुर की 52वीं रेजिमेंट में इस घटना के परिणामस्वरूप जो उत्तेजना थी, उससे लगा कि बंदियों को छुड़ाने की कोशिश की जा सकती थी, यदि फाँसी देने के लिए तख्ता बनाया जाता तो उसमें लगनेवाले समय से वह कोशिश सुगम हो जाती।"

अतः 18 सितंबर, 1857 को जबलपुर में एजेंसी हाउस के सामने फाँसी परेड हुई। राजा शंकरशाह और रघुनाथशाह को जेल से लाया गया और तोप के मुँह से बाँध दिया गया। दोनों के चेहरे आत्मविश्वास से परिपूर्ण थे। राजा को देखने अपार जनसैलाब उमड़ पड़ा। भीड़ उत्तेजित थी। राजा शंकरशाह ने आराध्य देवी से प्रार्थना की कि वे उनके बच्चों की रक्षा करें, ताकि वे अंग्रेजों का देश निकाला कर सकें। शीघ्र ही तोपचियों को तोप दागने की आज्ञा दी गई। तोप चलते ही दोनों के अंग क्षत-विक्षत होकर चारों ओर बिखर गए।

रानी फूलकुंवर ने अधजले अवशेष को एकत्र कर उनका विधिवत् अंतिम संस्कार किया। अंग्रेज राजा शंकरशाह और रघुनाथशाह को तोप से उड़ा क्रांति की आग बुझाना चाहते थे, लेकिन वह आग बुझी नहीं, बल्कि दावानल बन गई। 52वीं रेजिमेंट के सैनिक उसी रात रानी के नेतृत्व में क्रांति की राह पर चल दिए।

□

शंभुधन फुंगलों

नागा जनजाति ने अत्यंत विकट परिस्थिति और संघर्ष में भी अपना अस्तित्व जीवंत रखा है। यदि हम यह कहें कि संघर्ष के गर्भ से ही इनका जन्म हुआ तो अतिशयोक्ति नहीं होगी। ऐसी ही वनवासी नागाओं की एक उपजाति है कच्छ नागा, जिन्हें कछारी नागा भी कहते हैं।

स्वाधीनता और अपने अस्तित्व को बचाने के लिए कछारी नागा जनजाति का संघर्ष इतिहास में स्वर्णिम अक्षरों में अंकित है। वर्तमान असम राज्य के कछार जिले की पहाड़ियाँ गर्व से उन वीरों की गाथाएँ सुनाती हैं।

यह कच्छ नागा जनजाति स्वच्छंद और घुमक्कड़ स्वभाव की है, घूमते हुए यह असम की पहाड़ियों पर जा पहुँची प्रकृति संग जीवन जीनेवाली इस वन्यजाति को पहाड़ियाँ रास आ गईं और वे यहीं बस गए।

इसी जनजाति के शंभुधन फुंगलों ने असम के उत्तर कछार क्षेत्र में दिमासा समाज पर अंग्रेजों के दमन और शोषण के विरुद्ध आवाज उठाई। क्रांतिकारी संगठन खड़ा किया और अंग्रेजों से सीधे युद्ध किया। अंग्रेजों से युद्ध करते हुए वीर शंभुधन फुंगलों ने भारत की स्वाधीनता के लिए बलिदान दिया।

शंभुधन फुंगलों का जन्म असम के उत्तर कछार पर्वतीय जिला, के काछारी

राजा की राजधानी माइबंग के लोंगखोर गाँव में 16 मार्च, 1850 में हुआ। इनके पिता का नाम दीप्रेंद्राव फुंगलों तथा माता का नाम कासौदी था। अपने पाँच भाइयों में सबसे बड़े शंभुधन का बचपन लोंगखोर में बीता। कुछ समय गोंजुंग में बिताया और फिर नाहुर के पास सेम्दीकोर गाँव में बस गए। अपने ही समुदाय की नासादी से उनका विवाह हुआ। शंभुधन शुरू से ही संत प्रवृत्ति के थे, वे भगवान् शिव के भक्त और आध्यात्मिक उपदेशक थे।

यह वह समय था, जब देश में अंग्रेजी राज था, 1832 में दक्षिण के द्वार पर विजय पाने और फिर 1854 में सेनापति तुलाराम की मृत्यु के बाद अंग्रेजों ने असम के दिमासा क्षेत्र को टुकड़ों-टुकड़ों में बाँटने का अभियान चलाया। वे चाहते थे कि दिमासा समाज की संगठित शक्ति बिखर जाए और वे विभाजित होकर कमजोर हो जाए। अंग्रेज जानते थे कि जनजातियों की एकता ही उनकी शक्ति है। इस शक्ति को तोड़कर अंग्रेजों ने वहाँ दमन और शोषण का क्रम शुरू किया।

अंग्रेजों का यह हस्तक्षेप और शोषण का क्रम स्वाभिमानी शंभुधन की बर्दाश्त से परे था। कछारी समाज की अपनी परंपराओं और संस्कृति में अंग्रेजों का दखल असहनीय हो गया था। कछारी समाज के नियमों और पारंपरिक संस्कृति का सम्मान करनेवाले शंभुधन फुंग्लों ने अंग्रेजों के बढ़ते विस्तार को रोकने का निश्चय किया। मात्र 16 वर्षीय इस वीर ने अंग्रेजों की दमनकारी नीतियों से मुक्ति के लिए सन् 1866 में माइब गाँव में एक बड़ी सभी बुलाई और स्वाधीनता संग्राम के लिए आह्वान किया।

शंभुधन ने अंग्रेजों से संघर्ष करने के लिए दिमासा वीरों की एक क्रांतिकारी सेना खड़ी की। माइबंग में सैन्य प्रशिक्षण केंद्र स्थापित किया। क्रांतिकारियों ने अंग्रेजों का विरोध करना शुरू कर दिया। लगातार क्रांतिकारियों की सक्रियता से अंग्रेजों को प्रशासन चलाना कठिन हो गया। इसलिए उन्होंने गाजुंग को केंद्र बनाया और सीए सापित को वहाँ जूनियर पॉलिटिकल ऑफिसर नियुक्त किया।

शंभुधन के कुशल नेतृत्व में क्रांतिकारियों की सेना और स्वतंत्रता का अलख जगाने में जुटे स्वतंत्रता आंदोलन को कुचलने के लिए सैन्य अधिकारी मेजर बोर्ड को एक बड़ी सैन्य टुकड़ी के साथ भेजा गया। क्रांतिवीर शंभुधन को पकड़ने के लिए पुरस्कार की घोषणा की गई। जान हथेली पर लेकर चलनेवाले मदाईराब ने अंग्रेजों की सेना पर घात लगाकर हमला किया। मेजर वार्ड के माइबांग स्थित सैनिक गतिविधियों के केंद्र, सैन्य मुख्यालय पर शंभुधन फुंगलों के कुशल नेतृत्व में प्रभावी आक्रमण हुआ। मेजर बोर्ड और उसके कई साथी मौत के घाट उतार

दिए गए। वीर शंभुधन को पकड़ना अंग्रेजी सेना के लिए प्रतिष्ठा का प्रश्न था।

आखिरकार वहाँ के सब डिवीजनल ऑफिसर ने मानसिंह मोलोंगथांग और शंभुधन को बुलाया, किंतु वे नहीं गए। अंग्रेजों को जैसे ही शंभुधन के माईबांग सैन्य शिविर की सूचना मिली तो अंग्रेज तिलमिला गए। क्रांतिकारियों पर हमले की योजना बनाई और सीधी भिड़ंत जनवरी 1882 में हुई। क्रांतिकारियों ने सिलचर के डिप्टी कमिश्नर मेजर बायड और उसके दल को घेर लिया। शंभुधन ने अपने एडग से वार कर एक सैनिक की हत्या कर दी तथा बायड का एक हाथ काट दिया। इसके बाद बड़ा युद्ध हुआ, जिसमें शंभुधन के बड़ी संख्या में क्रांतिकारी साथी बलिदान हुए। अपने साथियों को खोने से अन्य क्रांतिकारी आक्रोश में आ गए। उन्होंने गोंजुंग पर आक्रमण किया और वहाँ के घरों में आग लगाकर अंग्रेजों सहित उनके घोड़ों को मार डाला। शंभुधन ने मंदिरों को अपने संघर्ष का सैन्य केंद्र बनाया।

साहसपुर के पास इग्रालींग गाँव में शंभुधन अपने घर में अपनी पत्नी नासादी के साथ थे। सभी अंग्रेज सैनिकों ने उन पर हमला कर दिया। अंग्रेजों के साथ युद्ध करते हुए वे जंगल की ओर बढ़ गए। अंग्रेजों ने पीछा किया पर वे उन तक पहुँच न सके। इस संघर्ष में शंभुधन गंभीर रूप से घायल हो गए और फिर 12 फरवरी, 1883 को 33 वर्ष की आयु में पराक्रमी शंभुधन वीरगति को प्राप्त हो गए।

□

सिनगी दई और कैली दई

उराँव जनजाति का राज्य केंद्र बिहार में रोहतासगढ़ था। औरंगजेब ने इस वनवासी राज्य को अपने अधीन करने के लिए लगातार तीन बार आक्रमण किया। 12 वर्षों तक होनेवाले इस युद्ध में वनवासियों ने अपने राज्य में उसे प्रवेश नहीं करने दिया। मुगलों ने जब तीसरा आक्रमण किया, तब वनवासी जन शिकार उत्सव मना रहे थे। उस युद्ध का मोर्चा थामा उराँव नारी शक्ति सिनगीदई और कैली दई ने। दोनों ने अपनी महिला सैनिक टुकड़ी का नेतृत्व किया। आक्रांताओं से मोर्चा लिया और मुगलों को गढ़ में आने से रोका। गुप्त रास्ते से सभी वनवासियों को बाहर निकाल लिया। सिगनी दई और कैली दई के शौर्य और पराक्रम को स्मरण करते हुए बारह वर्षों में उराँव महिलाएँ जनी शिकार उत्सव मनाती हैं।

वस्तुतः वनवासी आरंभ से अपना राज, अपना शासन और अपनी व्यवस्था चलाते रहे हैं। उन्होंने किसी भी कालखंड में पराधीनता स्वीकार नहीं की। उनके अपने गढ़ हुआ करते थे। उनके क्षेत्र भी तय थे, जैसे संथालों की राजधानी चाप-चाम्पा गढ़ में थी, मुंडा जनजाति सुतियांबे, राँची में और उराँव जनजाति का राज्य केंद्र बिहार के रोहतासगढ़ में था।

समय बदला, परिस्थितियाँ बदली, वनवासियों की तमाम कोशिशों के बावजूद शक, हूण और अंग्रेज आक्रांताओं ने अपनी जड़ें मजबूत कीं और भारत को लंबी पराधीनता का दर्द सहना पड़ा। इसी क्रम में वनवासियों की शासन व्यवस्था भी बाधित हुई। उनकी स्वायत्तता पर हमला हुआ, उनके अधिकार छीन लिये गए।

वनवासी क्षेत्र में विदेशी आक्रांताओं द्वारा निरंतर हमले हुए और अंग्रेजी राज में तो दमन की सारी सीमाएँ टूट गईं।

मुगलों ने आक्रमण उस समय किया, जब उराँव जनजाति का रोहतास पर शासन था। उन्होंने ही रोहतासगढ़ की स्थापना की थी। यहाँ रोहतासगढ़ का पत्थरों से निर्मित किला है। इस क्षेत्र में उनकी अपनी प्रकृति के अनुरूप अपना शासन,

अपने नियम और अपना संविधान था।

इस क्षेत्र में मुगलों ने तीन बार आक्रमण किया। तीनों बार उराँव योद्धाओं ने उन्हें अंदर प्रवेश नहीं करने दिया। औरंगजेब के समय दो बार हार हुई, इस हार का अपमान औरंगजेब सहन नहीं कर पा रहा था। वह हर हाल में रोहतासगढ़ पर अधिकार चाहता था।

जब सीधे मुकाबले में मुगलों की हार हुई तो वह छल-बल से विजय का रास्ता ढूँढ़ रहा था। मुगलों ने तीसरी बार जब हमले की योजना बनाई, तब उन्होंने गद्दार को भी तलाश कर लिया। यह भारत का दुर्भाग्य है कि यहाँ जब भी पराजय हुई है तो अपने ही किसी गद्दार के कारण। मुगलों को जिसकी तलाश थी, वह मार्ग मिल गया। लुंदरी नामक एक ग्वालन को लोभ-लालच और धन देकर भेद बताने के लिए तैयार किया। लुंदरी गढ़ में दूध पहुँचाया करती थी। उसने दुश्मनों को वह राज बताया, जिससे विजय प्राप्त की जा सकती थी। उसने मुगल सेनापति को बताया कि चैत्र माह में उराँव जनजाति के लोग सरहुल का पर्व मनाते हैं। उस दिन सभी पुरुष उत्सव-आयोजन और शराब के नशे में डूबे रहते हैं। इस अवस्था में वे किसी भी युद्ध का सामना करने योग्य नहीं रहते। यही नहीं, लुंदरी ने गढ़ के गुप्त प्रवेश द्वारों की जानकारी भी दुश्मनों को दे दी।

इस बार मुगलों ने सरहुल उत्सव के दिन ही रोहतासगढ़ पर आक्रमण किया। उन्हें लगा, आज तो जीत निश्चित है, लेकिन रणक्षेत्र में सबकुछ उनकी अपेक्षा के विपरीत था। मुगल सेना को आश्चर्य हुआ, जब उन्होंने देखा कि वनवासी योद्धा पूरे जोश के साथ मोर्चा ले रहे हैं। उराँव वीरों के रणकौशल से मुगल सेना परास्त हो गई। मुगल सेनापति के होश उड़ गए। वह गुस्से में आगबबूला हो गया, उसने लुंदरी को बुलाया और कहा, तुमने हमें गलत सूचना दी। सरहुल उत्सव में भी उराँव योद्धा तो पूरी ताकत के साथ लड़े और हमारी हार हुई। लुंदरी पर कई आरोप लगाए गए।

लुंदरी ने अपनी सफाई दी और बताया कि मेरी सूचना तो सौ फीसदी सही थी। युद्ध में कोई उराँव पुरुष थे ही नहीं। आप जिनसे पराजित हुए हैं, वे तो महिलाएँ थीं। उराँव महिलाओं ने पुरुष का वेश धारण कर मुगल सेना से युद्ध किया। मुगल सेनापति आश्चर्यचकित था कि महिलाएँ कैसे युद्ध कर सकती हैं! लुंदरी ने उन्हें बताया कि यहाँ की सेना में महिलाएँ भी सिपाही बनकर युद्ध करती हैं। जिसने युद्ध का संचालन किया था, वह यहाँ के राजा की बेटी सिनगी दई थी। वे बहुत वीर और साहसी हैं। युद्ध कला में निपुण हैं। उनके साथ जिन्होंने युद्ध में मोर्चा सँभाला वे यहाँ के सेनापति की बेटी कैली दई हैं। वे भी युद्ध कला में दक्ष हैं। अब यदि आपकी

सेना महिलाओं से पराजित हो गई तो इसमें मैं क्या कर सकती हूँ। मुगल सेनापति ने प्रमाण चाहा तो लुंदरी ने बताया कि आप सोन नदी के किनारे जाकर खुद देखें, आपको प्रमाण मिल जाएगा। वह कैसे? पूछने पर लुंदरी बोली, वहाँ जो भी सैनिक दोनों हाथों में पानी लेकर मुँह धो रहा होगा, वह सैनिक वेश में महिला ही होगी। पुरुष एक ही हाथ से पानी लेते हैं। यदि आप अपने सैनिकों के बीच यह भेद खोल देंगे कि पुरुष वेश में लड़नेवाले सैनिक वास्तव में महिलाएँ हैं। इससे उनका पुरुषत्व उन्हें ललकारेगा और वे दुगने आवेश में युद्ध करेंगे। यह सारे भेद खोलकर लुंदरी अपना इनाम लेकर वहाँ से चल दी।

मुगल सेनापति ने सैनिकों का आह्वान किया, उनके शौर्य को ललकारा और महिला से हारने पर होनेवाली शर्मिंदगी का अहसास करवाया। मुगल सैनिक तैश में आ गए। वहीं सरहुल पर्व में डूबे वनवासी पुरुष नशे में बेसुध थे। यह भारतीय संस्कृति की विशेषता है कि जब भी पुरुषों की किसी कमजोरी से हार की संभावना उपस्थित हुई, तब महिलाएँ अर्धांगिनी बनकर उठ खड़ी हुईं। रोहतासगढ़ में भी यही हुआ। मुगल सैनिकों ने पूरे वेग के साथ हमला बोला। वनवासी महिलाओं की सेना का नेतृत्व सिनगी दई ने किया और दुश्मनों से पूरी शक्ति के साथ मोर्चा लिया। इस बार मुगल आक्रांता अतिवेग में थे, वे आगे बढ़ते जा रहे हैं। इधर तीर-तलवार, ढेलबास, बलुआ-समाठ आदि चलाती वनवासी वीरांगनाएँ मुगल सैनिकों को मौत के घाट उतार रही थीं।

मुगल सेनापति सैनिकों को बार-बार इस बात का अहसास दिलवा रहा था कि हम औरतों से युद्ध कर रहे हैं, हमें हारना नहीं है। हम पुरुष हैं, हम ही युद्ध जीतेंगे। औरतों को पीठ दिखाना कायरता होगी। जितनी बार मुगल सेनापति ने महिला सैनिक होने को लेकर आह्वान किया, उतनी बार मुगल सैनिकों का वेग कई गुना बढ़ जाता था। इधर सिनगी दई भी अपनी महिला सेनानियों में उत्साह भर रही है। कैली दई मुगलों के हर वार पर प्रतिवार कर रही थीं। तमाम कोशिशों के बाद भी भेद खुल जाने से वनवासी टुकड़ी कमजोर पड़ गई। दुश्मन किले में प्रवेश करने लगे। सिनगी दई ने विचलित हुए बिना हिम्मत से त्वरित निर्णय लिया और मिर्च की बुकनी का धुआँ कर दिया। लाल मिर्च की बुकनी उड़ने लगी। यह देखकर मुगल सेना विस्मित थी। दुश्मन खाँय-खाँय कर रहे थे, आँख मल रहे थे। इसी बीच सिनगी दई, कैली दई ने अपने सैनिकों के साथ खुफिया रास्ते से सबको बाहर निकालना शुरू कर दिया। उन्होंने उत्सव के नशे में डूबे पुरुषों को बाहर निकाला और स्वयं भी बाहर निकल गईं। दुर्योग से जो स्त्री-पुरुष बचे, उन्हें

मुगलों ने बहुत प्रताड़ित किया। महिलाओं के कपाल पर गरम लोहे से दागकर तीन रेखाएँ बना दीं। ये तीन रेखाएँ इसलिए बनाईं कि तीसरी लड़ाई में उन्होंने विजय प्राप्त कर ली है।

अंततः रोहतासगढ़ पर मुगलों का कब्जा हो गया। रोहतासगढ़ के खुफिया रास्ते से निकलकर इन जनजातियों ने राँची के कोराम्बे नामक स्थान पर डेरा डाला, फिर इधर-उधर बिखर गए, कुछ सरगुजा में जाकर बस गए। इन वनवासी वीरों ने वनांचल में पलायन किया, लेकिन पराधीनता स्वीकार नहीं की।

भारतीय स्वत्व, स्वाभिमान के प्रतीक वनवासियों का रोहतासगढ़ का एक अद्वितीय इतिहास है। यह भारतीय स्त्री की शक्ति, सामर्थ्य और राष्ट्र की सुरक्षा के समर्पण का अनूठा अध्याय है।

रोहतासगढ़ के युद्ध के प्रतीक के रूप में उराँव महिलाएँ आज भी अपने ललाट और कनपटी पर तीन लकीरों का गोदना गुदवाती हैं। यह उनके शौर्य और पराक्रम का प्रतीक चिह्न है। उराँव महिलाएँ उस भयावह युद्ध की स्मृति में प्रति बारह वर्ष के बाद जनी शिकार का उत्सव मनाती हैं। वे पुरुष-वेश धारण करती हैं और अस्त्र-शस्त्र, तीर-बलुआ आदि विविध औजार लेकर, ढोल-नगाड़े के साथ शिकार पर निकलती हैं। जंगल, गाँव, नगर, टोले में जनी शिकार का उत्सव मनता है। दुश्मन को मारने के प्रतीक स्वरुप में वे बकरी, सूअर, मुरगी, चिड़िया या वन्य पशु, खरगोश आदि का शिकार करती हैं। शिकार से लौटने पर सहभोज किया जाता है। जनी शिकार आयोजन नारी की वीरता का प्रतीक है। वनवासी महिलाएँ सिनगी दई और कैली दई की तरह जनी शिकार की परंपरा निभाकर यह बतलाती हैं कि हम भी स्वतंत्रता प्रेमी हैं।

महिलाएँ सिर पर पगड़ी बाँधती हैं, धोती-कमीज, पैंट-शर्ट पहनती हैं। वृद्ध, युवा, और बच्चियाँ सभी सम्मिलित रूप से टोले-दर-टोले शिकार पर निकलती हैं, जनी शिकार में ललाट पर तीन रेखाओंवाला गोदना गुदवाकर सिनगी दई और कैली दई की वीरता, साहस और राष्ट्र के प्रति समर्पण का स्मरण किया जाता है।

□

सिद्धो-कान्हु

संथाल जनजाति के लोग स्वतंत्रता-प्रिय प्रकृति के वनवासी हैं। जागरूक, प्रगतिशील होने के साथ उन्होंने किसी भी स्थिति में पराधीनता स्वीकार नहीं की। इस प्रकृतिस्थ जनजाति का उल्लेख रामायण तथा महाभारत काल में भी मिलता है। अपनी स्वतंत्रता और स्वाभिमान की रक्षा के लिए उन्होंने हर विदेशी आक्रांता से संघर्ष किया।

सत्रहवीं शताब्दी के पूर्वार्ध में मुसलमान आक्रमणकारियों से इनका घोर संघर्ष हुआ, हमलावरों की विशाल सेना के आगे इनकी हार हुई और अपने निवास स्थान आधुनिक छोटानागपुर क्षेत्र को छोड़ना पड़ा। मुसलमानों के आधिपत्यवाले क्षेत्र को ये वनवासी 'तुडुस दिसोम भांड दिसोम' तुर्कों का देश, भ्रष्टाचारियों का देश कहकर वहाँ से पलायन कर बंगाल आकर बस गए। तब तक अंग्रेजों ने अपने पैर पसारने शुरू कर दिए थे। वर्ष 1765-66 में बंगाल, बिहार और ओडिशा की मालगुजारी का अधिकार भी कंपनी ने प्राप्त कर लिया था। पहले पंचवर्षीय मालगुजारी का प्रबंध था, फिर 1763 में स्थायी व्यवस्था अंग्रेजों के हाथ में आ गई

और इसी के साथ कर वसूली और दमन का सिलसिला शुरू हो गया।

पकौड़ और राजमहल के क्षेत्र में गोरे नीलहों की कोठियाँ बन गईं। नील की खेती पर एकाधिकार होते ही किसानों पर नील की खेती के लिए जोर-जबरदस्ती शुरू हुई। जिले के पूर्वी भाग में रेल की सड़क बनने का कार्य शुरू हुआ। वहाँ काम पर जानेवाले स्त्री-पुरुषों का दैहिक शोषण होने लगा। यही नहीं, वनवासियों की परंपराओं और धर्म पर भी अतिक्रमण किया गया। ऐसे स्याह काल में वनवासियों के स्वत्व, स्वाभिमान और स्वाधीनता का प्रतीक बनकर नेतृत्व साधा सिद्धो संथाल और कान्हु संथाल ने। राजमहल क्षेत्र के भीगनडीह गाँव में चुन्नू संथाल के यहाँ 1815 में सिद्धो और 1820 में कान्हु का जन्म हुआ। इन दोनों के अतिरिक्त चुन्नू संथाल के यहाँ जनमे चाँद और भैरव ने भी संथाल क्रांति में भाग लिया था।

अंग्रेजों के विरोध में क्रांति का नेतृत्व करते हुए कहा कि मराड़ बुरू संथालों के देव, महादेव ने दर्शन देकर कहा कि लोगों को इकट्ठा करोगे, अपने अधिकार के लिए संघर्ष करोगे तो तुम लोग फिर से स्वतंत्र हो जाओगे।

यह 1856 का वर्ष था, 30 जून को पूर्णिमा के दिन दस हजार संथाल धनुष-बाण, तलवार, कुठार आदि शस्त्र लेकर इकट्ठे हुए और अपने आप को स्वतंत्र घोषित कर दिया। सिद्धो और कान्हु को सूबा (राजा) चुन लिया गया, अंग्रेजी राज को नकारते हुए संथाल राज्य की स्थापना कर दी गई।

उसी समय आमड़ापाड़ा के एक प्रभावशाली महाजन के साथ दरोगा दो संथाल कैदियों को पलकठिया होकर भागलपुर लेकर जा रहा था। दरोगा तथा महाजन को उसी क्षण मार डाला और कैदी को मुक्त करा दिया, बस इस घटना के बाद क्रांति की शुरुआत हो गई।

सिद्धो-कान्हु के नेतृत्व में संथाल सेना ने अंग्रेजी राज को उखाड़ फेंकने की शपथ ली और योजना बनाकर शृंखलाबद्ध हमले शुरू कर दिए गए। गोरों की हर बस्ती पर संथालों ने हमला बोल दिया।

उनका आह्वान था—"अंग्रेजों के चाटुकार-जुमींदार, महाजोन, पुलिस आर राज रेन अमला को मुजुक्का," अर्थात् अंग्रेजों के चाटुकार, जमींदार, महाजन, अंग्रेज पुलिस और सरकारी अधिकारी का नाश हो। लोगों ने यह भी प्रतिज्ञा ली कि जो भी हमारा विरोध करेगा, उसे हम मार डालेंगे।

संथाल क्रांति की तैयारी इतनी व्यापक थी कि कई फौजी टुकड़ियाँ बनाई गईं। हर टुकड़ी धनुष-बाण, बरछा और अन्य हथियारों से सुसज्जित थी, जिसका नेतृत्व अलग-अलग योद्धा कर रहे थे।

इन टुकड़ियों ने हमले शुरू किए। एक टुकड़ी चंद्राय के नेतृत्व में नीलहे मोरे के निवासरत गाँव फदकीपुर पहुँची, हमला किया और उन्हें मार डाला।

दूसरी टुकड़ी साहबगंज की ओर बढ़ी। वहाँ रहनेवाले गोरे नीलहे को जैसे ही संथाल टुकड़ी के आने की सूचना मिली, वो नावों पर बैठकर गंगा नदी से भाग गए। संथालों में इतना आक्रोश था कि उन्होंने खाली घरों को ही जला डाला।

भागलुपर का कलेक्टर तब राजमहल में था, उसने भागकर एक रेलवे इंजीनियर के घर में शरण ली। वहाँ बड़ा घमासान हुआ।

संथालों का अंग्रेजों के साथ अगला युद्ध पैलापुर में हुआ। यहाँ भागलपुर से पहाड़ी पलटन अंग्रेज कप्तान फगान के पास भेजी गई। संथाल और अंग्रेजी सेना के बीच घमासान में संथालों की जीत तो हुई, लेकिन बड़ी संख्या में सैनिक मारे गए। क्रांति नायक कान्हु रणभूमि में ही वीरगति को प्राप्त हुए।

संथालों में अब भी आत्मबल की कमी नहीं थी। वे कंपनी सरकार को अपने देश (दामिन-ई-कोह) से निकाल बाहर करने के लिए आगे बढ़े। उन्होंने कहलगाँव से राजमहल तक दक्षिण में सैपिया और रानीगंज तक कब्जा कर लिया। संथालों के हमलों का क्रम जारी था। संथाल क्रांति दावानल बनकर अंग्रेजों का सर्वनाश करते हुए आगे बढ़ रही थी। अलग-अलग टुकड़ियों में संथालों ने पकौड़ और महेशपुर कदम सैर, रघुनाथपुर और संग्रामपुर में युद्ध किया। इन युद्धों में क्रांतिकारियों के सैकड़ों योद्धा मारे गए।

10 जुलाई, 1855 को अंग्रेजों की एक बड़ी सैनिक टुकड़ी वहाँ पहुँची। घमासान युद्ध हुआ। 30 हजार सशस्त्र संथाल क्रांतिकारियों को दबाने के लिए अंग्रेजों ने चौतरफा प्रहार किए। वरला ईद के युद्ध में चाँद और भैरव बलिदान हो गए। 20 नवंबर को अंग्रेज सरकार ने जिलों में फौजी कानून, मार्शल लॉ लगा दिया। इस पर भी संथाल झुके नहीं। लगभग 10 हजार संथाल रणभूमि में बलिदान हुए। 26 जुलाई, 1856 को सिद्धो तथा हजारों की संख्या में संथाल क्रांतिकारियों को पेड़ पर फाँसी दे दी गई। इस क्रांति के दमन के बाद यहाँ का राज्य सीधे भारत के गवर्नर जनरल के हाथ में चला गया। संथालों के बलिदान की टीस संथाल परगना में सदैव जीवंत रही। बाद में लंबे समय तक असहयोग के रूप में प्रस्फुटित होती रही।

□

सीताराम कँवर

सीताराम कँवर भिलाला जनजाति के नायक थे। उन्होंने 1857 के युद्ध में अंग्रेजों के विरुद्ध बड़वानी क्षेत्र में आवाज उठाई। समाज को स्वत्व और स्वाभिमान की दिशा प्रदान की। शोषण के विरोध में मोर्चा लिया। 9 अक्टूबर, 1858 को अंग्रेजों से युद्ध करते हुए प्राणों का उत्सर्ग किया। उनके साथ 20 क्रांतिकारी रणभूमि में बलिदान हुए और 58 क्रांतिकारियों को बंदी बना लिया, जिन्हें कैंप में लाकर तोप से उड़ा दिया गया। इस संघर्ष में 78 क्रांतिकारियों ने अपना बलिदान दिया।

भील बाहुल्य क्षेत्र निमाड़ में भिलाला जनजाति के लोग भी रहते हैं। ये अधिकतर झाबुआ और बड़वानी में निवासरत हैं। 1857 की क्रांति के समय बड़वानी रियासत में आरंभ में खाज्या नायक और भीमा नायक ने मोर्चा लिया। अंग्रेजों द्वारा इन भील नायकों के दमन के बाद भिलाला वीर क्रांति की ओर बढ़े। कमान सँभाली सीताराम कँवर तथा बरुद के रघुनाथसिंह मंडलोई भिलाला ने। इन्होंने भील-भिलाला का संगठित दल बनाया और होल्कर दरबार के सवारों, सिपाहियों आदि को क्रांति के लिए प्रेरित किया। भिलाला योद्धाओं से प्रेरित होकर सिपाही क्रांतिकारियों के साथ स्वाधीनता संग्राम में शामिल हो रहे थे। इस तरह भील-भिलाला का संगठित दल बनाया। निमाड़ का यह क्षेत्र जनजातीय क्रांति योद्धाओं की गौरव भूमि रही है। जनजातियों का शौर्य, पराक्रम और बलिदान

पीढ़ी-दर-पीढ़ी हस्तांतरित हुआ है। 1857 की क्रांति के समय सीताराम कँवर के पहले स्वाधीनता सेनानी खाज्या नायक और भीमा नायक सक्रिय रहे। इनके बाद भीलाला नायक सीताराम कँवर और रघुनाथ सिंह मंडलोई ने मोर्चा थामा। निमाड़ के इस क्षेत्र में कँवर जनजाति समुदाय का वर्चस्व इस बात से साबित होता है कि होल्कर दरबार ने कई नायकों को मंडलोई नियुक्त किया था। जमींदारी के अधिकार दिए और राजस्व वसूल करने तथा सुरक्षा के लिए सैनिक नियुक्त करने का उन्हें अधिकार था। सीताराम कँवर ने अंग्रेजों के अधीन कोई भी कार्य करने की नीति को सिरे से नकार दिया और स्वाधीनता युद्ध का झंडा थामा।

27 सितंबर, 1858 को एक पत्र में गवर्नर जनरल के एजेंट ने मेजर कीटिंग को लिखा कि वैसे तो राजाओं और जागीरदारों से कहा जा सकता है कि विद्रोहियों का शक्ति से दमन करें, लेकिन हमारी भारतीय सेना को उकसाया गया है। जिससे अब भारतीय जवानों पर विश्वास भी नहीं किया जा सकता। अब हमारे लिए आवश्यक हो गया है कि शक्ति से आगे बढ़ें और भारतीय सिपाहियों की कमान खुद सँभालें।

30 सितंबर, 1858 को क्रांतिकारियों ने बालसमुंद चौकी पर अधिकार किया तथा जामुनी चौकी को लूटकर जला दिया। दल प्रमुख सीताराम कँवर को पकड़ने के लिए अंग्रेज सरकार ने पाँच सौ रुपए के इनाम की घोषणा की। अकबरपुर क्षेत्र में भी सीताराम कंवर ने क्रांति की। क्रांतिकारियों ने पहाड़ी से नीचे आकर दो चौकियों और डाकघर पर कब्जा किया तथा डाक के घोड़ों को छीन लिया।

8 अक्तूबर, 1858 को सीताराम और उनके साथी बरुद गाँव की ओर बढ़े। अंग्रेजी पुलिस 8 अक्तूबर को बड़वानी की ओर गई, क्योंकि अनुमान यह था कि सीताराम का क्रांतिदल बरुद के बाद यहीं से आगे बढ़ेगा। यहाँ होल्कर रियासत का सेनाधिकारी बख्शी खुमान सिंह भी होल्कर सेना को लेकर मेजर कीटिंग के साथ था। फोर्स को देखकर क्रांतिकारियों ने चले जाना उचित समझा, लेकिन दो भिलाला पकड़े गए। जोर-जबरदस्ती कर उनसे मालूम किया कि क्रांतिकारी बीजागढ़ के किले में हैं। अनाज तथा पीतल के बरतन से लदी बैलगाड़ियों को क्रांतिकारियों के ठहरने के स्थान पर ले जाया जा रहा था। बैलगाड़ियों के पहियों के निशान के आधार पर अंग्रेजी फौज आगे बढ़ती गई।

अंग्रेजों का सीताराम के दल से बंड नामक स्थान पर युद्ध हुआ। इस मुठभेड़ में क्रांतिकारियों की हार हुई, उन्हें नुकसान उठाना पड़ा। वे जंगल की ओर बढ़ गए। 20 क्रांतिकारी मारे गए, जिनमें सीताराम कँवर तथा हवलदार ज्वाला भी थे।

9 अक्तूबर, 1858 को जनजाति योद्धा सीताराम कँवर स्वाधीनता के लिए युद्ध करते हुए बलिदान हुए। सीताराम कँवर का कटा सिर कैंप में लाया गया, उनकी पहचान कर ली गई। सीताराम कँवर के 78 साथी पकड़ लिये गए, सभी क्रांतिकारियों को फाँसी दे दी गई।

□

सुरेंद्र साय

भारतीय स्वाधीनता संग्राम के इतिहास में सुरेंद्र साय ऐसे वीर नायक हुए हैं, जिन्होंने अंग्रेजों के अत्याचार और यातनाओं की क्रूरतम यात्रा को सहा। 19वीं सदी के इस रणबाँकुरे की आँखों के सामने उनके पुत्र, रिश्तेदार और साथियों की हत्या की गई, यही नहीं, हत्या से पहले लोहे की गरम सलाखों से सुरेंद्र साय की दोनों आँखें फोड़ी गईं। उन्हीं सलाखों से दोनों कान फोड़ दिए गए। उन्हें अंधा-बहरा किया और फिर फाँसी के फंदे पर लटका दिया गया।

स्वाधीनता के लिए अपने प्राण न्योछावर करनेवाले इस महान् योद्धा का जन्म ओडिशा के संभलपुर जिले के गाँव बाबूखेड़ा के राजघराने में हुआ। संभलपुर पर राज्य विस्तार नीति के तहत अंग्रेजों ने 1817-19 में चौथे मराठा युद्ध के आरंभ में ही कब्जा कर लिया और 1926 की संधि उपरांत यह अंग्रेजी राज का हिस्सा बन गया।

1820 में जयंत सिंह का पुत्र महाराज़ साय राजा बना। राजा की मृत्यु के उपरांत रानी मोहनकुमारी ने संभलपुर का राज सँभाला। अंग्रेजों ने हस्तक्षेप किया। पेंशन देकर रानी को राजगद्दी से उतार दिया और कठपुतले नारायण सिंह को गद्दी पर बैठा दिया और फिर गोंड, बिझांल जनता पर अत्याचार और दमन का आतंक बरपाया। स्वाभिमानी गोंडों ने तो नारायण को राजा तक नहीं माना और राजगद्दी

के योग्य उत्तराधिकारी सुरेंद्र साय के साथ विप्लव में शामिल हो गए। यह क्रांति वर्ष 1833 में गोंड विप्लव के रूप में स्फुटित हुई।

क्रांति का यही रूप 1839 में दावानल बन गया। होनेवाली मौतों के आरोप में क्रांतिकारी सुरेंद्र साय और उनके भाई उदवंत साय को आजीवन कारावास का दंड देकर हजारी बाग जेल में कैद कर दिया गया।

1849 में नारायण सिंह की नि:संतान मृत्यु हो गई। कंपनी सरकार ने साम्राज्य विस्तार नीति के तहत राज्य हड़प लिया। मनमानी वसूली की गई। 1884 में पुन: जमीन बंदोबस्त हुआ, इससे राजस्व में होनेवाली बढ़ोतरी को लेकर विवरण है कि—यह रियासत 1849 के पहले केवल 8,800 रुपए राजस्व देती थी। अब प्रत्यक्ष राजस्व के रूप में ली गई रकम 74,000 रुपए है, जिसमें से वसूली के खर्च और एक अंग्रेज अधिकारी सहित कर्मचारियों के वेतन आदि के रूप में 25,000 रुपए खर्च किए जाते हैं।

संकट के उस समय में संभलपुर के लोग रणबाँकुरे सुरेंद्र साय को पुकार रहे थे। साथियों की मदद से सुरेंद्र साय जेल की सलाखें तोड़ बाहर आ गए। जनता को इसी रणबाँकुरे के नेतृत्व की तलाश थी। यह तलाश समाप्त हुई 1857 के महासमर में। राष्ट्रीय महासंग्राम में सुरेंद्र साय के साथ कई जमींदार हो लिये। कोलबीरा के जमींदार के अलावा अन्य जमींदारों ने उनका अनुकरण किया। दानापुर में क्रांति की खबर आते ही हजारीबाग की देशी पलटन ने अपने तेवर दिखाए। सितंबर 1857 में सुरेंद्र साथ ने लगभग 1600 क्रांतिकारियों के साथ संभलपुर के पुराने किले में मोर्चा लिया। अंग्रेजों ने सुरक्षा का वादा किया। साथ ही सुरेंद्र साय के भाई उदवंत की सजा माफी का आश्वासन दिया। इसके बदले में उन्हें सुरेंद्र साय के संभलपुर के साथियों को तितर-बितर करना था। सुरेंद्र साय को अंग्रेजों की साजिश को समझते देर न लगी।

अंग्रेजों ने सितंबर 1857 में मद्रास सेना की दो टुकड़ियाँ बुलाई। इन टुकड़ियों के द्वारा संभलपुर पर नियंत्रण करना चाहा, पर विप्लव इनता उग्र था कि अंग्रेजी सेना की एक न चली। बंगाल डिस्ट्रिक्ट गजेटियर संभलपुर के अनुसार "विद्रोह ने अब उग्र रूप धारण किया। सभी प्रमुख जमींदार अंग्रेजों को मार भगाने के लिए सेना इकट्ठा कर रहे थे। संभलपुर के सारे अंचल पर विद्रोहियों का कब्जा था। अंग्रेजों के शिविर से सिर्फ 3-4 मील की दूरी पर विद्रोही डटे हुए थे और हर रात अंग्रेजों के संतरियों पर गोली चलाते। मद्रास आर्मी के डॉ. मूर को घायल सैनिकों के इलाज के लिए हैनसन के साथ संभलपुर भेजा गया था, लेकिन रास्ते में ही वह विद्रोहियों के

हाथों मारा गया। उसका साथी किसी तरह भटकता हुआ कैप्टन ली के पास पहुँचा। कैप्टन ली ने पहले से बंदी सैनिकों को विद्रोहियों पर हमला करने भेजा और फिर मद्रास सेना की बड़ी पलटन लेकर उनकी सहायता के लिए चला। विद्रोहियों ने घने जंगल में उस पर हमला किया, उसके कई साथियों को मार डाला, लेकिन वह खुद विद्रोहियों का कुछ भी न बिगाड़ सका।" सुरेंद्र साय ने अंग्रेजों के अधिकृत दुर्ग पर आक्रमण किया। क्रांतिकारियों का पलड़ा भारी था, उनकी जीत निश्चित थी। अंग्रेजों ने हार होती देख छल-कपट का सहारा लिया। संधि के लिए सफेद झंडा फहराया।

वार्त्ता के लिए सुरेंद्र साय पहुँचे तो उन्हें कैद कर लिया और संभलपुर जेल में सलाखों के पीछे कर दिया। क्रांतिकारी वीर ने सलाखों को चुनौती दी और मात्र तीन दिनों में ही संभलपुर जेल से निकल गए और विप्लव अभियान थाम लिया। 1858 से 1863 तक अनेक मोर्चों पर अंग्रेजों को चुनौती दी। सुरेंद्र साय का कार्य क्षेत्र बिहार तक ही सीमित न रहकर मध्य प्रदेश तक विस्तारित हो चुका था। इस क्रांतिकारी के विजय और उत्कर्ष की आँधी को देश के विश्वासघाती निकृष्ट कर्म ने ध्वस्त कर दिया। सुरेंद्र साय के अपने ही मित्र दयानिधि मेहा ने अंग्रेजों के साथ मिलकर उन्हें कैद करवा दिया। सुरेंद्र साय को बंदी बनाकर खंडवा और बुरहानपुर नगरों के बीच घनघोर जंगल में स्थित असीरगढ़ किले में रखा गया।

कड़े पहरों के बीच जकड़े सुरेंद्र साय के ही सामने उनके पुत्र, भाई और अन्य रिश्तेदारों का कत्ल किया गया। विचलित होकर सुरेंद्र साय ने आँखों पर हाथ रखा तो उनकी आँखें निकाल दी गईं। अपनों की चीत्कार से द्रवित होकर जब सुरेंद्र साय ने कानों पर हाथ रखे तो गरम सलाखों से कान फोड़ दिए गए। इस वीर योद्धा को अंधा, बहरा करके 28 फरवरी, 1884 को असीरगढ़ के किले में फाँसी दे दी गई। □

हैपोउ जादोनांग

भारत के पराधीन काल में अंग्रेजों ने राजनीतिक पराधीनता के अलावा धर्म, संस्कृति पर भी हमला किया। जोर-जबरदस्ती, लगान वसूली, बेगारी का तांडव सारे भारत में चल रहा था। मणिपुर में भी अंग्रेजी राज के दमन-शोषण से लोग परेशान थे। नागा जनजाति की सहनशक्ति की परीक्षा थी, उनके धर्म पर हमला, कर वसूली और बेगारी से जोर-जबरदस्ती हिंदुओं को ईसाई बनाने का सिलसिला चल रहा था। ऐसे समय में वीर हैपोउ जादोनांग ने एक तरफ स्वाधीनता आंदोलन चलाया, दूसरी ओर अपनी धर्म और संस्कृति की रक्षा के लिए उपाय निर्मित किया।

वीर हैपोउ जादोनांग रांग्मई नागा जनजाति के विलक्षण स्वतंत्रता सेनानी थे। उन्होंने अंग्रेजों के चर्च और ईसाई धर्मांतरण से लोगों को जागरूक किया। धर्म और संस्कृति को जीवंत रखने के लिए मंदिर निर्माण और पूजा-अर्चना, प्रार्थना की परंपरा विकसित की। नागाओं को अंग्रेजों के दमन-शोषण से मुक्ति के लिए आंदोलन चलाया।

यहाँ जेलियांगरोंग राज स्थापित कर अपने क्षेत्र को अंग्रेजों के चंगुल से मुक्त कर लिया। अंग्रेजों ने धर-पकड़ की मुहिम चलाई। 19 फरवरी, 1931 को उन्हें बंदी बना लिया, मृत्युतुल्य यातनाएँ दी गईं। 29 अगस्त, 1931 को इंफाल जेल के नीचे नाम्बोल नदी तट पर सबके सामने उन्हें फाँसी दे दी गई।

नागा समाज और संस्कृति रक्षक वीर हैपोउ जादोनांग का जन्म मणिपुर कछार के रोड पर स्थित तेमन्गलॉन्ग जिले में नुंग्बा विकासखंड के पुरलोन गाँव में 10 जून, 1905 में हुआ था। पिता थिउदाई एक गरीब कृषक थे और माता ताबोलिउ एक गृहिणी थीं। जादोनांग जब एक वर्ष के थे, तभी उनके पिता का स्वर्गवास हो गया। उनकी माँ ने खेती करके अपने तीनों पुत्रों का लालन-पालन किया। जादोनांग में एक अद्‌भुत प्रतिभा थी, अंतर्मुखी, संस्कारी अनुशासित होने के साथ वे पूजा-अर्चना में ध्यानमग्न रहते थे। वे जड़ी-बूटियों और आध्यात्मिक शक्तियों से लोगों का उपचार भी करते थे। गाँववालों का उनमें अटूट विश्वास था।

मणिपुर में परतंत्रता के उस समय में अंग्रेजों के दबाव, शोषण, गरीबी के साथ अंधविश्वास कुरीतियों और नशाखोरी का भी प्रभाव था। जादोनांग दूरदृष्टा थे, अध्यात्म चिंतन और लोगों की स्वास्थ्य समस्याओं के निदान के कारण लोग उन पर भरोसा करते थे। तत्कालीन परिस्थितियों को देखते हुए जादोनांग ने सोचा कि देश को स्वाधीनता के साथ समाज में परिवर्तन की आवश्यकता है। उन्होंने लोगों को समझाया, उनसे बातचीत और सत्संग के माध्यम से अंधविश्वास को दूर करने का प्रयास किया। कुरीतियों का आचरण न करने के लिए समझाया। नशा और अन्य मानवीय बुराइयों को छोड़ने के लिए कहा।

लोगों को जादोनांग की बात समझ में आ गई। वनवासियों ने जादोनांग के कहे अनुसार अंधविश्वास और कुरीतियों को छोड़ दिया।

लोगों को संस्कारित करने और अपनी मूल संस्कृति को जीवंत रखने के लिए जादोनांग तथा गाइदिन्ल्यु ने कुछ नई परंपराएँ प्रारंभ कीं, जिससे जनआंदोलन खड़ा हो गया।

जादोनांग ने हराका सेना का गठन किया। सैनिकों को युद्ध का प्रशिक्षण, नृत्य, संगीत तथा मार्शल आर्ट की बारीकियाँ सिखाईं। उन्होंने दाँव, भाले, तलवार, बंदूक आदि शस्त्रों का संग्रह किया और लोगों को इसमें दक्ष किया। महिला सेना को गाइदिन्ल्यु प्रशिक्षित करती थीं, जादोनांग ने गृहकर, पोथांगग (बेगारी) और पोथांग सेंगखाई का बहिष्कार किया। अंग्रेजों द्वारा जोर-जबरदस्ती से लिये जानेवाले कर का विरोध किया।

जादोनांग ने आह्वान किया कि वह दिन शीघ्र ही आएगा, जब अंग्रेजों को देश छोड़कर जाना पड़ेगा। पूरे भारतवर्ष में स्वाधीनता आंदोलन चल रहा है। इसलिए भारतवर्ष में सभी राजा मुक्त हो जाएँगे और हमारे क्षेत्र में भी जेलियांगराज का अपना राज होगा। जादोनांग गांधीजी को अपाउ गांधी (पिताजी) कहते थे। जादोनांग

के नेतृत्व में मणिपुर में स्वतंत्रता आंदोलन चारों दिशाओं में फैल रहा था। इस आंदोलन को कुचलने के लिए दिसंबर 1928 के प्रथम सप्ताह में जादोनांग तथा कक्कु गाँव के उनके साथी नामदीचुंड को बंदी बनाकर कठोर कारावास की सजा दी गई। जादोनांग को सजा होते ही जनता ने विरोध की तीव्र प्रतिक्रिया की, अंग्रेज डर गए और जन-आंदोलन भड़कने के कारण उन्हें तीन दिन पश्चात् 8 दिसंबर, 1928 को मुक्त कर दिया गया।

जादोनांग ने अपने लक्ष्य की घोषणा की—"हमें सेना खड़ी करके अंग्रेजी सरकार को भगाने के लिए संघर्ष करना है, हराक्का धार्मिक आंदोलन चलाकर हमें अपने धर्म और संस्कृति का संरक्षण और संवर्धन करना है और जेलियांगरोंग राज्य, अर्थात् स्वशासन स्थापित करना है।"

जादोनांग के स्वाधीनता आंदोलन के कारण सब डिवीजन में अंग्रेजों का शासन समाप्त हो गया, जादोनांग और उनके क्रांतिकारी साथियों ने जेलियांगरांग राज्य स्थापित किया। उस समय मणिपुर, त्रिपुरा, असम तथा पूरे देश में सैकड़ों रियासतें थीं और स्थानीय राजा वहीं का राजा होता था।

वीर हैपोउ जादोनांग के साथ समाज निर्माण, स्वाधीनता चेतना के युग का सूत्रपात हुआ। यहाँ की स्वतंत्रता से अंग्रेज तिलमिला गए। उन्हें जादोनांग के विरोध में कार्यवाही करने के लिए कोई-न-कोई बहाना चाहिए था, उन्होंने 1930 में जादोनांग पर हत्या के झूठे आरोप का केस बनाया। स्वाधीनता के बाद भी जन-जागृति की धारा को निरंतर रखने के लिए 26 जनवरी, 1931 को जादोनांग और गाइदिन्ल्यू अपने 400 अनुयायियों के साथ भुवन गुफा में तीर्थयात्रा के लिए गए थे। 19 फरवरी, 1931 को लख्खीपुर पुलिस स्टेशन के एक मुसलमान सिपाही ने अंग्रेजों के साथ साजिश रचकर धोखे से इन्हें बंदी बना लिया। वहाँ के जिला मजिस्ट्रेट सी. गिमसन ने उन्हें सिलचर जेल में रखा। 31 मार्च, 1931 को इंफाल जेल पहुँचा दिया गया, जहाँ उन्हें प्रताड़ित किया गया। जेल में अंग्रेजी अधिकारियों ने अपने अनुसार वक्तव्य लिखा और जादोनांग से अँगूठे का निशान ले लिया। 29 अगस्त, 1931 को सुबह 6 बजे इंफाल जेल के पीछे नम्बोल नदी के किनारे आम के दो पेड़ों के बीच जादोनांग को फाँसी दे दी गई। वीर हैपोउ जादोनांग ने समाज निर्माण, स्वाधीनता चेतना की जो अलख जगाई थी वह समय के साथ व्यापक होती चली गई और स्वतंत्रता संग्राम की समिधा बनी।

□□□